Der Norweger Kåre Holt, der sechs Jahre nach der Poleroberung geboren wurde, las als Junge von Amundsens Sieg und Scotts Tod. Die Bilder der Polbezwinger – Johansen, den Amundsen ausschließt; Wilson, der die Eier der Kaiserpinguine findet; Evans, der wahnsinnig wird; Oates, der in den Schneesturm sterben geht – ließen ihn nicht mehr los. Er studierte alle verfügbaren Dokumente und schrieb endlich dieses überraschende, höchst originelle Buch: Absage an nationales Prestigedenken und Heldenverehrung, Ausdruck unserer Sehnsucht nach der Verwandlung von Denkmälern in Menschen aus Fleisch und Blut.

Kåre Holt ist Autor von 22 Büchern.

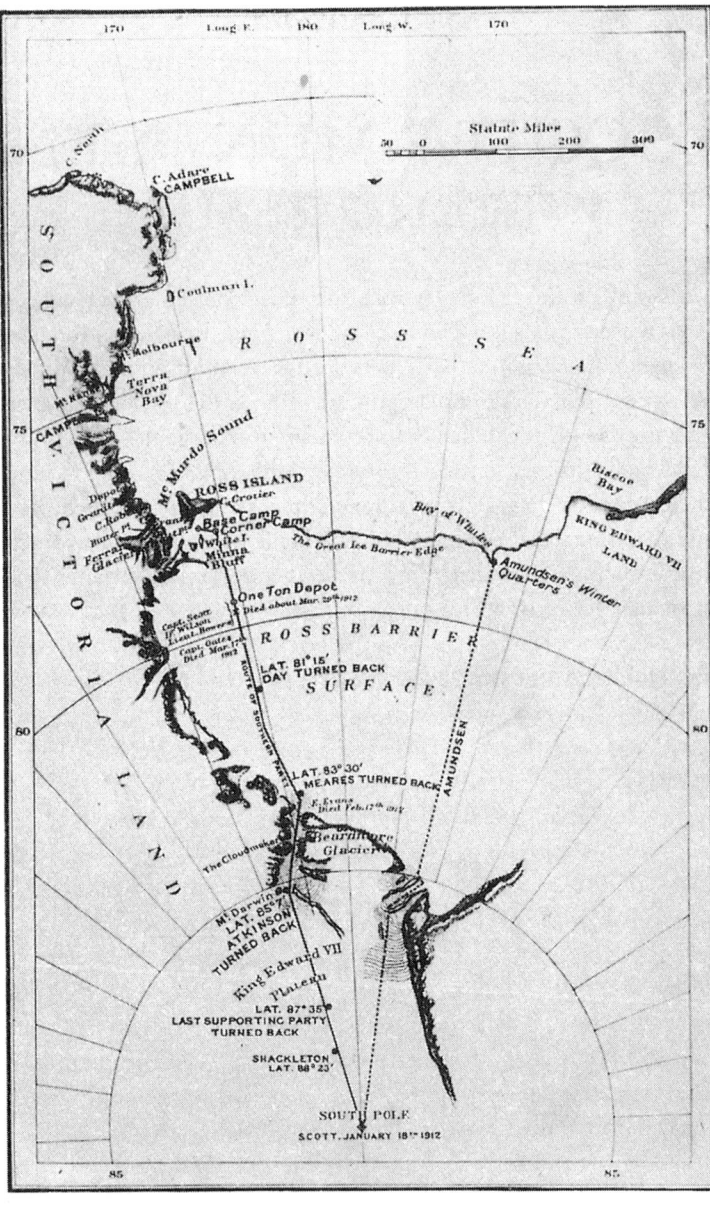

Kåre Holt

Scott
Amundsen

Wettlauf zum Pol

Aus dem Norwegischen
von Monika Hack

Bildnachweis:
IBA Internationale Bilderagentur: 7 oben
Österreichische Nationalbibliothek: 8 oben
Popperfoto: 1, 2, 4, 5, 7, 8, 9, 10, 13 und 14 sowie die Karte
Radio Times Hulton Picture Library: 3, 6, 11 und 12

Die Deutsche Bibliothek – CIP-Einheitsaufnahme
Ein Titeldatensatz für diese Publikation ist bei
Der Deutschen Bibliothek erhältlich.

REISEN · MENSCHEN · ABENTEUER

1. Auflage 2002, Taschenbuchausgabe
SIERRA bei Frederking & Thaler Verlag, München
in der Verlagsgruppe Random House GmbH
© 1974 by Gyldendal Norsk Forlag, Oslo
Originaltitel: KapplØpet
1976 im Paul Zsolnay Verlag Gesellschaft m.b.H., Wien, Hamburg erschienen
Alle Rechte vorbehalten
Umschlaggestaltung: Atelier Seidel, Altötting
Produktion: Sebastian Strohmaier, München
Satz: Uhl + Massopust, Aalen
Druck und Bindung: Clausen & Bosse, Leck
Papier: Das Papier wurde aus chlorfrei gebleichtem Zellstoff hergestellt
ISBN 3-89405-151-5
Printed in Germany

www.frederking-und-thaler-de

Dem Andenken
meines Bruders Arthur

Inhalt

Statt einer Einleitung 9

Aufbruch 48

Packeis 86

Winterlager 97

Warten 132

Fiktives Gespräch 160

Frühling 168

Der Pol 209

Epilog 253

Bibliographie 255

Statt einer Einleitung

Ein junger Mann in zu engen Lackschuhen, einen steifen Hut auf dem Kopf, läuft durch die Straßen Christianias, um einen Totenschädel zu verkaufen.

Seine Mutter war eine willensstarke Frau gewesen. Sie hatte ihn ohne Rücksicht auf seine Neigungen gezwungen, Medizin zu studieren. Als sie gestorben war, hatte er sofort das Studium abgebrochen. Nun will er den Schädel, für den er keine Verwendung mehr hat, verkaufen, um Bücher über die Polargebiete anschaffen zu können.

Er ist ein kräftig gebauter, verbissener und schweigsamer junger Mann. In der Schule war er keine Leuchte gewesen, aber die Originalität, die seine Rechtschreibung kennzeichnet, zeugt eher von Starrsinn als von Dummheit. Sein Haßvermögen sollte sich als groß erweisen, die Fähigkeit zur Loyalität seinen wenigen Freunden gegenüber war jedoch nicht geringer – solange die Freunde seine Überlegenheit anerkannten und ihm nützlich sein konnten. Er war nicht besonders gesellig, hatte nie eine Geliebte. Einen Hang zur Unterwürfigkeit wurde er niemals los. Er verstand meisterlich damit zu spielen, wenn es galt, sich Vorteile zu verschaffen. Als Mitarbeiter erwählte er sich Männer, die ihm nicht unähnlich, aber von geringerer Dimension waren – kleine Herrschertypen, die sich ihm, dem Herrscher, beugten. In seinen vier Wänden, wenn er die großen Reisen seines Lebens plante, war er ein Genie. Er wurde der erste Mann auf dem Südpol.

Roald Amundsen auf dem Truppenübungsplatz: Vor dem Weckruf springt er aus dem Bett und unternimmt einen Trainingslauf durch das Gelände. Als die Abteilung an einem Sonntagmorgen antritt und der Hauptmann zum freiwilligen Kirchgang aufruft, meldet Amundsen sich als erster. Er, der sonst nie einen Fuß in die Kirche setzt, marschiert an der Spitze des Trupps zum Gottesdienst. Im späteren Leben erntet er großen Ruhm für diese Episode. Sie ist unbedeutend genug und falsch genug, um echt zu wirken. Aber das will keineswegs heißen, daß er in diesem Augenblick nicht ehrlich ist. Ganz im Gegenteil: Er ist einem tiefen inneren Drang gegenüber ehrlich, dem Drang, immer der erste zu sein. Wenn er Gefahr läuft, Nummer zwei zu werden, setzt er seinen starken Kampfwillen ein – und seine Unehrlichkeit.

Seine Familie stammte aus Hvaler und war seit Generationen mit dem Meer verbunden. Der Vater und die Onkel besaßen eigene Schiffe und segelten um die Erde. Eine Mischung aus wilder Verwegenheit und altjüngferlicher Vornehmheit liegt über der Familie. Der Vater hat vier Schwestern, die unverheiratet bleiben. Er baut ihnen Häuser in der Nähe seines eigenen, dort verbringen sie ihr Stubenhockerdasein zwischen Topfpflanzen und Lavendel. Der Vater selbst ist Sklavenhändler – so bezeichnen ihn die einen, andere sehen in ihm den weißen Herrscher, der überlebt, als eine Schar farbiger Banditen meutert.

Der Vater bringt eine Fracht chinesischer Kulis von China nach Havanna. Dreihundert sind an Bord, im Laderaum eingepfercht. Damit sie überleben – sie haben Handelswert –, müssen sie frische Luft bekommen. In kleinen Gruppen, zu zehnt und zwölft, werden sie jeweils eine Stunde auf Deck gelassen. Die Sklavenschar faßt jedoch den Plan, das Schiff zu erobern. Einer der Kulis bemächtigt sich der Axt des Zimmermanns. Gerade in diesem Moment steht der Kapitän an der Reling und starrt zum Horizont. Der Chinese greift von hinten an. Der Kapitän dreht sich plötzlich um, und der Hieb trifft nicht wie beabsichtigt den Kopf. Die Schneide reißt die Wange auf.

Mit einem Mal ist die Hölle los. Die Mannschaft treibt die Chinesen zurück zum Laderaum. Die Sklavenschar zündet im Inneren ein Feuer an, um sich den Weg ins Freie zu erzwingen. Die Mannschaft macht die Luken dicht. Die Chinesen sind nahe daran, im Rauch zu ersticken. Sie müssen das selbstgelegte Feuer löschen. Der Kapitän blutet heftig aus der Hiebwunde. Seine junge Frau – Roald wird erst später geboren – ist mit an Bord. Mit Stopfnadel und Wollfaden näht sie die Wunde. Der Kapitän, mit Wollfäden in der Wange, gibt den Chinesen den Befehl: »Richtet selbst den Mann, der den Aufstand angeführt hat – oder ihr müßt sterben.«

Da wird der Kuli von seinen eigenen Leuten gehängt.

Das ist höchste Politik: nicht Feigheit der Sklavenschar, sondern kluge Taktik. Einer der namenlosen Anführer in der Geschichte hat verloren. Er ist vernünftig und begreift die Situation: Sterben muß ich, aber wenn meine eigenen Männer mich hängen, können sie am Leben bleiben und den Kampf weiterführen. Wäre der Aufstand geglückt, hätte Roald Amundsen nicht das Licht der Welt erblickt, und Scott hätte als erster den Pol erreicht.

Roald hat einen älteren Bruder, Leon. Die beiden stehen einander viele Jahre lang nahe, aber dann wandelt sich ihr Verhältnis zu bitterer Feindschaft. Als junge Burschen unternehmen sie mitten im Winter eine Wanderung über die Hardangervidda, eine Wanderung, die im Grunde genommen kein geringeres Wagnis ist als viele der Reisen, die Roald Amundsen später plant und durchführt. Sie haben Schlafsäcke mit, aber kein Zelt. Sie geraten in einen Schneesturm, irren im Kreis umher. Wir ahnen ihre Hartnäckigkeit – sie wollen weiter –, ahnen den Zusammenhalt, die Brüderlichkeit, den Willen, eine Fähigkeit, sich bis zum Äußersten zu zwingen. In dem Bericht, den Roald kurz danach über die Wanderung schreibt, herrscht ein einfacher, harmonischer Ton vor, Freundlichkeit Leon gegenüber und ein starkes Selbstvertrauen. Auf dieser Wanderung hat Leon seinem Bruder Roald das Leben gerettet.

Eines Abends sind sie auf einem Bergrücken, weitab von jeder menschlichen Behausung. Das Hochland umgibt sie, Nachtdunkel und dichter Nebel. Das Wetter ist mild. Jeder der Brüder gräbt sich ein Schneeloch. Roald kriecht mit dem Kopf voran in das seine, zieht den Schlafsack nach, schlüpft hinein. Weich und warm gebettet, schläft er ein.

Mitten in der Nacht wacht er auf. Es ist kalt geworden. Er hat einen seiner Arme nicht in den Schlafsack gesteckt, und nun ist er am Eis festgefroren. Es gelingt ihm nicht, ihn loszureißen. Er bemerkt, daß das Schneeloch hermetisch abgeschlossen ist. Die Luft beginnt knapp zu werden. Sein Kopf hämmert. Er versucht sich freizustrampeln. Der Sack und die Füße sind an der Unterlage festgefroren. Er ruft nach dem Bruder. Der Schrei hallt wie in einem tiefen Eiskeller. Es ist dunkel bei ihm, aber durch die Schneeschicht sickert doch schwaches Licht herein. Es wirkt wie Hohn – oder vielleicht wie ein mattes Adieu des Lebens, von dem er erst gekostet hat.

Er spürt jetzt, daß er dem Ersticken nahe ist. Das Gefühl wird stärker, je mehr er kämpft, um freizukommen. Er nimmt an, daß auch der Bruder eingefroren ist. Er sieht die Weite des Gebirgsplateaus vor sich und seine eigene enge Eiskammer, aus der er nicht entrinnen kann. Seine Selbstbeherrschung verläßt ihn, er wird von Hysterie erfaßt, zerrt mit den Füßen wild am Sack, aber der rührt sich nicht.

Da hört er einen schwachen Laut und schreit voll ungezügelter Wildheit. Er weiß nicht, ob der Laut Einbildung ist, eine falsche Hoffnung, oder vom Bruder kommt, der ihn auszugraben versucht. Der Augenblick der Hoffnung bringt aber seine kalte Ruhe und sein Planungsvermögen zurück. Setz alles auf diese Karte. Atme ruhig, verbrauche nicht unnötig Sauerstoff. Wenn es Leon ist, dann ist dies deine einzige Überlebenschance.

Es ist Leon. Drei Stunden braucht er, um Roald auszugraben. Später finden sie den Weg in bewohntes Gebiet zurück.

Leon, und nur ihm, verrät Roald seine kühnen Träume, im Kielwasser von Sir John Franklin zur Nordwestpassage zu fahren. Leon ist auch der einzige, den er ins Vertrauen zieht, als er plötzlich seinen Kurs ändert und statt zum Nordpol zum Südpol will, um diesen vor Scott zu erreichen.

Das Ende ist ein Prozeß zwischen den Brüdern. In seiner Autobiographie »Mein Leben als Entdecker« spricht Roald Amundsen von seinem Gefährten auf der Vidda nur als »Begleiter«, und seinen einzigen Vertrauten bei der Planung der Südpolfahrt nennt er seinen »Sekretär«. Aber als er vom Prozeß berichtet, führt er den vollen Namen des Bruders an und füllt Seite um Seite mit harten Worten.

Wir ahnen, daß dieser Mann jetzt, gegen Ende seines Lebens, zerbrochen ist – von einer übermenschlichen physischen Anstrengung, von den Stürmen über dem Südpolarland, von einem Ehrgeiz, der keine Grenzen kennt. Er ist gewöhnlich geworden in seiner Jagd nach Geld – dem Geld, das er brauchte, um das zu vollbringen, was er vollbracht hat und was kein anderer hätte vollbringen können. Nackt steht er vor uns, mit einer fadenscheinigen Ehre. Er ahnt das harte Urteil der Geschichte.

Aber hier irrt er.

In seiner Menschlichkeit ist er seicht. In seiner Einsamkeit ist er groß. Der Verlierer Roald ist unser aller Bruder.

Der junge Roald Amundsen spielt Karten mit dem Tod. Er ist fünfundzwanzig und Steuermann an Bord der *Belgica*. Die Expedition unter der Leitung von Baron Adrien de Gerlache soll die Gewässer rund um den Südpol erforschen. Der Steuermann trägt, der Mode der Zeit entsprechend, ein dünnes Schnurrbärtchen und einen wohlgepflegten kleinen Spitzbart. Der hohe Schädel zeigt einen üppigeren Haarwuchs als in späteren Jahren. Seine Kajüte ist klein und unordentlich, die Luft dumpf. Das Schiff ist im Eis festgefroren. Draußen donnern die Eisschollen, wenn sie sich aufrichten, sie werden von anderen Schollen entzweigebrochen, zu Brei zermalmt, ins Meer hinuntergedrückt, an den Schiffswänden zusammengepreßt und über Deck gefegt. Die Finsternis umgibt Schiff und Männer.

Roald sitzt auf der Kante der Koje und spielt Karten mit dem Tod. Der junge Wissenschaftler Danco hat Skorbut bekommen und wird bald sterben. Er ist gelb im Gesicht, seine geröteten Augen leuchten im Halbdunkel der Kajüte. Er schreit: »Spiel Karten mit mir! Ich werde bald sterben!«

Alle an Bord haben Skorbut, auch Roald und der amerikanische Arzt Frederick Albert Cook. Aber diese beiden sind trotzdem bei Kräften. Sie haben ein Mittel gegen den Tod gefunden: Sie trinken Blut. Noch gibt es den einen oder anderen Seehund, der seine Schnauze aus einer Öffnung in der Eisdecke steckt, ehe die Eisschollen zusammengepreßt werden, noch ist da und dort ein Pinguin zu sehen. Die beiden Männer pirschen sich in der Dunkelheit an die Tiere heran, gnadenlos, stechen zu, legen die Lippen an eine offene Wunde und trinken, während die Tierkörper sich noch im Krampf winden. Sie schleppen das Fleisch zum Schiff und wollen die anderen zwingen, es roh zu essen. Aber der Leiter der Expedition weigert sich und verbietet es seinen Leuten. Der Wahnsinn beginnt aus den entzündeten Augen des Adrien de Gerlache zu leuchten. Er verdächtigt die beiden Jäger, den anderen an Bord nach dem Leben zu trachten. Jeden Morgen wird die Order ausgegeben: »Keiner trinkt Blut!«

So sitzt der junge Roald, mit Blut im Spitzbart, ungehorsam gegen einen Befehl, über die Kante der Koje gebeugt, vor seinem sterbenden Kameraden und spielt Karten mit ihm. Roald verliert jedesmal. Aber noch ist Danco scharfsichtig genug, um zu merken, daß der Gegenspieler ihn absichtlich gewinnen läßt. Er schreit gequält: »Du hältst mich wohl schon für einen Toten!« Da nimmt Roald das Spiel ernst und gewinnt. Nun schreit Danco: »Du hast kein Mitleid mit mir! Ich werde doch sterben!« Der Mann mit dem blutbespritzten Bart versucht, seinem sterbenden Freund ein Stück rohes Fleisch in den Mund zu schieben, aber er weiß, daß es nichts mehr nutzen wird.

14

Adrien de Gerlache hatte das Schiff aus Unwissenheit ins Eis gesteuert. Er kannte die Verhältnisse am Südpolarland nicht. Als sie zwischen den Eisschollen lavierten, waren sie in einen Nordsturm geraten. Leute mit Erfahrung hätten augenblicklich das offene Meer angesteuert. Gerlache jedoch entdeckte genau südlich ein Loch in der Eisdecke und meinte, daß sie dort kein Sturm erreichen könnte. Das war auch der Fall: Sie froren fest und blieben dreizehn Monate im Eis liegen.

Roald sagt später ohne Überheblichkeit, daß er die Gefahr gesehen habe. Ihm sei klar gewesen, daß Gerlache das genaue Gegenteil von dem tat, was er hätte tun müssen. Aber ihn, Roald, habe keiner gefragt. Darum habe er geschwiegen.

Nach ein paar Wochen im Eis legt sich Gerlache nieder und schreibt sein Testament.

Da ist Roald Amundsen der eigentliche Leiter an Bord. Aber in einem Punkt ist Gerlaches Wille unbeugsam: Keiner trinkt Blut! Roalds Wille ist genauso unbeugsam: Alle trinken Blut! Aber die Männer an Bord der *Belgica* haben vor rohem Fleisch mehr Angst als vor dem Tod. Das Gerücht kommt auf, der Norweger wolle die anderen an Bord umbringen, indem er Blut in sie hineingieße.

Während dieses Jahres im Eis bekommt Roald tiefen Respekt vor Dr. Cook, dem amerikanischen Arzt. Später behauptete Cook, als erster den Nordpol erreicht zu haben. Er wurde als Schwindler entlarvt, war in Wirtschaftsbetrügereien verwickelt und landete im Gefängnis von Kansas City. Nach vielen Jahren kommt Amundsen, dessen Name nun Weltgeltung hat, nach Kansas City, um einen Vortrag zu halten, und besucht seinen Freund im Gefängnis. Die amerikanischen Zeitungen greifen Amundsen heftig an und beschuldigen ihn, für einen Schwindler Partei zu nehmen. Daß es so kommen würde, muß Amundsen klar gewesen sein, noch ehe er an das Gefängnistor in Kansas City klopfte. Aber wie immer ist er unbeugsam.

Worüber die beiden im Gefängnis sprachen, weiß niemand. Vielleicht über den Matrosen an Bord der *Belgica*, der von Größenwahn erfaßt wurde, als Danco im Sterben lag? Über die schleichenden Schritte auf Deck, über die Geräusche von splitternden Eisschollen, die wie Schreie von Menschen in Not klangen? Über Danco, der aufspringt und den Kopf an die Decke der Koje stößt, ohnmächtig wird, wieder erwacht und ruft: »Es gibt noch andere, die sterben werden! Spiel Karten mit mir!« Vielleicht auch sprachen sie über Dancos letzte Reise…

Das erste graue Licht liegt über den Eismassen, über dem Schiff, das seitlich überhängt, so daß das Deck schief steht und man sich an Seilen nach oben ziehen muß. Alle Männer stolpern an Bord, auch der Leiter der Expedition, Baron de Gerlache. Sie sehen aus wie Leichen, gelb, eingesunken, den meisten sind die Zähne ausgefallen. Nur zwei Männer sind noch blutvoll und bei Kräften: Sie haben Blut getrunken.

Dancos Leichnam ist in Segeltuch eingenäht und an den Füßen mit Ballast beschwert. Ein paar Worte werden verlesen, dann schieben Roald und Dr. Cook die Leiche über die Reling. Sie richtet sich auf, steht senkrecht im Meer, sinkt langsam. Zwei Schollen knirschen gegeneinander, es hört sich an, als lache der Tote.

Sie müssen aus dem Eis heraus, wenn sie nicht zugrunde gehen wollen. Das eine oder andere Eisloch bricht auf, schließt sich aber wieder, bevor sie das Schiff freibekommen. Da hat Dr. Cook den Einfall, einen Weg auszusägen. Roald unterstützt ihn. Die Mannschaft hat für diese Arbeit keine Kräfte mehr. Die Öffnungen in der Eisdecke sind Hunderte von Metern entfernt, die Männer haben keine richtigen Eissägen mit, sind zum Hierbleiben verurteilt. Und zum Sterben.

Aber der Wille zweier Starker stellt sich dem der vielen Schwachen entgegen. Amundsen vergißt niemals seine Dankbarkeit Dr. Cook gegenüber. Die *Belgica* findet den Weg aus dem Eis.

Aber wissen wir, was es gekostet hat – auch die Stärksten gekostet hat?

Als die beiden einander das nächste Mal treffen, ist der eine ein Schwindler, der andere führt einen Prozeß gegen seinen eigenen Bruder.

Es gibt ein Foto von Roald Amundsen – offensichtlich kein Schnappschuß –, das ihn in einem Flugdrachen zeigt. Amundsen sitzt mit steifem Hut, Kragen, Handschuhen und Lackschuhen im Drachen. Etwas Geziertes liegt über seiner hünenhaften Erscheinung. Er weiß, daß er fotografiert werden soll, und hat seine Würde bewahrt – der brave Bürger, der bei niemandem Anstoß erregen will und daher die Handschuhe anbehält. Originell in der Wahl seiner Hilfsmittel – der Drache sollte ihn der besseren Aussicht wegen über die Eismassen heben –, aber in seinem Gebaren anständig bis ins Unanständige. Er widerspricht niemals jemandem, den er für gesellschaftlich höherstehend hält. Aber es wird ihm zur Gewohnheit, jeder Behauptung eines Untergebenen zu widersprechen.

Im Jahr 1900 findet die erste Begegnung zwischen Nansen und Amundsen statt. Der eine ist weltberühmt, der andere ein heimgekehrter Steuermann – niemand hat ihm Aufmerksamkeit geschenkt, wenige kennen seinen maßlosen Ehrgeiz. Amundsens Bericht über diese Begegnung, ein Vierteljahrhundert später, läßt die Unterwürfigkeit ahnen, mit der er den Raum betritt, seine demütige Haltung während der Unterredung und die tiefe Dankbarkeit, die er beim Hinausgehen empfindet. Und dazu – das berichtet er nicht, es wäre auch zuviel verlangt – eine Spur von Mißgunst. Die beiden Männer, die einander da begegnen, haben wenig Ähnlichkeit. Der eine ein offener Geist, in mehr als einer Hinsicht, ein Weltmann mit Sinn auch für das Spiel der Politik, furchtlos, ein Wissenschaftler, den großen Problemen gegenüber aufgeschlossen, aber auch mit einer Begabung für das Närrische. Der andere verschlossen, unfähig aus sich herauszugehen, verwundbar, überempfindlich allen gegenüber, die ihm nicht genügend Ehre zuteil werden lassen, kleinlich, mit einem Horizont, der nicht über das Ziel hinausreicht, als erster ein Gebiet zu betreten, in dem keiner vor ihm gewesen ist. Und genau das gelang ihm.

Er ist ein Genie, ein Tiger, der die Zähne fletscht, und ein Einfaltspinsel, der unnötige Bücklinge macht, als er Nansen verläßt. Die beiden haben einander wohl kaum gemocht. Zu einer Freundschaft zwischen ihnen kam es nie.

Später führt Amundsen Fridtjof Nansen hinters Licht. Es ist eine bewußte Verheimlichung – und deshalb Lüge.

Bei ihrer ersten Begegnung aber bringt Amundsen seinen Plan vor, die Nordwestpassage zu suchen, und Nansen verspricht ihm alle erdenkliche Unterstützung.

Amundsen steht in einem halb mit Wasser gefüllten Ruderboot und probiert aus, ob die Schuhwichse die Stiefel dicht hält. Schuhwichse ist eines der vielen Probleme für den Mann, der die Nordwestpassage erobern will. Er hat die *Gjöa* gekauft, ein Boot von der Größe einer Schöpfkelle, ein paar Meter lang, ein Staubkorn auf dem Meer, ein Todesurteil – meinen viele. Nun streicht er die Außenwände der *Gjöa* und steht dabei mit den frisch gewichsten Stiefeln im Wasser. Er hatte alle Arten von Schuhwichse ausprobiert, und keine war gut genug. Er komponierte in Fett, bekleckerte sich, kochte, fluchte und spuckte in das Gebräu, steuerte auch einige Tropfen seiner ureigensten Wasserkraft bei und versuchte dann von neuem das Resultat. Sechs Stunden muß ein im Wasser versenkter Stiefel standhalten. Endlich war er dicht.

Die Expedition soll Ausrüstung für fünf Jahre – 1800 Tage – mitführen, deshalb muß alles gründlich durchdacht werden, ehe er handelt. Die Vorbereitungen dauern zwei Jahre. Das ist der Mann hinter den Kulissen: der einsame Meister, der Souverän, der die Sachverständigen befragt, seine Meinung für sich behält und seinen eigenen Weg geht.

Sir John Franklin hatte sich mit 134 Mann und zwei großen Schiffen in die Nordwestpassage hineingekämpft. Keiner war zurückgekehrt. Während der folgenden zehn Jahre waren fünfzig Rettungsexpeditionen ausgesandt worden, von denen viele verunglückten. Der Mann mit der Schuhwichse, der sich jetzt in Tromsö aufhält, während die *Gjöa* dort überholt wird, geht den entgegengesetzten Weg. Ein kleines Schiff – das läuft nicht so leicht auf Grund. Ein paar Männer, die alles Notwendige können – und wenig darüber hinaus.

Nach welchen Prinzipien wählte er also die Männer aus? Nicht nur nach dem des Gehorsams, obwohl dies das erste Gebot war. Studiert man die vielen Männer, die ihm folgten, bildet sich ein Muster heraus: Sie waren alle geschickt. Vielleicht wog das genauso schwer wie die Forderung, daß sie physisch stark und geübte Schiläufer sein mußten. Praktische Männer, das vor allem – außerdem mit einem Drang zum Gehorsam ihm, dem Leiter, gegenüber. Nur einer seiner Mitarbeiter über die Jahre hinweg weicht in diesem Punkt ab. Dieser Mann wird aus der Gruppe entfernt, die den Südpol erobern soll. Aus der Unterwerfung, die der Leiter so vehement von den Männern fordert, spricht nicht unbedingt Hochmut. Als Systematiker weiß er, daß eine solche Expedition – klein, unter der starken Führung eines einzigen, mit Männern, die ihn bewundern – die größten Erfolgschancen hat. Und Erfolg zu haben ist sein einziges Glück.

So wächst diese Eigenschaft in ihm und verstärkt sich: das Bedürfnis, bei anderen die Bereitschaft zur Unterwerfung vorzufinden. Mehr und mehr muß es ihn mit Freude erfüllt haben, die Geringheit der Mannschaft an seiner eigenen Größe zu messen. Die Ansteckung ist da, tief drinnen ist schon ein Schimmer des kranken Gemüts. Gegen Ende seines Lebens sollte der Hochmut für viele sichtbar werden.

Aber auf dem Weg durch die Nordwestpassage ist er noch der kluge Führer, auch voll Demut, wenn es erforderlich ist, jung, stark und unerschütterlich.

Jede Expedition, die in unerforschte Gebiete aufbricht, ist in Geldnöten, so auch die seine. Noch hat er keinen Namen, aber selbst später, als weltberühmter Forscher, muß er den Weg des Bettlers gehen.

Der Mann in den wasserdichten Stiefeln streift das Fett von den Fingern, wischt sich sorgfältig mit einer alten Zeitung ab, stutzt den Bart mit einer Segelmacherschere und entdeckt, daß er die Hose wechseln muß. Er verschwindet hinter ein paar Packkisten. Als er einen steifen Kragen anlegt und ihn dabei mit einem Fettfleck versieht, schafft er es als praktischer Mann, den Kragen von außen nach innen zu wenden. Und er wechselt auch das Gesicht, ändert sein Benehmen, wird zur demütigen Person, findet kriecherische Worte, schmeichelt den Geldkräftigen, indem er durchblicken läßt, daß Geld der Beweis für moralische Stärke sei. Beim Hinausgehen spuckt er in einem Torweg aus.

Er büßt etwas von seiner Seele ein. Kalte Menschenverachtung beginnt in ihm hochzusteigen.

Die Geldnöte halten bis zu seinem Lebensende an. Um diesen Fehler zu verbergen und nicht an Achtbarkeit zu verlieren, geht er immer mit steifem Kragen.

Kurz bevor sie mit der *Gjöa* auslaufen – sie sind jetzt in Christiania –, will einer der Lieferanten, bei dem sie Schulden haben, das Schiff beschlagnahmen und Amundsen verhaften lassen. Roald handelt rasch: Er sammelt die Mannschaft im Dunkel der Nacht, und die *Gjöa* sticht in See.

Als er von der Freiheit bei Færder erzählt, ist er ein glücklicher Mann. Und da – das ist eine Ausnahme – findet er echte Worte für echte Gefühle. Auf der Flucht vor den Geldsorgen, durch hohen Seegang im Fjord geschützt, mit ein paar Männern an Bord, die ihn mit freudigem Gehorsam begleiten, dem Abenteuer entgegen – da ist er glücklich. Im Überwintern ist er Meister. Sein Verhältnis zur eisigen Öde ist wie die eines Betenden zum Kruzifix. Furcht vor dem Tod kennt er nicht. Oder vielleicht kennt er gerade sie, denkt aber das Problem kühl durch. Er weiß, daß Todesfurcht eine Herausforderung ist: Sie vergrößert das Risiko des Mißlingens, deshalb muß sie überwunden werden. Er macht selten große Worte, wenn es um den Tod geht. Vor dem letzten Feind – oder Freund – züchtigt er seine arme Sprache zum Gehorsam.

Den Eskimos gegenüber ist er klug. Nicht selten erweist er ihnen warme Menschlichkeit. Das kann aber auch Taktik sein. In einer dramatischen Begegnung mit ihnen zeigt er seine Überlegenheit: Eine Schar Eskimos nähert sich mit Pfeil und Bogen. Amundsen und seine Gefolgschaft haben Gewehre. Als sie nahe genug sind, um schießen zu können, ruft Amundsen: »Werft die Gewehre weg!« Die Männer tun es. Da werfen auch die Eskimos Pfeil und Bogen weg.

Er hilft den Eskimos, und sie bewundern ihn. Er kann mit Hunden fahren, er kann im Schnee schlafen. Er betreibt Tauschhandel und bezahlt gut – mit Nähnadeln, wieder zeigt sich die Stärke des Genies in der Planung: Nähnadeln finden selbst an Bord der überfüllten *Gjöa* Platz. Aber er kann der harte Herrscher sein, wenn er glaubt, daß es sich für ihn lohnt.

Als einige Eskimos Konservendosen stehlen, ruft er alle zusammen, brüllt mit ihnen in einer Sprache, die sie nicht verstehen, verlangt die Auslieferung der Schuldigen und schickt sie fort. Keine Gnade – aus mehreren Gründen, aber zu einem einzigen zusammengepreßt: Du sollst siegen, deshalb bist du da. Bestehlen sie dich, können leicht Schwierigkeiten entstehen. Das verringert deine Chance auf den Sieg.

Er durchquert die Passage, von der so viele angelockt wurden und für die eigentlich keiner Verwendung hat. An der Westküste findet er im Eis einen havarierten Walfänger. Der Kapitän heißt Mogg, er will zur nächsten Telegrafenstation, um Hilfe zu holen. Amundsen will gleichfalls zur Station. Er brennt vor Begierde, die Welt von seinem Erfolg zu informieren – wie es jeder getan hätte, und er mehr als jeder andere. Aber er hat kein Geld.

Mogg hat Geld, deshalb muß der Sieger dem Schiffbrüchigen als dessen gehorsamer Knecht durch die Einöde folgen. Amundsen läuft als erster durch den Schnee, dann folgt das Hundegespann, Mogg sitzt auf dem Schlitten und schläft. Dem Mann von der Nordwestpassage ist zumute, als würde er zur Unterwerfung gepeitscht.

Auf halbem Weg zwischen zwei Übernachtungsplätzen bleibt er stehen und sagt: »Ich drehe hier um und gehe zurück. Ohne meine Hilfe kommst du nicht zurecht.«

Sie sind nur zu zweit – und sie tauschen die Führung. Sie kommen an, die Telegramme werden abgeschickt. Es ist Amundsen gelungen, Geld zu beschaffen.

Er geht unter die weißen Sterne hinaus und dankt dem allmächtigen Gott.

Vielleicht glaubt er, daß auch der Allmächtige ihm danken müßte.

Ehe wir uns mit der Fahrt zum Südpol beschäftigen, wollen wir uns ein paar Ereignisse aus Amundsens späterem Leben vor Augen halten – zum besseren Verständnis eines Mannes, der im Wettlauf zum Pol siegte, indem er die Welt hinters Licht führte: Ein Kartenspiel mit hohem Einsatz – und hohem Gewinn – für ein Schmalspurgenie, einen Mann, der charakterlos war, wenn die Effektivität es verlangte, von weniger bedeutendem Format, als die damalige Zeit meinte, aber bedeutender, als wir zu glauben geneigt sind.

Nach der Rückkehr vom Südpol begann für ihn eine schwierige Periode, die sein weiteres Leben hindurch anhalten sollte. Die nächsten Expeditionen waren keine solchen Glückstreffer wie die beiden ersten. Er plante, wie Nansen durch die Nordostpassage zu fahren und über das Polarmeer zu driften.

Der Erste Weltkrieg brach aus. Amundsen wurde Kriegsspekulant und verdiente an den deutschen U-Booten. Gleichzeitig ließ er seine Verachtung für den U-Boot-Krieg der Deutschen erkennen und wies eine Auszeichnung zurück, die ihm der Kaiser verliehen hatte. Die Doppelmoral sah er nicht. Studien der Doppelmoral waren nicht sein Gebiet. In seiner Wiedergabe der Episode stellt er sich stolz zur Schau, wie er vor dem Botschafter steht: Er liest eine aufgesetzte

Rede vom Blatt, verneigt sich, gibt die Auszeichnung zurück und geht. Halb geniert, ein wenig verschmitzt berichtet er dann über das Geld, das er durch denselben U-Boot-Krieg verdient hat.

Mit dem neuen Schiff *Maud* gab es keinen Erfolg. Die Drift über das Polarmeer und alles, was folgte, sollte Amundsens Niedergangsperiode werden. Er erreicht die großen Resultate nicht mehr. In dieser Zeit scheint es, als verbittere, verhärte er – wenn er überhaupt härter werden konnte –, und sein Mangel an Todesfurcht kennt nun keine Grenzen mehr. Seine Angst vor den Menschen scheint zu wachsen. Wir merken seine Aggressivität gegenüber allen, die sich nicht gefügig um seine Führergestalt scharen.

Kleine persönliche Mißgeschicke vermehren die Schwierigkeiten. Große oder kleine – ein Armbruch, keine nicht wiedergutzumachende Sache, aber im Eis, ohne Arzt, mit einer Schulter, die immer steifer wird, da braucht es einen eisernen Willen, um den Arm zu trainieren, während das Eis bricht und das Eis sich staut; müde Männer schnarchen, Aufstoßen aus sauren Mägen, mürrische Gesichter rings um dich, nichts geschieht, die Tage sind wie graue, gefrorene Kartoffeln, alle Geschichten sind schon einmal erzählt worden, es riecht förmlich nach den alten Witzen der anderen – und der Arm schmerzt. Versuche doch, ihn ein wenig höher zu heben als gestern.

Er wird von einem Bären niedergeschlagen, der ihm das Hinterteil aufreißt. Später macht er aus diesem Geschehen einen krampfhaften Witz: Hätte ich die Narbe auf der Brust, könnte ich sie jetzt als Tapferkeitsmedaille herzeigen.

Und dann erleidet er eine Kohlenmonoxydvergiftung. Das ist das schwerwiegendste Unglück seines Lebens. Das Herz beginnt unregelmäßig zu arbeiten. Als er in besiedeltes Gebiet zurückkehrt und von den Ärzten untersucht wird, erfährt er, daß es ernst ist: Keine Expeditionen mehr. Und dennoch zieht er aufs neue los. Wenige Jahre später unternimmt er während eines Aufenthalts in Alaska den härtesten Marsch seines Lebens: In sechzehn Tagen legt er mit

Schiern und Hunden sechzehnhundert Kilometer zurück. Da ist er stolz – mit Recht.

Und er ist verbittert. Die Hysterie, die von Jugend auf latent in ihm vorhanden gewesen sein muß und nur dann und wann sichtbar wurde, drängt hervor, setzt sich durch und ist da wie eine Gefahr, aber wohl auch wie eine Kraft. Er stapft jetzt im Eis, watet im Schlamm. Nichts kommt zustande, der Glückstreffer gelingt kein zweites Mal. Er ist kein junger Mann mehr.

Wir wissen wenig über die Frauen in seinem Leben, aber man könnte den Eindruck gewinnen, daß er, der Planer, sie mit Absicht nur diskret und flüchtig ins Bild rückt: um etwas anderes zu verbergen. War er, der Herrscher über Männer, ein Mann, der die Männer liebte? Wenn das der Fall war, dann hat er seine Neigungen in Zucht gehalten – streng, moralisch, mit einer harten Verurteilung seines eigenen Dranges, mit einer Empfindlichkeit, die das unbändige Verlangen, anderen zu imponieren, verstärkt hat. Vielleicht findet etwas in seiner einsamen Seele Ruhe in der Einsamkeit des Eises. Äußere Herausforderungen lassen sich meistern. Die inneren können unsteuerbar sein.

Aber es gibt eine rührende Episode in seinem Leben, die eine andere Wirklichkeit zeigt: Er rettet zwei kleine Eskimomädchen vor dem Zugrundegehen, betreut sie, nimmt sie mit heim. Die Mädchen gehen in eine norwegische Schule. Das Gerede der Leute, das er wohl kennt, weist er mit bitterem Lächeln von sich. Dann schickt er die Mädchen zurück.

Das scheint brutal, aber die beiden stehen im Weg. Er soll ja fort, zu neuen Zielen; kann er, der Forscher, da etwa Kinder hüten?

Von nun an schweigt die Saga über die beiden. Wir wissen nicht, ob sie nicht über alle drei hätte schweigen sollen.

Gegen Ende seines Lebens fängt er den Rechtsstreit mit seinem eigenen Bruder an, dem unverlierbaren Bruder, Roalds einzigem Vertrauten. Die beiden waren miteinander über das öde Hochland gewandert und hatten überlebt; später war Leon der erste, dem Roald seine geänderten Pläne vorlegte, ehe er nach Süden zog und die Welt hinters Licht führte. Die Buchhaltung war immer Sache des Bruders gewesen. Die mühsame juristische Arbeit, die zu jeder großen Expedition gehört, hatte ebenfalls auf den Schultern des Bruders gelegen. Die kleinen taktischen Schachzüge dürften von beiden gemeinschaftlich ausgeheckt worden sein. Roald nimmt nach außen hin die Verantwortung auf sich. Leon ist der Schatten, der Mann, der dahinter steht und schweigt und weiß.

Plötzlich hat sich die brüderliche Wärme in einen polaren Eishauch verwandelt. Es wird peinlich: Sie spielen, ohne sich gegen Zuschauer abzuschirmen. Trotzdem wirkt es so, als halte Leon etwas von seinem Unwillen zurück, Roald hingegen ist gnadenlos. Ein Damm in ihm ist gebrochen.

Die Fahrt zum Nordpol drängt: Männer aus vielen Nationen stehen vor der Verwirklichung desselben Vorhabens. Amundsens hysterischster Plan, wenig bekannt, ist sein wilder Versuch, mit einer kleinen einmotorigen Maschine und einem einzigen Mann als Begleiter an Bord von Alaska nach Spitzbergen zu fliegen. Das Flugzeug geht beim Start in Brüche. Ist es jetzt der Tod, den er sucht? Fühlt er sich als gebrochener Mann? Zieht er Bilanz und entdeckt, daß Scott, sein großer Konkurrent, gewonnen hat, indem er verlor und starb?

Amundsen sitzt in einem Hotelzimmer in New York und weiß nicht, ob er den Hörer abnehmen soll, wenn das Telefon läutet. Er ist bankrott. Der Ruhm früherer Fahrten ist wie weggeblasen. Er liegt mit vielen Leuten im Streit. Die Vortragsreise durch die Vereinigten Staaten ist ein Fiasko geworden. Es ist lange, lange her, seit er daheim den Fjord hinauf steuerte und die kleinen Boote mit Flaggen und Wimpeln ausliefen, während von Akershus die Salutschüsse ertönten, daß es in den Bergen dröhnte. Soll er abheben?

Viele rufen an. Einige anonym, um ihn zu beschimpfen, andere sind neugierig, manche haben verrückte Pläne, die ihnen Ehre und Amundsen Ausgaben bringen sollen.

Heb ab.

»Mein Name ist Ellsworth. Ich habe Geld.«

Die Expedition, die die beiden nun planen und durchführen, ist eine der kühnsten in der Geschichte der Polfahrt. Sie wird ein Schuß ins Schwarze, Amundsens letzter geglückter Wurf. Begleitet wird er von Männern, die ihm blind folgen, die seine großen Eigenschaften schätzen und die anderen ignorieren. Zwei Flugzeuge starten nach Norden. Als die Motoren zu streiken beginnen, finden die Männer ein Loch in der Eisdecke, eines der wenigen. Sie haben 225 Gramm Essen pro Mann und Tag und kommen dennoch mit einem der Flugzeuge wohlbehalten nach Hause. Besser kann das nicht gemacht werden. Damit wird selbst Scott geschlagen: Zuerst die Niederlage, sozusagen der Tod, in letzter Minute zu Leben und Sieg verwandelt. Nachdem die Welt ihren Tod befürchtet hat, sich darauf eingestellt, sich vorbereitet hat, den toten Helden zu huldigen – kommen die Helden heim und leben. Das ist Zauberkunst. Alle sind überwältigt von dem Unglaublichen. Und als Zentrum der sechs Männer: er, noch einmal er.

Das Böse des Prozesses ist vergessen. Die kleinen Boote strömen herbei mit Flaggen und Wimpeln, Böller von Akershus, Amundsen mit steifem Hut, weiße Damensonnenschirme, ein Hund reißt sich los und beißt einen Wachmann ins Bein, dreihundert Jungen raufen auf der *Karl Johan*, denn alle wollen Amundsen sein. Die sechs fahren im offenen Wagen zum Schloß, Minister in Fräcken verbeugen sich devot.

Er ist glücklich.

Aber die Fahrt mit dem Luftschiff *Norge* findet kein glückliches Ende. Nobile war Italiener und sollte Italiens Ruhm mehren, deshalb mußte er einen größtmöglichen Anteil der Ehre an sich reißen, die Amundsen hysterisch für sich in Anspruch nahm. Als Flugleistung ist die Fahrt eine kühne Tat, rund um sie aber spielt sich eine Komödie ab: Streit um Uniformen, um Auszeichnungen, Streit zwischen Männern, Kampf um Rechte, jämmerlich getarnt mit dem

Geschrei von wissenschaftlichen Forderungen und Ehre der Forschung. So startet das Luftschiff *Italia*, fliegt 132 Stunden lang und verunglückt.

Amundsen ist nun in die Enge getrieben. Alle Welt kennt sein Verhältnis zu Nobile. Sagt er nein und lehnt ab, an einer Hilfsexpedition teilzunehmen, wird es heißen, daß er ein zu kleiner Charakter sei, um das Leben für einen Feind zu wagen. Sagt er ja, wird er einen Extrastrauß Rosen bekommen. Glückt die Rettung Nobiles, wird der Triumph überwältigend sein. Glückt sie nicht und kommt Amundsen um, wird die Erinnerung an das unglückliche Verhältnis zwischen ihm und Nobile den Helfer für alle Zeit in einem edlen Licht erscheinen lassen.

Als Planer ist er genial.

Wir wissen nicht, was er plante. Aber die Mutmaßung dürfte zutreffen, daß er nicht damit rechnete, alt zu werden. Er ist jetzt sechsundfünfzig. Wie kein anderer hat er dem Körper das Äußerste abgezwungen. Ehre ist etwas, das leicht abbröckelt. Sie muß ständig erneuert werden, um sich frisch zu halten. Ein letztes Überstreichen, im großen, edlen Stil – und dann weggehen? Mit dem Tod läßt sich gut Reklame machen.

Er stirbt und macht den letzten Stich. Dachte er an Scott, als er starb?

SCOTT

Queen Victoria regierte. In ihrem Weltreich mußte ein Mann ein geschlechtsloses Wesen sein oder aber die Welt erobern. John Edward Scott gehörte zum ersten Typ, träumte aber davon, dem letzten angehören zu dürfen. Er besaß eine alte Brauerei in Plymouth, war kränklich und zeit seines Lebens ein unzufriedener Mann. Dennoch brachte er es zu einer Ehefrau. Das setzte viele Leute in Erstaunen – und das Staunen wuchs und wurde geradezu peinlich, als auch Kinder zur Welt kamen. Der älteste Sohn, Robert Falcon Scott, wurde einer der großen Entdecker in der Geschichte des Empire. Als er auf seine erste Fahrt zum Südpol ging, hatte er noch keinen Schnee gesehen.

Der Vater hatte vier Brüder, die über die Meere segelten oder in der Indischen Armee dienten. Sie standen stramm vor der Queen, hatten kraft des Gesetzes das Recht, eine Frau mit einem Schlachtruf zu erobern und dann wegzuwerfen. John Edward hingegen hatte Schwiegereltern zu versorgen, die mit ihm unter einem Dach wohnten. Langsam wurden sie älter und durchsichtig, sie sprachen mit Anstand über die Queen und erröteten leicht, wenn beiläufig und durch ein Mißgeschick erwähnt wurde, daß auch sie Kinder hatte. Die Brauerei war ein etwas zweifelhaftes Geschäft. John Edward Scott errang weder Ehre noch Vermögen.

Aber er muß ein starker Charakter gewesen sein: Er trank sein eigenes Bier nicht. Es wäre nur zu wahrscheinlich, wenn wir ihn hätten versinken sehen, langsam, hinter Bierkrügen und später hinter Whisky. Er sinkt nicht, sondern kämpft gegen sein Unglück an: griesgrämig, verbittert, oft ist ihm übel, er muß hinausgehen und sich übergeben, er konsultiert Ärzte, aber keiner kann sagen, was ihm fehlt. Vielleicht hat einer der Ärzte vorgeschlagen: Gehen Sie doch zur Indischen Armee! John Edward lebt ein so langweiliges Leben, daß er wachsendes Interesse hervorruft: Die Konservative Partei entdeckt ihn, und er bekommt das Angebot, für das Parlament zu kandidieren. Es ist ein sicherer Wahlkreis, die Leute trinken Bier und langweilen sich, haben Schwiegereltern und führen Gespräche über die Queen. Er kann gewiß sein, daß er gewählt wird – aber er muß verzichten. Ein Kandidat hat nicht nur für die Kosten des eigenen Wahlkampfes aufzukommen, sondern auch Beiträge an die Partei zu zahlen, und das kann er nicht. Man darf mit gutem Grund annehmen, daß er als Politiker auch keine anderen Beiträge zu leisten imstande gewesen wäre.

Er ist ein Verlierer im Leben – und in der Ehe. Seine Frau gebiert ihm nur Töchter. Britische Forscher haben die Frage noch nicht geklärt, wie es Mann und Frau in der Viktorianischen Zeit mit ihrem verbissenen Schweigen über wesentliche Dinge zustande brachten, dennoch miteinander Kinder zu zeugen. Die Existenz von Neugeborenen wurde in den ersten Wochen verheimlicht, und das Gerücht, daß das Kind auch ein Geschlecht habe, nur im engsten Kreis widerstrebend bestätigt. Trotzdem muß John Edward Scott schon früh davon Kenntnis gehabt haben, daß beide Kinder Töchter waren. Er räumt in kleineren Gesellschaften ein, daß er dies als Benachteiligung empfinde.

Aber dann – und hier ahnen wir die Größe, die im Kampf eines Mannes um seinen Nachruhm liegt – kommt ein Sohn zur Welt. Es gibt keine Dokumente, aber wir wissen, daß die heimliche Freude des Vaters jetzt aufblüht. Kurze Zeit war er etwas, das er prinzipiell als Unglück auffaßte: ein glücklicher Mann. Im Geist sieht er den Sohn als siegreichen Admiral der großen Schlachten – verwundet, aber am Leben, mit Blutspritzern an den Nagelwurzeln, die vor einem Besuch im Windsor der Queen mühsam abgeschrubbt werden. Da stellt sich zum Entsetzen aller heraus, daß der Sohn dem Vater gleicht: Er ist schwächlich, sauertöpfisch und neigt zur Übelkeit.

Das wird zur eigentlichen Niederlage im Leben des Vaters. Aber er kämpft dagegen an. Gäste kommen ins Haus, die mit ausgesuchter Bosheit sagen: »Er wird eben ein guter Bierbrauer wie Sie.« Wir wissen, daß dem Sohn schon früh der Widerwille des Vaters gegen ein Leben im Bier eingeimpft wurde. Er sollte sein Leben im Schnee beenden. Starker Widerwille kann zum starken Willen werden – Haß zur Hoffnung –, ein Weltreich zu erobern.

Viel ist nicht mehr zu erobern. Die Flagge der Queen weht über allen Meeren. Sir John Franklin freilich ist von der Nordwestpassage nicht zurückgekehrt. Die fünfzig Expeditionen, ausgesandt, um ihn zu suchen, hatten auch kein Glück. Das Südpolarland liegt noch unberührt. Diese Generation ist die letzte, die hoffen kann, einen weißen Fleck zu finden, auf den sie ihren Fuß setzen kann – und dies ist der letzte Kontinent, der noch keine Fußspuren trägt.

Der Sohn ist in der Schule nicht sonderlich tüchtig. Das wundert den Vater, vernichtet ihn aber nicht. Es muß viele Unterredungen unter vier Augen zwischen Vater und Sohn gegeben haben. Wir wissen nicht, welche Mittel der Ältere gebrauchte. Der Sohn schweigt darüber in seinem kurzen Leben – mit ausgesuchter Loyalität zeigt er nur Respekt und Liebe für den Vater.

Aber es kann nicht nur Liebe gewesen sein. Etwas von der Zucht der Marine war in ihrem Verhältnis: Der Vater hatte einst davon geträumt, zur Marine zu gehen – wohl nicht, um gezüchtigt zu werden, sondern um zu züchtigen. Wir können in einem flüchtigen Bild die dunklen Augen des Vaters sehen, wie sie sich verzerren und weiß werden, hören die trotzigen Schreie des Sohnes, spüren seinen erbitterten Widerstand, ahnen, daß sein Wille sich verhärtet. Frauen gleiten unruhig in den Korridoren vorüber. Sie haben kein Anrecht darauf, zu erfahren, was hier vor sich geht. Das gehört zur Ehre des Empire.

Der Vater wird allmählich zum Hysteriker. Der Sohn hat seine Haltung unter perfekter Kontrolle. Ab und zu rührt sich dennoch etwas unter der Oberfläche: Es kann Schmerz sein, gedämpfter Aufruhr, eine gewaltige, wachsende Kraft. Der Vater wird immer schwächer und griesgrämiger, der Sohn immer stärker und freundlicher – unpersönlich freundlich, mit einem netten Lächeln, höflich zurückgezogen, immer willens, das Richtige zu sagen, klüger, als die Schulnoten annehmen ließen, mit einer langsamen Zähigkeit in sich, einer Fähigkeit, ohne Unterlaß zu arbeiten. Außerdem ist er ein bescheidener junger Bursche. Darin sind sich alle einig. Weder jetzt noch später legt er törichte Ruhmbegierde an den Tag.

Aber, wie gesagt, er neigt zur Übelkeit. Er sollte aus diesem Grund nicht zur See gehen.

Der Vater schickte ihn zur Marine.

Da ist der Junge dreizehn Jahre.

Dartmouth ist ein Hafen mit Tradition. Von hier aus waren die Engländer in See gestochen, als sie die spanische Armada zerstörten. In Dartmouth lag ein altes Schlachtschiff namens *Britannia*. Es schwamm noch aus alter Gewohnheit und wurde als Schulschiff für die zukünftigen Marineoffiziere verwendet. Einhundertfünfzig Jungen sollten in Hängematten schlafen, die so dicht nebeneinander befestigt waren, daß nur die schlanksten hineinschlüpfen konnten, ohne daß die Matte des Nachbarn in Schwingungen versetzt wurde und sich überschlug. Einhundertfünfzig Dreizehnjährige sollten auf Kommando schweigen und schlafen, auf Kommando erwachen – diskret, militärisch lächeln, wenn die Offiziere einen Scherz zu machen geruhten. Sie geruhten nur selten.

Einigen der einhundertfünfzig Jungen ging die Disziplin nicht so ohne weiteres in Fleisch und Blut über. Robert Falcon Scott gehörte zu ihnen. Später sollte er sehr viel Wert auf Disziplin bei seinen Untergebenen legen. Aber damals, solange er der leidenden Partei im Spiel unter Männern angehörte, schätzte er sie weniger. Er räumte das auch ein – aber nur innerlich, denn er hatte die Kunst des Schweigens erlernt, der Verstellung, hatte gelernt, so zu tun, als sei die Situation eine andere als in Wirklichkeit. Aber gerade dadurch ist es möglich, die Lage zu durchschauen, ein nettes Lächeln zu zeigen, mit einer Miene strammzustehen, als ob dies das höchste Glück im Leben sei – und zu wissen, daß man haßt, was man tut. Er trug in sich eine der Eigenschaften, die ein großer Führer haben muß: seinen Leuten nie die Wahrheit zu sagen, wenn jedoch etwas zu sagen war, es so zu tun, daß alle es für die volle und ganze Wahrheit halten mußten, die nur ihnen anvertraut wurde – eine angenehme oder unangenehme Wahrheit, für die sie mit noch größerer Loyalität dem Führer gegenüber bezahlen würden.

Er lernte in diesen harten, bitteren, langweiligen Monaten, sich auf Details zu konzentrieren. Er hatte ein gutes Gedächtnis – und redigierte es. Er wußte genau, was notwendig war und was zu vergessen er mit großer Sicherheit sich leisten durfte. Er war klug genug, nicht in den Ruch der Liebedienerei zu kommen. Auch aus diesem Grund wurden die Offiziere auf ihn aufmerksam.

Er war nicht unangenehm, auch später nicht. Eine Eigenschaft besaß er, die tief in ihm steckte und ihn nie verließ: echte Freundlichkeit, ein gütiges Lächeln – zusätzlich zu dem Lächeln, das von taktischen Erwägungen bestimmt wurde. Er verstand es, mit dem Gespür seines Milieus für das Höhere, sich die richtigen Ansichten zuzulegen.

Ein Kadett der britischen Marine mußte seine Uniform selbst bezahlen. Roberts Vater hatte kein Geld. Der Sohn behielt sein Klagelied über die Geldsorgen immer unter Kontrolle, und es war richtig komponiert: ein gewisses Mitleid mit dem Vater, danach Kritik an der Regierung – auch diese in milder Form –, weil die Regierung den Kadetten nicht die Uniformen zur Verfügung stellte. Die meisten, die ihn kannten, glaubten, daß er einen guten Offizier abgeben werde.

Aber niemand glaubte, daß er mehr als das sein würde: nicht der Ausbrecher oder der kühne Segler, nicht der Mann wider die Horizonte, der auf steilen Abhängen stand und sich im Ohr kratzte, während er hinunterstarrte. Die ihn unterschätzten, unterschätzten sein Pflichtgefühl und die Kontrolle, die er über sein Seelenleben hatte. Sie unterschätzten auch seinen Ehrgeiz.

Außerdem litt er unter der Seekrankheit. Das war eine Schwäche, die leicht den großen Lachkrampf an Bord hervorrufen konnte – auf seine Kosten, in einer Gruppe von einhundertfünfzig jungen Männern, die Opfer eines militärischen Systems waren. Jeden Tag wurden sie vollgestopft mit Prinzipien – eines davon war, daß ein Seemann nicht ins Meer speit. Robert war seekrank und spie. Und es wurde sein erstes großes, im Gedächtnis archiviertes und mit ihm begrabenes Kunststück, wie er diese Schwäche überwand, ohne sich als Kadett der britischen Marine unmöglich zu machen.

Dann bekam er ein Kommando. Es war der kleine, zaghafte Beginn, eigentlich eine halb komische Situation in den Augen der vielen, schon in höhere Ränge Aufgerückten, die nun ihre Größe hegten und pflegten, indem sie den bescheidenen Start anderer belächelten. Aber in ebendiesem Augenblick geschieht etwas mit ihm. Bisher war er anonym gewesen. Plötzlich tritt er aus den Reihen heraus und bekommt Dimension. In dem, was sich nun begibt, liegt etwas vom Geheimnis der Zauberkunst. Er ist genauso freundlich wie zuvor – jetzt auch denen gegenüber, die er befehligt. In der Auffassung, die er von den eigenen Pflichten hat, bleibt er unbeugsam. Und seine Kammer hält er verschlossen, jetzt und in alle Zukunft. Nur ganz wenige sollten jemals Zutritt haben.

Nach einer Reihe von Jahren bei der Marine darf er bei einem Unternehmen mitmachen. Eine Gruppe von Schiffen soll in Westindien Übungen durchführen. An Bord des Flaggschiffs befindet sich einer der vielen sonderbaren Käuze Englands – halb Karikatur, wie eine Randzeichnung in einem dicken Buch über den Südpol – Clements Markham, Sekretär der *Royal Geographical Society*. Er trägt einen Backenbart und will einen Kontinent erobern. Als junger Mann war Markham bei der Marine gewesen. Er hatte die Disziplin nicht vertragen – damals wurden junge Offiziersanwärter wegen Ungehorsams ausgepeitscht – und war aus dem Dienst geschieden. Später pries er die Disziplin an Bord der britischen Schiffe und schätzte junge Männer, welche diese Disziplin zu lieben schienen. Nun wird er mit Robert Falcon Scott bekannt.

Clements Markham hatte an einer der Rettungsexpeditionen für Sir John Franklin teilgenommen. Später bereiste er Peru, schrieb Bücher über Entdeckungen und hätschelte seine große Idee – daß die Engländer den letzten noch unerforschten Kontinent erobern sollten, das Land rund um den Südpol. Er meinte, daß das eine Aufgabe für die Marine sei. Vielleicht dämmerte ihm, daß ein Kampf von solchen Dimensionen Disziplin erfordern würde. Vielleicht schien ihm von entscheidender Bedeutung, daß die Marine am ehesten den riesigen Meeresöden rund um das Südpolarland gewachsen wäre. Aber offenbar hat er sich nicht klargemacht, daß der Ernst der Fahrt nach Süden erst dann beginnen würde, wenn die Schiffe nicht mehr weiter vordringen konnten. Schnee und Eis scheinen für ihn keine Probleme gewesen zu sein. Er hatte niemals auf Schiern gestanden.

Clements Markham war ein Mann von ungewöhnlicher Ausdauer. Er wußte, daß selbst in einem Land wie England, wo Entdeckungsreisen zur Tradition gehörten, das Auftreiben von Geld für neue Expeditionen ungefähr wie Waten in einem Sumpf sein würde. Er führte einen zielbewußten Kampf: gegenüber Behörden, privaten Geldgebern, Zeitungen, Schulen und Vereinen. Er spielte auf allen nationalen Saiten. Davon gab es viele.

Dann nahm er in seiner Eigenschaft als Sekretär der *Royal Geographical Society* am Seezug nach Westindien teil. Eines Tages wurde eine Kleinbootregatta abgehalten. Die Konkurrenten sollten nicht nur so schnell wie möglich segeln, sondern auch vor Ende des Wettrennens Mast und Segel demontieren. Robert Falcon Scott gewann.

Clements Markham sagte: »Der Bursche soll einen neuen Kontinent für Britannien erobern!«

Später wurde der junge Offizier in Markhams Kajüte eingeladen. Er benahm sich vorbildlich. Im Zusammensein mit seinem neuen, älteren Freund ließ der Jüngere seine großen Eigenschaften sich nur langsam entfalten. Fast diskret wurde aus ihm der spätere Leiter. Das Verhältnis zwischen ihnen sollte immer tief menschlich bleiben.

Aber Robert Falcon Scott hatte noch keinen Schnee gesehen.

Jahr und Tag verging, ehe Scott mit dem Schnee in Berührung kam. Wir sehen ihn als jungen Offizier in der Marine, unterbezahlt, ein Jüngling auf dem Weg zum Mann; andere finden Frauen, er nicht. Er lauscht mit einem höflichen, ein wenig langweiligen, etwas irritierenden Lächeln, wenn die Kameraden von ihren Eroberungen erzählen. Scott beteiligt sich nicht an diesen Gesprächen. Dafür kann es zwei Erklärungen geben: die wahrscheinlichere ist die, daß er keine Frauen hat, von denen er erzählen kann. Vielleicht auch hüllt er seine Verbindungen geschickt in Nebel und sieht, halb schüchtern, halb triumphierend, seine größte Freude darin, eine Eroberung geheimzuhalten. Wir wissen es nicht.

Männer, die jünger sind als er, bringen ihm jetzt das Essen; Männer, denen er nun befehlen kann strammzustehen, machen Ordnung in seiner Kajüte und seiner Koje. Sie grüßen, wenn er kommt, wenn er geht. So stand er selbst, wenn höhergestellte Offiziere an ihm vorbeigingen: in perfekter militärischer Haltung, ohne die Miene zu verziehen, mit einem Körper, der – das wunderte alle, die ihn von Kind auf kannten – von Gesundheit strotzte. Man ist allgemein der Ansicht, daß er es weit bringen werde. Aber wenn seine Vorgesetzten beisammensitzen und trinken, kommt es vor, daß sie zu ihrer Verwunderung von ihm zu sprechen beginnen: Er werde es vielleicht doch nicht so weit bringen; irgend etwas fehle ihm.

Zu definieren, was ihm fehlt, ist schwierig. Er ist farblos. Er flucht nicht nach guter britischer Art. Er ist nicht nur religiös – auf die offizielle Weise, offiziersreligiös, der königstreue Diener, der der Queen zu Ehren an Gott glaubt und weil ein Sonntag in England von Gesetzes wegen geistlichen Charakter haben soll. Robert Falcon Scott ist auf eine erstaunliche Art und Weise religiös: Er glaubt an Gott.

Wir werfen einen kurzen Blick auf ihn, als er auf dem Weg zu einer neuen Aufgabe in Vancouver an der amerikanischen Westküste ist. Er reist auf einem Passagierdampfer. Das Schiff gerät in einen Sturm, ist dem Untergang nahe. Die Fluten beginnen die Kajüten zu füllen, Frauen und Kinder treiben auf dem Wasser, Männer kämpfen gegen das Meer. Scott ist einer von ihnen. Später – ehe er noch der Held des Empire ist – schildern andere Passagiere sein Verhalten: Mit einem Glas Wasser, das nicht überschwappen darf, balanciert er triefnaß, wie eine Erscheinung, auf dem überfluteten Deck – eine Frau hat um Wasser gebeten. Und die Seekrankheit? Je mehr Grund für sein altes Übel gegeben ist, desto weniger plagt es ihn.

Er geht durch den Sturm zurück, viele brauchen ihn, er nimmt sich Zeit für ein Lächeln, holt ein Kopfkissen. Es ist naß. Tut mir leid, aber Sie verstehen, wir haben kein anderes. Soll ich es Ihnen unter den Kopf schieben? Ob der Sturm gefährlich ist? Ich glaube nicht, daß ein modernes Schiff wie dieses sinken kann, aber wir müssen in den nächsten Stunden auf einige Unannehmlichkeiten gefaßt sein. Können Sie mich entschuldigen? Man ruft nach mir.

Junge Männer liegen willenlos auf dem überfluteten Deck. Er stellt sie auf die Beine, spricht freundlich mit ihnen, rüttelt sie, zieht den einen am Ohr, greift ihm unter die Achseln, fühlt überrascht die eigenen Kräfte und konstatiert – aber ohne Hochmut –, daß er keine Angst hat. Hebt also den jungen Mann an den Achseln auf, ohrfeigt ihn, sagt: »Geh mit mir oder geh unter.« Da nimmt der junge Mann ein Glas Wasser und folgt seinem großen, noch namenlosen Führer – versucht sich, auch er, an einem höflichen Lächeln. Eine Frau ruft.

Nach dem Aufenthalt an der Westküste kommt Scott nach England zurück. Noch ist Queen Victoria am Leben. Es gibt Leute, die der Meinung sind, die Queen wäre besser tot und ihre Ideale mit ihr. In diesen Jahren stirbt John Edward Scott. Er hatte die Brauerei verkauft und einige Jahre in der Illusion gelebt, daß er nun Geld habe, von dem er leben könne. Die Illusion zerbrach – da starb er.

Robert und sein jüngerer Bruder tragen jetzt die Verantwortung für die Familie. Das gehört zu den Idealen der Queen: Ein Mann hat immer die Verantwortung für seine Familie zu tragen. Ein Jahr später stirbt auch der Bruder.

So steht Robert Falcon Scott da, ein junger Offizier mit bescheidenem Sold. Gerade als für ihn das Leben beginnt, muß er dafür sorgen, daß andere genug zum Leben haben: Er muß sich um vier Schwestern und eine Mutter kümmern. Nichts deutet darauf hin, daß er damals oder später Bitterkeit verspürt. Energisch beginnt er eine der vielen Leitern emporzuklettern, die in der Marine für Offiziere bereitstehen, die nach oben wollen. Aber in Friedenszeiten geht alles langsam. Scott bildet sich in der Kunst des Torpedo-schießens aus. Von einem jungen, ehrgeizigen Offizier ist das klug gehandelt. Der Torpedo ist eine moderne Waffe.

Im Lauf der zwölf Jahre, die seit seiner ersten Begegnung mit Clements Markham vergangen sind, haben die beiden einander ein paarmal getroffen. Sie unterhalten sich über Fahrten in die Polargebiete, über Schiffe und Männer, aber zu einem engeren Kontakt kommt es nicht. Eines Tages ist Scott in London. Als er die Buckingham Palace Road entlanggeht, erblickt er Markham auf dem gegenüberliegenden Gehsteig und überquert die Straße.

Wir erfahren niemals, ob er es bereut hat.

Markham hat mit zusammengebissenen Zähnen für seine große Idee gearbeitet: Großbritannien soll den letzten noch nicht erschlossenen Kontinent erobern. Die Norweger haben ihn schon betreten: ein Mann namens Carsten Borchgrevinck war der erste. Und auch die Belgier haben eine Expedition gestartet.

Markham findet in England zwar Verständnis, aber noch mehr Trägheit – in einem Land, das so große Teile der Welt entdeckt und erobert hat. Schöne Worte, aber kein Geld. Trotzdem setzt er einen prinzipiellen Beschluß durch: Eine Expedition soll ausgerüstet und in das Südpolargebiet geschickt werden, sobald die nötigen Geldmittel beschafft sind. Sie lassen sich bloß nicht beschaffen. Markhams unbeugsamer Wille ist es, daß die Marine die Expedition ausrüsten, Schiffe zur Verfügung halten und Offiziere bereitstellen soll. Aber die Marine weigert sich.

Da geschieht es, daß ein paar reiche Leute große Beträge für die geplante Eroberung des Südpols spenden – um Englands Ruhm und ihren eigenen zu mehren. Jetzt kann die Expedition Wirklichkeit werden.

Das weiß Scott nicht, als er die Straße überquert und Markham begrüßt.

»Haben Sie gehört, was passiert ist?«

»Nein.«

Ein paar Tage später reicht Scott seine Bewerbung um die Leitung der Expedition ein. Er weiß allerdings nicht, daß er lange Zeit auf Markhams Liste der möglichen Kandidaten als sechster gereiht war. Hinter verschlossenen Türen tobte der Widerstreit: Sollte ein Wissenschaftler oder ein Offizier die Leitung übernehmen?

Ein Offizier übernahm sie.

Zu diesem Zeitpunkt hatte Scott noch keinen Schnee gesehen.

Eine rührende Mischung aus Kind und Mann ist in Scott, als er, der neuernannte Expeditionsleiter, nach Christiania reist und Fridtjof Nansen aufsucht. Nansen ist die große Berühmtheit, Scott nur ein armer Offizier. Der Held aus der großen Öde nimmt den Neuankömmling mit einer Offenheit auf, die den höflichen jungen Mann linkisch und schüchtern wirken läßt. Er ist gekommen, um etwas über die Polargebiete zu hören. Er möchte Schlitten studieren – und die Möglichkeit, ob sie in einem Gelände funktionieren könnten, das von dem in England gewohnten einigermaßen abweichen dürfte. Er erkundigte sich auch, was Nansen von Schiern hält. Sind Schier ein brauchbares Gerät? Es ist möglich, daß der Ältere einen Moment lang das Gesicht abgewandt hat. Scott hat noch keinen Schnee gesehen. Um das nachzuholen, reist er ins Landesinnere.

Dies ist das äußere Bild. Es gibt auch ein inneres: ein unerfahrener Mann, der mit imponierender Kraft einsaugt, was ein erfahrener Forscher ihn lehrt. Nansen ist nicht auf den Kopf gefallen. Er durchschaut den Kandidaten – und sieht, daß Scott das Zeug zu einem begabten Führer hat, wie geschaffen ist, die ganz großen Aufgaben zu lösen. Vielleicht mit einer gewissen Naivität, die kostspielig werden kann, und ohne die Brutalität, die das Leben rettet, wenn alles auf dem Spiel steht – zumindest das eigene Leben, wenn schon nicht immer das der anderen.

Scott geht systematisch ans Werk. Er sieht das Ganze als Pensum an und besteht die Prüfung. Bald weiß er fast alles Wissenswerte über Polfahrten. Aber er hat es nicht im Körper: nicht das Mysterium der Schibindung, nicht die Kunst, mit einem Hundegespann zu fahren. Daheim in England streiten jetzt die Gelehrten über das Hundeproblem. Markham sagt nein. Schlitten müssen von Männern gezogen werden! Hunde würden zusammenbrechen. Die Engländer haben keine gute Erfahrung mit Hunden in den Polargebieten. Aber das Problem ist nicht durchanalysiert worden. Warum britische Expeditionen früher in diesem Punkt so bitter enttäuscht wurden, dafür kann keiner eine befriedigende Erklärung geben. Markham ist eine Kapazität, schwer zu übergehen, und nicht zuletzt deshalb, weil er so sicher weiß, daß die Expedition in erster Linie sein Werk ist. Hunde kommen nicht mit! Andere schlagen auf den Tisch und rufen: »Hunde müssen mit!« Scott scheint keine eigene Meinung zu haben. Zuletzt einigt man sich auf einen Kompromiß: In Sibirien werden dreiundzwanzig Hunde gekauft. Das ist zuwenig, wenn man die Hunde als Zugkraft einsetzen will, und was sonst sollen sie tun? Die Hunde gehören verschiedenen Rassen an. Die Schlitten sind nicht so konstruiert, daß sie für einen Hund geeignet wären.

Das Schiff, das die Marine zur Verfügung stellt, heißt *Discovery*. Alles, was mit dem Schiff und der Schiffsausrüstung zu tun hat, ist die einfachere Seite des Problems. Schlimmer wird es, als die Entscheidung über die Anzahl der Wissenschaftler und die der Offiziere getroffen werden soll. Aus welcher Gruppe sollen mehr Vertreter mitkommen? Die Gelehrten streiten. Die Marine will keine Leute mehr hergeben. Es zeigt sich, wie immer, wenn eine Expedition ausgerüstet werden soll, daß das Geld knapp wird. Mehr läßt sich nicht beschaffen, außer auf dem allerbittersten Weg, durch Betteln. Der Burenkrieg bricht aus.

Da ist Scott nahe am Aufgeben – auch er, noch bevor er beginnen konnte. Im Spiel um das Geld nimmt er eine tragische Dimension an, die an seinen Konkurrenten und Kollegen erinnert, der jetzt unterwegs zur Nordwestpassage ist, Roald Amundsen. Aber wenn auch Scott genug Rückgrat gehabt hätte, um eine Niederlage einzustecken und sich noch vor Beginn der Fahrt zurückzuziehen, so ist es nun für andere eine Sache des Prestiges geworden, daß er durchhält. Halb wider Willen wird er gezwungen weiterzumachen. Wir wissen nicht, ob er es jemals bereut hat. Eines Tages also ist die *Discovery* endlich klar und sticht in See.

Sehen wir uns einige der Männer an Bord an:

Da ist der vornehme Dr. Edward Wilson, tuberkulös, mit schwachen Nerven; er hat sich lange in Norwegen aufgehalten, um nach der Krankheit wieder zu Kräften zu kommen. Er hatte geglaubt, daß kalte Luft ihm guttun würde. In dieser Hinsicht sollten die Fahrten zum Südpol ihm reichliche Bewirtung zuteil werden lassen. Er ist der Künstler, der ein Bild zu Papier bringen kann, klug, schweigsam, mit einem feinen Sinn für Humor, gut Freund mit allen, dennoch hat er etwas Verschlossenes, das seine Freundschaft für die wenigen, denen er sich öffnet, zu etwas Unverlierbarem werden läßt. Er öffnet sich eigentlich nur einem: Scott.

Die beiden werden gemeinsam sterben.

Da ist Edgar Evans, ein beinharter, stämmiger Unteroffizier, stark wie ein Bär und imstande, jede praktische Aufgabe zu lösen. Evans hat etwas Rauhbeiniges an sich. In mancher Hinsicht ist er der vollkommene Mann, solange er in all seiner Unvollkommenheit unter dem Kommando anderer steht. Wenn die Situation kritisch wird und die Führung nicht den Anforderungen genügt, versagt seine psychische Stärke. Scott bewundert ihn. Und schätzt ihn falsch ein. Eines Tages wird Evans zusammenbrechen.

Ernest Shackleton sollte in Robert Scotts Leben eine große Rolle spielen. Shackleton hatte sich schon früh um die Teilnahme an der *Discovery*-Expedition beworben. Er war Offizier bei der Handelsmarine und Schotte von Geburt. Nichts deutete darauf hin, daß er besondere Voraussetzungen für eine Expedition wie diese mitgebracht hätte. Sein Ansuchen wurde deshalb abgelehnt. Aber er gab nicht nach, verfolgte die Sache mit verbissener Energie. Da ergibt es sich, daß einer der an Bord Beschäftigten nicht mitkommen kann.

Die Zeit drängt. Ein Freund Shackletons wird zu Scott geschickt, um es an seiner Statt nochmals zu versuchen. Mit einer resignierten Handbewegung ruft Scott einem seiner Offiziere zu: »Bemüh dich, etwas über den Mann herauszufinden!« Der Offizier hat es eilig und stellt keine Nachforschungen an. So kommt Shackleton mit.

Nun ist er also an Bord – von schwieriger Wesensart, voll fanatischen Willens, unbeugsam in seinem Ehrgeiz, vielleicht auch in seiner Rachsucht. Die *Discovery* läuft aus.

Sie haben Stockfisch mit, in Norwegen gekauft und als Hundefutter vorgesehen. Die Fische sind in Ordnung, werden aber an Bord unsachgemäß gelagert. Als die Hunde später an Kraft verlieren und sich als unbrauchbar erweisen, meinen viele, daß dies die Ursache dafür sei. Wiederum finden wir etwas Angelerntes bei Scott. Er hat von Stockfisch gehört, weiß aber nicht damit umzugehen, wie auch keiner seiner Männer. Vielleicht wurde der Fisch von Maden befallen. Nansen soll den Kopf geschüttelt haben, als die Stockfischgeschichte bekannt wurde. Daß die Hunde auf dieser Expedition den Anforderungen nicht gewachsen waren, sollte indirekt üble Folgen für Scotts nächste – und letzte – Expedition haben.

Aber die Seereise nach Süden verläuft gut. Scott und seine Männer verstehen sich auf die Kunst der Schiffahrt. Eines Tages sehen sie Eis vor sich – die meisten von ihnen zum erstenmal.

Sie lavieren durch das Packeis, erreichen die Eisbarriere, gehen an Land, errichten eine kleine Hütte bei Hut Point. Wir schreiben das Jahr 1902.

Die Überwinterung findet an Bord der *Discovery* statt. Auch hier, wie auf der *Belgica*, gehen Männer in die Dunkelheit hinaus und schreien – zwingen sich zum Stillschweigen, pressen ein Lächeln hervor, gehen zurück, finden im Dunkeln die Schiffswand, kriechen hinauf. Fühlen dort Geborgenheit – einen Augenblick lang. Hassen plötzlich das ganze Schiff, hassen alles. Gehen wieder in die Dunkelheit hinaus und schreien.

Werden alle an Bord wunderlich und alle gleichermaßen verdrossen? Eine Ausnahme gibt es auf jeden Fall: einen, der immer gleich höflich, gleich freundlich, fast immer gleich zufrieden ist – Scott. In diesen schweren Tagen ist er vielleicht ein wenig mürrisch, das ist alles.

Besonders mit zwei Männern an Bord schließt er Freundschaft: mit Wilson und Shackleton. Die Freundschaft mit Wilson ist eine Selbstverständlichkeit. Was die Freundschaft mit Shackleton betrifft, so dürfte ihr eine Spur Taktik beigemischt sein. Magnetismus geht von Shackleton aus. Magnetismus kann genausogut abstoßend wirken. Es ist, als sähen wir den freundlichen Scott mit ausgestreckter Hand in Shackletons enger Kajüte, draußen türmt sich das Eis. Eine höfliche Frage, ein verlegenes Lächeln: »Sollten wir beide nicht Freunde sein? Es hat vielleicht einen günstigen Einfluß auf die anderen, wenn wir Freunde sind, ganz abgesehen davon, daß ich persönlich es als Ehre empfinden würde, Ihr Freund zu sein.«

Der Winter verstreicht. Als der Frühling kommt, soll eine Expedition nach Süden aufbrechen.

Aber soll sie versuchen, den Pol zu erreichen? Nie ist es ausdrücklich gesagt worden, aber es muß das heimliche Ziel der Fahrt gewesen sein. Scott selbst soll als Leiter fungieren, Wilson und Shackleton werden ihn begleiten.

Sie haben Hunde mit, aber keine Schier. Die Hunde sind vom ersten Tag an eine Enttäuschung – vielleicht ist der wurmzerfressene Fisch die Ursache. Die Männer sind ungeübt und können kein Hundegespann lenken, das Gelände bietet ungeahnte Schwierigkeiten, sie waten bis zum Bauch im Schnee.

Als Freunde gehen sie auf diesen ersten, kühnen Marsch nach Süden – aber sie kehren nicht als Freunde zurück.

Nie vorher hatten Menschen dieses Gebiet betreten. Sie sehen den Schimmer ferner Gebirge, ehe der Nebel sie wieder verhüllt.

Es stellt sich heraus, daß die Lebensmittelrationen nicht reichen. Die Hunde, statt die Schlitten zu ziehen, müssen von den Männern selbst gezogen und später erschossen werden.

Sechshundertzwanzig Kilometer vor dem Pol sind die drei gezwungen umzukehren.

Shackleton bricht auf dem Rückweg zusammen. Die volle Wahrheit über das Geschehnis wird nie an den Tag kommen. Aber wir ahnen sie: Ein kranker Mann, jetzt hat er das Gleichgewicht verloren, hat vielleicht heimlich vom Fisch für die Hunde gegessen, ist von Würmern befallen worden und deshalb zusammengebrochen. Die beiden anderen wollen ihn auf dem Schlitten ziehen, er weigert sich. Sie sind drei Männer in der Eisöde, und der Tod ist nur wenige Schritte hinter ihnen. Scott ist der Leiter, aber ist er nicht zu schwach? Vielleicht wird die enge Freundschaft zwischen Scott und Wilson psychisch zu einer zusätzlichen Belastung, an der Shackleton zerbricht. Scott hat die Bibel mit, aber hier reicht sie nicht aus. Zwischen ihnen sind nicht nur Bibelzitate gewechselt worden.

Aber sie kommen nach Hut Point zurück. Jetzt besteht ernste Gefahr für Shackletons Leben. Die *Discovery* ist noch im Eis festgefroren. Ein Rettungsschiff läuft in England aus, die *Morning*. Früher gehörte sie einem Norweger und hieß *Morgenen*. Mit diesem Schiff wird Shackleton nach England zurückgebracht. Er ist ein kranker Mann und hat verloren, aber der Verlierer Shackleton verbirgt in seinem Inneren eine unbändige Stärke. Über dem Verhältnis zwischen ihm und Scott liegt nun die Eiseskälte des Polarlandes.

Im darauffolgenden Jahr kommen Scott und seine Männer nach England zurück.

Sie werden als Helden gefeiert und verdienen es. Nie, heißt es, sind Männer so weit gewandert, haben so viel erforscht, haben solche Resultate erreicht. Wer erinnert sich jetzt an Shackleton?

Aber sein eigenes Gedächtnis ist gut und sein Wille hart, mit einer Beimischung von Haß. Seine seelischen Eigenschaften machen ihn zu einem effektiveren Mann als Scott. Ihm fehlt Scotts ausgeglichenes Wesen. Im Unausgeglichenen kann Kraft stecken.

Scott wird Englands jüngster Schlachtschiffkommandant. Er verliebt sich in dieser Zeit. Trotzdem will er zum Pol zurück.

Auch Shackleton will zum Pol.

Beide haben jetzt Schnee gesehen.

Scott entdeckt mit einer gewissen Verwunderung, daß er ein berühmter Mann geworden ist. So lange Zeit nachher ist es nicht leicht, mit Sicherheit festzustellen, ob er das genießt oder nicht. Amundsens fast unappetitliches Lächeln, wenn er die Huldigungen entgegennimmt, verrät, worauf er Appetit hat. Auf Bildern aus dieser Zeit zeigt Scotts Gesicht scheue Furcht, die Schultern wirken wie gebunden, um den Mund hat er einen verlegenen Zug, der wohl den Eindruck eines glücklichen Lächelns erwecken soll. Rings um ihn kochen die Menschenmassen. Sie huldigen dem Helden.

Orden zu tragen lernt er allerdings schnell: Als Marineoffizier weiß er, wie Orden getragen werden müssen. Er ist nie ein großer Redner gewesen. Jetzt lernt er auch das: Er eignet sich ein paar Floskeln an und findet ab und zu aus Eigenem einfache Worte, die bei näherer Betrachtung eindringlich wirken können. Er wird ein gewichtiger Mann.

Vielleicht kommt deshalb ein Hauch von Kleinlichkeit über ihn, den er vorher nicht hatte. Shackleton ist genesen und will sich rehabilitieren, nach außen hin als Scotts Freund, innerlich wohl als sein Feind. Im stillen Kämmerlein nennt Shackleton das Kind beim Namen: Rache. Rache an dem Mann, der im Eis die größere Stärke bewies und den Verlierer nach Hause schickte, zwar um dessen Leben zu retten, aber – auch Scott ist nur ein Mensch – wohl nicht ganz unglücklich darüber, daß er jemanden loswurde, mit dem der Umgang nicht eben leicht war.

Shackleton plant eine eigene Expedition und will die Hütte auf Hut Point benutzen, die Scott als sein eigen ansieht. Scott will ebenfalls aufbrechen – der Wissenschaft wegen, steht in den Zeitungen. Aber irgendwo in seinem Herzen – und das weiß er –, auf einem

Fleckchen, das größer ist, als die Öffentlichkeit jemals erfahren wird, steht geschrieben, daß für ihn der Pol selbst und seine Bezwingung der eigentliche Grund für einen neuerlichen Aufbruch sind.

Ein Briefwechsel zwischen Scott und Shackleton aus dieser Zeit hat etwas Bissiges an sich, eine Bissigkeit zwischen den Zeilen. Und dann kollidiert der Schlachtschiffkapitän während eines Manövers.

Unglück bricht auch auf andere Weise über ihn herein: er verliebt sich.

Es hatte in seinem Leben ein paar kleine Freundinnen gegeben, aber das war nichts Ernsthaftes gewesen. Nun trifft er Kathleen Bruce. Sie ist Bildhauerin. Fotos zeigen sie als stattliche Frau, mit einem etwas zu strengen Mund, schön, geschmeidig und wild – manche meinen, wild und willig. Außerdem hat sie eigenen Ehrgeiz und deshalb – vom Augenblick ihrer Heirat an – Ehrgeiz für ihren Mann. Die Liebe wird in ihm zur Flamme, zur Qual und Kraft.

Ist sie die Richtige für ihn? Wir wissen es nicht. Er kreist sie lange ein, wie ein Schlachtschiffkapitän ein feindliches Boot, ohne sich einen Schlachtplan zurechtzulegen und dann zum Angriff überzugehen. Er weiß aus seiner viktorianischen Vergangenheit, daß ein Mann sich eine Frau nehmen muß und daß aus dieser Verbindung dann Kinder hervorgehen – wenn Gott will und der König seine Erlaubnis gibt. In seinen frivolsten Augenblicken gelten seine Gedanken wohl auch den mehr technischen Seiten des Problems. Er läßt Wochen vergehen und Jahre. In der Zwischenzeit reist Shackleton zum Südpol.

Aber Scott gehört zu jenen, die aus ihrer Liebe die moralische Konsequenz ziehen. In seinem Fall bedeutet das, daß er sich in schriftlicher Form an die Auserwählte wenden muß. Mit dem Sinn des Marineoffiziers für das Schickliche bespricht er das Problem zuerst mit seiner Familie. Die Mutter lebt noch. Er verdient jetzt genug, um sowohl sie als auch zwei Schwestern und eventuell – wenn das sein düsteres Los sein sollte – eine eigene Familie erhalten zu können. Unter dem Druck, den seine Mutter auf ihn ausübt, er-mannt er sich endlich und hält um Kathleen Bruce an. Sie sagt ja.

Er ist ein stattlicher junger Mann. Auf dem Hochzeitsfoto wirkt er gesetzter als je zuvor. Sie zeigt die Miene der Besitzerin, und dazu hat sie ja auch guten Grund: Sie besitzt nicht irgend jemanden.

Kathleen wird bald schwanger.

Aber wird Shackleton den Pol erreichen?

Das eine Problem ist nicht kleiner als das andere.

Die königliche Familie war an Bord gewesen, um Shackleton zu verabschieden. England jubelte, alles war beflaggt, ein neuer Held sollte die Welt erobern.

Shackleton und seine Begleiter erreichen das Polplateau und sehen als erste, daß das Land nach Süden hin flach ist. Aber dann müssen sie umkehren, der Proviant reicht nicht. Bis zum Pol sind es nur noch hundertsechzig Kilometer.

Sie hätten schwindeln können, denn niemand wäre imstande ge-wesen, zu beweisen, daß sie das Ziel nicht ganz erreicht hatten. Aber der schwierige, schroffe Shackleton ist ein ehrlicher Mann. Ein paar Monate später behauptet Peary, den Nordpol erreicht zu haben. Den Beweis kann er nicht liefern.

Wir wissen nicht, was Scott hofft, aber wir ahnen es – er ist nur zu klug, um seine heimlichsten Wünsche hinsichtlich Shackleton und dessen Forschungsreise niederzuschreiben. Er ist deshalb nicht notwendigerweise ein geringerer Mensch, weil es ihm in einem Winkel seines Inneren lieber ist, daß Shackleton sein Ziel nicht er-reicht.

Shackleton kommt nach England zurück und wird als großer Held gefeiert. Die beiden begegnen einander nun öffentlich. Es sollen, heißt es, zwischen ihnen Verhandlungen über die Art dieser Begeg-nung geführt worden sein. Der Händedruck findet in aller Öffent-lichkeit statt – herzlich, demonstrativ, mit einem breiten Lächeln.

Nun ist Scott an der Reihe. Ja, er ist an der Reihe, ohne Gnade: die Situation ist gegeben, er kann nicht vor ihr davonlaufen. Beinahe jeder will jetzt zum Pol. Es geht das Gerücht, daß Peary selbst, der Mann vom Nordpol, bald losfahren wird. Aus Norwegen kommt nicht ein Wort. Niemand denkt an Norwegen.

England ist in Bewegung geraten. Sogar Geld läßt sich auftreiben, zur Verwunderung aller – das ist der Beweis dafür, daß etwas Wichtiges auf dem Spiel steht: Der Pol soll erobert werden.

Es ist sicher ein schöner Zug an Scott – eine Offenbarung seines edlen Charakters, werden einige sagen –, daß er gewissermaßen an dem Tag, da sein Sohn geboren wird, mit den Vorbereitungen für eine neue Fahrt nach Süden beginnt.

Die Wahl des Zeitpunktes kann auch ein Körnchen Egoismus enthalten.

Die Folge ist jetzt gesichert. Gott und der Sohn werden existieren, wenn er sterben muß.

Aufbruch

Im Jahr 1907 besucht Roald Amundsen zum zweitenmal Fridtjof Nansen. Diesmal bittet er ihn um die *Fram*. Amundsen ist von der Nordwestpassage zurückgekehrt – nicht mehr als unbekannter Steuermann, aber in der Phantasie und den Träumen der Menschen ist er dennoch nicht der Meister vom Format Nansens. Nun will er, wie einst sein Vorgänger, über das Polarmeer driften und den Pol zu erreichen versuchen: das Plagiat eines Plans. Nansen erbittet sich Bedenkzeit.

Einige Jahre vorher hatten zwei Männer in einem Doppelschlafsack auf Franz-Joseph-Land überwintert. Undichte Steinwände umgaben sie, Stürme brausten wochenlang über das Dach, sie nährten sich von Walroßfleisch, und jeder hatte nur ein Hemd, das er wendete, als der Weihnachtsabend kam. Nansen, ein Riese an Geist und Wahrhaftigkeit – im Urteil des Volkes und seinem eigenen –, vielleicht der einzige, der dem Polardunkel getrotzt hat, ohne Schaden an seiner Seele zu nehmen. Hjalmar Johansen, ein Meister in der Bezwingung der Eisöde, hart wie Stein, nicht umzubringen, keine große Führernatur, aber kritisch in seiner Haltung allen Führern gegenüber – mit einer einzigen Ausnahme: Nansen.

Wenn der eine sich im Sack umdreht, muß auch der andere sich umdrehen, wenn der eine ausatmet, soll der andere wenn möglich einatmen. Das verlangt harte Disziplin von beiden und gegenseitigen Respekt. Wenn der eine schläft, muß auch der andere schlafen, wenn der eine spricht – von einer Langeweile getrieben, die einen Mann umbringen kann –, muß der andere sich zwingen zuzuhören, ob ihm das gefällt oder nicht. Zwei Männer, die zueinander passen wie Hand und Handschuh. Beide klug, der eine vom Typ des gründlichen Denkers, der andere etwas naiv, ohne das ganz große Format, aber ehrlich bis in die Knochen und mit der Fähigkeit des Hundes begabt, seinen Herrn zu verehren – wenn der Herr der Verehrung würdig ist.

Hier, in der Hütte auf Franz-Joseph-Land, durchdachte Nansen bis ins Detail die Reise zum Südpol, die der Höhepunkt seines Forscherlebens hätte werden sollen. Wir wissen nicht, ob er die Absicht hatte, Johansen mitzunehmen, dürfen es aber wohl annehmen. Das ist die imponierende Selbstverteidigung des Riesen gegen die Schwermut im Polardunkel: eine neue Reise zu planen – in die gleiche Dunkelheit, aber so weit wie nur überhaupt möglich von dem Punkt entfernt, an dem er sich im Augenblick befindet.

Nun, Jahre später, entschließt sich Nansen, Amundsen die *Fram* nicht zu überlassen. Er ist nicht mehr der Jüngste. Soll etwas aus der Reise nach Süden werden, dann muß das bald geschehen.

Amundsen ist im Haus und wartet. Nansen geht hinunter, um ihm die abschlägige Antwort zu erteilen.

Aber es ist noch jemand im Haus, Nansens Frau Eva. Sie steckt den Kopf bei einem Türspalt heraus und sagt: »Ich weiß, wofür du dich entschieden hast.«

Das müssen Worte gewesen sein, die einen Vorwurf ihm, dem Mann, gegenüber enthielten. Die beiden waren sehr oft voneinander getrennt gewesen. Aber die Worte können auch halbe Zustimmung bedeutet haben: Du hast dich entschieden? Tu, was du für richtig hältst. In ihm werden die Worte zu kleinen Stichen und bewirken, daß sich seine Absicht ins Gegenteil verkehrt. Der Entschluß war schon gefaßt gewesen. Aber er muß auf der Spitze gestanden sein: hinter seinem Willen zur Tat lag das Gefühl, an ihr, seiner Frau, die krank war und bald darauf sterben sollte, ein Unrecht zu begehen.

Amundsen bekommt die *Fram*.

Stellen wir uns den berühmten Steuermann vor – den Rücken zu einer Verbeugung gekrümmt, den Nacken leicht erhoben, mit dem Blick eines Hundes. Nansen steht ihm gegenüber und sagt ganz offen: »Ich wollte nach Süden. Aber dann kamen Sie mit Ihren Nordpolplänen. Ja, ja, ich weiß, es ist Ihr gutes Recht, nach Norden zu fahren. Aber nicht Ihretwegen, sondern jemandem anderen zuliebe gebe ich nach und lasse Ihnen die Chance. Im Norden gibt es noch viel Unentdecktes. Aber Sie sollen wissen, daß ich Ihnen die *Fram* nur mit Bitterkeit überlasse. Ich wollte sie selbst haben.«

Amundsen macht noch eine Verbeugung, dankt ehrerbietig und geht. Er ist nicht der Mann, der sich von den Gefühlen anderer aufhalten läßt. Am selben Tag beginnt er die Reise zum Nordpol zu planen.

Die Pläne werden der Öffentlichkeit vorgelegt. Das Storting bewilligt Geld, private Beiträge werden gespendet. Im wesentlichen will Amundsen derselben Route wie Fridtjof Nansen folgen. Da kommt das Telegramm mit dem Inhalt, daß Doktor Cook den Nordpol erreicht hat.

Roald Amundsens Genie war unlösbar an seinen Ehrgeiz gebunden. Wir sehen ihn in dem Augenblick vor uns, da die Zeitungen kommen, mit dem Telegramm über Cooks angebliche Eroberung des Nordpols. Das ist ein vernichtender Schlag. Das treibt ihn in die Enge. Er muß nach Luft geschnappt haben, die Zeitung weggeworfen, darauf herumgetrampelt haben, sie wieder aufgehoben und daraufgespuckt, den Speichel weggewischt haben, ehe er nochmals liest: Dr. Cook hat den Pol erreicht.

Amundsen muß sofort begriffen haben, daß das die Wahrheit sein konnte – oder die Unwahrheit. Aber was wird die Welt glauben, wenn er, der auf dem Weg zum Pol ist, behauptet, daß sein alter Freund Dr. Cook gelogen habe? Vielleicht sind ihm die Tränen über die Wangen gelaufen. Er hat alle gehaßt, sich auf das Bett geworfen, wild geflucht – und einen Augenblick lang mit dem Gedanken an Selbstmord gespielt.

Aber er begreift rasch: Du mußt verheimlichen, was du denkst. Du darfst nicht verraten, was du hoffst – daß es ein Betrug ist. Er zwingt sich zur Kontrolle, geht hinaus und wird von den Journalisten begrüßt. Erzählt, daß er voll und ganz daran glaube, daß das soeben Gehörte der Wahrheit entspreche: »Mein lieber Freund Dr. Cook hat den Nordpol erreicht. Ich gratuliere.«

Da kommt ein neues Telegramm: Der Amerikaner Robert Edwin Peary soll ebenfalls den Nordpol erreicht haben.

Peary beschuldigt Cook der Lüge. Cook verteidigt seine Behauptungen. Amundsen hat sich öffentlich zu einem Helden bekannt, er kann jetzt nicht einen zweiten herbeischleppen. Eines ist ihm jedoch klar: Auch wenn es gelingt, den einen zu entlarven, wird es doch nicht möglich sein, beide zu entlarven.

Jetzt gibt es nur noch einen einzigen Punkt auf dem Erdball, der von keines Menschen Fuß betreten wurde.

Da schlägt die Idee wie ein Blitz in ihn ein.

Er hält mitten im Gehen inne und blickt sich um, streicht sich rasch über den Kopf. Die Idee ist so kühn, daß er zittert. Er versucht sie wegzuschieben, merkt aber an der Freude, die in ihm aufsteigt, daß Kraft und Lebenslust wieder in ihn zurückkehren.

Aber schweig still! Schweig – um jeden Preis. Sie arbeiten an Plänen, drüben in England? Sie haben kein Monopol. Aber wenn ich mich verrate, werden die Zeitungen wieder etwas zu schmieren haben. Vielleicht macht unser enges Verhältnis zu den Engländern die Fahrt nach Süden unmöglich. Shackleton ist ja so weit nach Süden gekommen, und jetzt bricht Scott auf.

Der Mann von der Nordwestpassage greift sich an den dröhnenden Kopf. Er ist ein Neurotiker, der seine Nerven unter Kontrolle hat.

Da trifft er seinen Bruder Leon, bespricht die Angelegenheit mit ihm, offenbart sich dem Schatten. Leon ist der einzige, zu dem er volles Vertrauen hat. Die beiden sind miteinander über die Hardangervidda gewandert, jeder kennt die Schwächen des anderen, seinen Ehrgeiz, seine Roheit, seine Stärke. Der Schatten ist klüger als sein Bruder Roald, hat aber nicht dessen Mut. Er ist nicht der Auserwählte, rächt sich jedoch, indem er der Eigentliche ist – in den wenigen auserwählten Momenten.

Ein seltsamer Augenblick: die beiden in einem Hotelzimmer. Zwei Paar glühende Augen in der Dämmerung. Aus Angst, jemand könnte zuhören, wagen sie nicht laut zu sprechen. Die ersten kleinen Skizzen auf dem Papier. Fieberhafte Suche nach Landkarten – wer kann Landkarten vom Südpolargebiet beschaffen? Wir müssen uns Karten beschaffen! Schöpft man Verdacht gegen uns, wenn wir hinausgehen und Karten kaufen? Du kennst dich ja aus dort unten, du warst doch mit der *Belgica* dort. Die Engländer haben kein Monopol.

Aber schweig still.

Glückt es, wird alles vergeben.

Mißglückt es, dann mißglückt alles – und du wirst als ehrloser Mann verurteilt. Ich, der Schatten, kann in den Schatten zurück. Du wirst im vollen Licht stehen und ehrlos sein. Du setzt alles auf eine Karte. Du mußt entweder der erste sein oder sterben.

Hier verrät Amundsen Art und Ausmaße seines Genies. Das ist das kühnste Wagnis seines Lebens – nicht daß er den Pol erreicht, sondern daß er in aller Heimlichkeit seine Pläne von Norden auf Süden ändert. Es ist nicht eine Frage der Moral, sondern eine Frage des Wollens – und der Fähigkeit, seinen Willen in die Tat umzusetzen.

Er siegt, weil er die Dimension besitzt, einen Entschluß von Dimensionen zu fassen.

Der Schatten steht hinter ihm, ohne Lächeln. Hat er, der Mann von der Nordwestpassage, einen Augenblick lang eine feuchtkalte Schwere gespürt, die von seinem Bruder ausging? Dem smarten Bruder, der alles versteht und der nicht zum Handeln auserwählt ist?

Später kam es zum Bruch zwischen den beiden.

Roald führt Nansen hinters Licht.

Er führt das Storting hinters Licht.

Er führt die Öffentlichkeit und alle, die Geld beigesteuert haben, hinters Licht.

Er weiß: Wenn er den Pol als erster erreicht, wird man sagen, es sei sein Recht gewesen, und man wird ihn des Unrechts zeihen, wenn er nicht als erster dort ist, in einem Land, in dem vorher keiner gewesen war – und wo keiner etwas zu suchen hatte.

Amundsen beschließt, das Winterlager auf dem Meereis der Walbucht im Ross-Meer zu errichten. Wenn Scott dort an Land gehen sollte, wo die *Discovery*-Expedition überwintert hatte, wäre Amundsen dem Pol um einen ganzen Grad näher als Scott.

Als Shackleton 1908 zur Eisbarriere in der Walbucht gesegelt war, hatte sich ihm ein unheimlicher Anblick geboten: Gewaltige Eisschollen brachen los, türmten sich auf und wurden zu Brei zermalmt. Aus dem Brei erhoben sich neue Eisschollen, die Barriere dröhnte, seltsame Eisformationen tauchten im Lichtstrahl der Sonne kühn empor und verschwanden in Nebelmeeren. Und dann das Schiff, klein wie ein Stäubchen in der Fahrrinne, mit verschreckten Männern an Bord, die kehrtmachten und den Weg zum Festland bei Hut Point suchten.

Das weiß Amundsen. Es ist bezeichnend für seine Unabhängigkeit und seinen Mut, daß er im geheimen und vor der Abreise die Karte hervorholt und sie anstarrt, nicht etwa einen raschen Entschluß faßt, das ist nicht seine Art. Aber langsam und nach stundenlangen Wanderungen, auf denen die Gedanken das Problem in kleine Stücke zermahlen, wie eine Eisscholle von der Strömung zermalmt wird, reift in ihm ein Plan: In der Walbucht, auf dem Eis im Ross-Meer wird er das Lager aufschlagen und überwintern.

Auf den ersten Blick ist das ein krankhafter Plan. Aber Amundsen hat Gegenargumente, die er im Geist schon seinen Kritikern –

er weiß, daß es sie geben wird – vorlegt. Wenn Shackleton die Walbucht einen Tag später oder eine Nacht früher passiert hätte, wären da Meer und Eis gleichermaßen in Aufruhr gewesen? Gibt es nicht Anzeichen dafür – und er sucht Argumente in alten Berichten, prüft seine eigenen Erfahrungen mit den Eisverhältnissen damals, als er mit der *Belgica* nach Süden unterwegs war, schaltet seine Instinkte in eine fiktive Debatte ein – gibt es nicht Anzeichen dafür, daß die Walbucht seicht ist, daß weit drinnen Holme aus dem Eis ragen? Es müssen Schären im Meer sein, die das Eis binden und es verhältnismäßig fest machen. Das eine oder andere Mal wird es wohl wütend protestieren, wie ein bezähmter Riese von Zorn übermannt. Aber im großen und ganzen müßte sich eine Expedition bei der Überwinterung auf dem Eis doch sicher fühlen?

Im großen und ganzen – und gelingt es, wird er gelobt werden. Mißlingt es, wird er kaum Gelegenheit haben, die Kritik zu hören. Daß er sein eigenes Leben aufs Spiel setzt, das ist nun einmal so, und das Leben seiner Männer – aber sind Leben nicht dazu da, aufs Spiel gesetzt zu werden? Wenn er sich Gedanken gemacht hat, dann diese: Laß entweder alle untergehen oder keinen.

Er faßt also den Entschluß, das Winterlager auf dem Eis der Walbucht zu errichten, und hält an ihm fest, führt den Plan aus, ohne mit der Wimper zu zucken. Aber er verschweigt, was er weiß, schweigt auch der Mannschaft gegenüber. Es ist besser, wenn die Unruhe in einer einzigen Person konzentriert ist.

Um diese Zeit kommt Scott nach Christiania. Er ist jung verheiratet und wird von seiner Frau Kathleen begleitet. Sie ist fest entschlossen, den Mann vorzuzeigen, seelisch und körperlich eine Frau mit kühnen Zügen, die hoch hinaus will. Nicht unintelligent, geschmackvoll, mit Sinn auch für das Gegenteil, falls es taktisch klug sein sollte. Nansen ist von ihr beeindruckt. Er ist ein Mann von großer Bildung und als ehemaliger Botschafter in London mit englischen Sitten und Gebräuchen vertraut. Er ist überdies freundlich, auch jetzt – und hilfsbereit wie immer.

Scott zeigt sich weniger linkisch als bei ihrer ersten Begegnung, hat aber seine Bescheidenheit bewahrt. Noch ist Nansen der Meister und Scott der Schüler: diese Rollen gefallen beiden ganz ausgezeichnet und Nansen am allerbesten. Sie unternehmen Spaziergänge in die Stadt und sehen sich Schlitten an, diskutieren neuerlich das Problem Schier. Der Ältere schöpft aus seiner reichen Erfahrung, die Frau plaudert charmant, ihr Mann verbeugt sich höflich. Drei frohe Menschen. Der eine soll zum Südpol, um dort zu sterben.

Scott beschäftigt sich jetzt mit Motorschlitten. Das ist etwas Neues, und die Arbeit daran verschlingt ungeheuer viel Zeit. Scott hätte wissen müssen, daß das Neue nur selten beim erstenmal glückt. Das erste Mal bringt Erfahrung, nicht Sieg. Wenn es mir um Erfahrung geht, nehme ich die Schlitten mit. Ist es der Pol, den ich zu bezwingen hoffe, lasse ich sie daheim.

Er nahm sie mit und machte seine Erfahrung.

Nansen fragt: »Hunde oder Pferde, Mr. Scott?«

»Darüber streiten die Gelehrten in England.«

Scott wird ins Landesinnere reisen, um die Schlitten im Schnee erproben zu können.

»Aber zuerst würde mein Mann gern diesen – wie heißt er – den Mann von der Nordwestpassage treffen. «

»Richtig, Kathleen, wir sollten ihn kennenlernen. Er will ja zum Nordpol?«

»Sie meinen Roald Amundsen. Mein Sekretär wird ihn anrufen.«

Ruft an, wieder und wieder. Besetzt.

Oder nicht besetzt, aber eine Stimme sagt: Amundsen ist spazierengegangen, Amundsen ist in der Stadt, Amundsen ist auf dem Meer, er ist nicht daheim.

Draußen auf Uranienborg, in seinem Haus in Oppegård, steht Amundsen in einer Ecke, hebt den Telefonhörer nicht ab; mit angespannten Gesichtszügen, verkrampften Muskeln, Augen, die schwarz werden und ausweichen.

»Wie schade, daß wir ihn nicht angetroffen haben. Er will ja zum Nordpol … «

Sie begegneten einander nie, die beiden.

In Amundsens Garten in Oppegård wird jetzt aus aneinandergefügten Holzelementen ein Haus errichtet. Es ist zerlegbar und soll auf die Reise nach Norden mitgenommen werden. Für Observationszwecke, heißt es – sonderbar, das Haus ist groß und bietet vielen Menschen Platz, niemand mit Nordeiserfahrung kann sich vorstellen, wozu das Haus gut sein soll. Aber es wächst rasch und sicher.

Amundsen ist ein Meister im Aufspüren praktisch veranlagter Männer, mit denen er zusammenarbeiten kann. Er hat einen jungen Mann namens Jörgen Stubberud angestellt, der mit Werkzeug umgehen kann wie kein zweiter und der Bewunderung fähig ist, was ihm im späteren Leben sehr zustatten kommen sollte. Amundsen ist der perfekte Arbeitgeber, voll Fürsorge dem einfachen Jörgen gegenüber – kommt mit kleinen Aufmerksamkeiten, lobt die Arbeit, hilft mit, wenn es nötig ist, besitzt eine fast seherische Begabung, zu wissen, wie man eine so ehrliche und freundliche Seele klugerweise behandelt.

Dann taucht Hjalmar Johansen auf. Er ist von Fridtjof Nansen für die Reise empfohlen worden. Amundsen hat keine Wahl. So begegnen sie einander, zwei Männer mit Erfahrung. Johansen ist im Vorteil, das läßt sich nicht leugnen: Gegen die Reise auf Schiern zum Nordpol verblaßt jede andere Reise in die Polargebiete. Amundsen ist körperlich stark, Johansen stärker. Beide sind gute Schiläufer – es sollte sich zeigen, daß Johansen der bessere war. Praktische Männer, beide mit einer ungewöhnlichen Fähigkeit zu überleben, wenn alles auf dem Spiel steht. Beide wissen, was sie können. Der eine ist eine Führernatur von Format, wenn er die Männer auswählen kann, die zu ihm passen, aber unbeholfen und schroff, ohne Geschmeidigkeit Menschen gegenüber, die nicht die rechte Bewunderung für ihn empfinden. Johansen ist zwar der Bewunderung fähig, aber das Objekt muß standhalten. Er kennt nur einen, der seiner Bewunderung würdig ist – Amundsen ist es nicht.

Außerdem: die Eisöde im Norden hat selbst Johansen ihren Stempel aufgedrückt. Sie hat ihn nicht zermalmt, aber geschliffen, hat ihre Kerben im Gemüt hinterlassen. Die Heimkehr von der Fahrt mit Nansen war wie ein Fest. Er ist nicht mehr ganz der alte, wenn auch genauso tüchtig, genauso stark. Er hat gute Nerven, wenn etwas geschieht – aber nichts geschieht in Oppegård.

An den vielen gewöhnlichen Tagen, warum sollte er da umhergehen und einen Mann bewundern, der geringer ist als der, den er bewundert hat? Spielen ist nicht seine Art.

Die beiden treffen einander an einem gewöhnlichen Tag. Sie können einander vom ersten Augenblick an nicht ausstehen.

Nansen strahlt Autorität und Wärme aus.

Amundsen Autorität und Kälte.

Der Mann von der Nordwestpassage und der Mann vom Franz-Joseph-Land wurden niemals Freunde.

Aber mit den Hunden kommt Amundsen gut zurecht. Sie sind jetzt in Kristiansand eingetroffen, siebenundneunzig an der Zahl, Hunde aus Grönland, ausgewählt mit Hilfe von Kopenhagener Beziehungen – Amundsen hat überall Beziehungen, und er nutzt sie mit einer Mischung von Charme und Schneidigkeit, Frechheit und Energie.

Er versteht sich auf Hunde. Es muß eine natürliche Begabung sein, denn er ist nicht mit Hunden aufgewachsen. Die Hunde verstehen ihn mit ihrem tiefen, diskreten Verstand. Er strahlt Festigkeit und Freundlichkeit aus, hat keine Angst vor einer fremden Hundeschnauze. Er krault die Tiere gründlich, rollt sie herum, hebt sie am Pelz auf und läßt sie los, ist nicht großzügig mit den Leckerbissen, hält die kleinen Stücke lange zurück, bis er sie gnädig hergibt. Er untersucht jeden Hund, studiert die Beschaffenheit der Beine und die Rückenmuskeln, lernt die Tiere rasch kennen, merkt sich den Namen jedes einzelnen. Aber er kalkuliert schnell und kühl: Ihr werdet euch gegenseitig auffressen. Auch wir werden euch essen. Warum sollte ein Mann das nicht zuwege bringen?

Die Ungehorsamen prügelt er mit einer Peitsche.

Scott hat unter anderem das Problem, daß er beim Einsatz von Tieren im Eis Mitleid empfindet. Das hindert ihn zwar nicht daran, sie einzusetzen, aber das Gefühl, ein Unrecht zu begehen, lastet auf ihm wie eine schwere Bürde.

Amundsen arbeitet nun Tag und Nacht an der Ausrüstung. Er konstruiert einen Stiefel, der in der Form an ein Ruderboot erinnert und sowohl steif als auch geschmeidig ist – er muß beide Eigenschaften haben. Wenn der Fuß friert, wird er ein selbständiges Geschöpf ohne Gefühl. Um das zu verhindern, muß man ihm Platz geben. Der Stiefel muß geschmeidig sein, die Schibindung jedoch verlangt einen harten Stiefel. Das ist das Problem. Das Verhältnis zwischen Stiefel und Fuß ist entscheidend dafür, ob eine Expedition glückt oder nicht. Amundsen versteht das Problem theoretisch zu lösen, macht eine Philosophie daraus. Danach geht er auf die Suche nach einem Schuster, der die praktische Arbeit ausführt.

Dann beschäftigt er sich mit den Unterhosen, die weit genug und aus einem geeigneten Stoff angefertigt sein müssen. Er bekommt zweihundert alte Wolldecken von der Marine, die sich für den vorgesehenen Zweck eignen, aber wird es möglich sein, einen Schneider zu finden, der eine so wenig ehrenvolle Arbeit übernimmt? Als Amundsen den Schneider aufsucht, setzt er sein schauspielerisches Talent ein. Auch das ist eine seiner Eigenschaften – nicht eine von den häufiger gebrauchten, aber das Talent ist da. Er spart nicht mit Lügen, streut Volkstümlich-Humorvolles ein und würzt diese Mischung mit einem Charme, der so strahlend ist, daß er einen Schneider zum Schmelzen bringen kann.

»Verstehen Sie, die Stoffe sind Importware. Fühlen Sie nur, wie fein das Material ist, sehen Sie sich die Farbe an! Für einen geschickten Mann wie Sie wird die Arbeit ein leichtes sein. Sind Sie sich eigentlich darüber im klaren, was die Weite der Unterhose für einen Helden im Sturm bedeutet? – Sind Frauen hier? – Nein? Also, verstehen Sie, ein Mann hat eben männliche Attribute, ja, Gott sei Dank, hehe. Aber sie dürfen nicht erfrieren.«

Hehe.

Er braucht einen Menschen, mit dem er reden kann. Dafür gibt es nur einen: seinen Bruder Leon.

Seine Finger beben, er steht vor dem Schatten, sucht Trost bei ihm, trinkt Kognak mit ihm.

Aber in ihm beginnt ein Widerwille aufzusteigen, der eines Tages überquellen wird.

Der Schatten hat keinen Riß. Er geht nur mit. Er weiß zuviel.

Die *Fram* ist kein stolzes Schiff – sie wirkt eher wie ein Faß auf Reisen, unwürdig zwischen Fahrzeugen edlerer Art. Sie hält den Fluten stand wie ein Brett, ganz offenkundig ohne Überlebenschance – aber eines hat sie mit dem Brett gemeinsam: sie kann nicht sinken. Sie liegt halb auf die Seite geneigt, die kleinen Segel aufgezogen, und ihr Motor schnarcht wie ein alter, versoffener Mann nach einem guten Mittagessen. Ein Zigeunerboot mit einer sonderbaren Ausrüstung und einer nicht weniger sonderbaren Besatzung.

Es eilt mit der Fahrt nach Süden. Das Schiff soll Kap Hoorn umsegeln, dann Richtung Norden durch den Stillen Ozean und weiter in die Beringstraße – heißt es. Nur ein Mann an Bord kennt die Wahrheit, und dieser Mann schweigt. Nur er kennt den wirklichen Grund, warum es mit der Abreise so eilt: Sie müssen die Walbucht vor Scott erreichen. Es wäre ja denkbar, daß auch Scott sein Winterlager dort aufschlagen will, um dem Pol näher zu kommen.

Amundsen hat sein freundliches Lächeln aufgesetzt, ein Lächeln, das er sehr rasch wieder wegziehen kann. In den Nächten, in seiner engen Kajüte, ist er wie ein Tier im Käfig, manchmal läuft er auf das Deck, stolpert über Hunde. Er hat die Mannschaft hinters Licht geführt, sie weiß von nichts. Rauhe Männer, für mehrere Jahre im Eis des Nordens angeheuert, haben strenge Kontrakte unterschrieben.

Den Federstiel wie einen Schistock umklammernd, haben sie sich verpflichtet, Amundsen zu begleiten, ihm zu gehorchen, sich ihm zu unterwerfen. Aber die Voraussetzung müßte doch wohl sein, daß Amundsen die Wahrheit sagt.

Er ist ein Tier im Käfig, unentwegt damit beschäftigt, der Mannschaft zu helfen. Es gibt nichts, wofür er sich zu schade wäre. Ein Mann spült den Hundekot vom Deck – schon ist Amundsen da und beteiligt sich an der Arbeit. Das kann er: in glatten Seemannsstiefeln auf einem Deck Walzer tanzen und spülen, bis die Stiefel so schmutzig wie das Deck sind. Damit gewinnt er Anhänger, findet aber auch Ablehnung – und weiß es. Er ist Magnet und abstoßende Kraft zugleich.

Und doch gibt es noch jemanden an Bord, der weiß, wohin die Fahrt geht: Nilsen, der Kapitän. Er ist Seemann und nicht eben ein großer Philosoph, er steht fest auf Deck und stolpert weder über seine Füße noch über seine Ansichten. Amundsen hat früh eingesehen, daß Nilsen alles erfahren muß. Den Kapitän an Bord des Schiffes, über das er Herr ist, hinters Licht zu führen, ist nicht anständig. Deshalb sucht er ein Gespräch unter vier Augen. Ein fester Händedruck, ein paar kurze Worte:

»Nilsen, ich weiß, daß ich mich auf Sie verlassen kann. Verstehen Sie, was ich meine?«

Nilsen nickt, versteht aber nichts, weiß auch nicht, daß er bereits ein halb eroberter Mann ist. Plötzlich wirft sich Amundsen über den Tisch, der Held des Nordens und des Südens, der Mann, der Schlagzeilen macht. Sein Blick ist messerscharf, und doch gelingt es ihm, die Miene eines Menschen in Not aufzusetzen: »Nilsen! Können Sie schweigen?«

»Ja! Ja!«

»Dann werde ich Sie einweihen.«

Amundsen zieht – alles ist sorgfältig vorbereitet – ein Dokument aus dem Notizbuch. Nilsen unterschreibt. Er wird schweigen wie der Tod.

60

Draußen auf dem Atlantik, ohne Nilsen vorher angekündigt zu haben, daß auch andere in ihren heimlichen Plan eingeweiht werden sollen, reduziert Amundsen nochmals die Gruppe, mit deren Weigerung zu rechnen wäre, wenn er nun bald mit der Wahrheit herausrücken muß. Zwei Leutnants sind an Bord, Gjertsen und Prestrud. Kein kluger Chef schweigt einem Leutnant gegenüber. Ein schlauer Chef nimmt sich zuerst den einen Leutnant vor, unter vier Augen, sagt, nur der Kapitän und ich wissen es – und jetzt Sie, denn auf Sie kann ich mich verlassen, Prestrud. Unterschreiben Sie?

Danach den anderen. Könnte sich der andere weigern, wenn der erste bereits versprochen hat, den Mund zu halten?

Jetzt ist nur noch die Mannschaft übrig.

Die *Fram* ist eine Hölle voll Hundegeheul. Siebenundneunzig Hunde sind an Bord. Männer stolpern über Hunde, kraulen Hunde, streicheln Hunde, sitzen auf Hunden, und als sie in den Passat geraten und wegen der Hitze auf Deck zu schlafen versuchen, schlafen sie auf Hunden. Die Eskimohunde haben die Eigenschaft, im Chor zu heulen. Es gibt einen Vorheuler, und den herauszufinden gelingt den Männern nur selten. Er ist ein heimlicher Anführer, vom Allmächtigen selbst dazu ausersehen, mit einer Stimme, die Gebirge zum Erzittern und den Sturm vor Scham zum Schweigen bringen kann. Er legt los, und die anderen stimmen gellend ein. Ein Mann rennt fluchend aus der Kajüte, ein anderer kommt und tritt mit dem Fuß nach einem Hund, aber es ist der falsche, der Anführer hält jetzt wohlweislich die Schnauze. Die anderen sechsundneunzig verdoppeln den Einsatz und lassen ihr Geheul zum Himmel schallen. Noch zwei Männer kommen an Deck und ballen die Fäuste. Der eine trägt Holzschuhe. Er zieht einen Schuh aus und zielt, verfehlt das Ziel, der Holzschuh landet im Meer. Da sieht er, daß sein Nebenmann lacht, versetzt ihm eine Ohrfeige, und das ist eine Ohrfeige zuviel. Gleich werden zwei Männer zusammenprallen. Da brüllt der Kapitän. Wie durch ein Wunder hat der Hundechor eben für eine kurze Pause innegehalten, ehe er von neuem loslegt. Die Schlägerei der Männer geht in eine Schlägerei mit den Hunden über. Bald kämpfen alle gegen alle, jeder Mann gegen sechs Hunde, acht Hunde, zehn Hunde. Aber die Hunde heulen. Und die *Fram* tuckert über das Meer, mit einem altmodischen, tapferen kleinen Motor, der wie ein alter Mann schnarcht, wenn er am Weihnachts-abend drei Gläser zuviel getrunken hat.

Da schweigen die Hunde.

Jetzt ist das Deck voll Hundekot. Die Tiere haben während des Geheuls ihr Geschäft verrichtet, und die Männer müssen spülen.

Sehen wir uns einen der Männer an Bord näher an. Er hat nie zuvor ein Deck betreten. Jetzt kämpft er gegen die Seekrankheit. Olav Bjaaland kommt aus Morgedal, aus der Einschicht, und weiß wenig von der Welt, deren bester Schiläufer er ist. Man hatte ihn nach Frankreich zu einem Rennen geholt, und er hatte gewonnen. Auf dem Bahnhof in Hamburg war die norwegische Schitruppe mit Amundsen zusammengetroffen, und Bjaaland fragte, ob er bei der nächsten Reise dabeisein dürfe, obwohl er nicht wußte, wohin diese Reise gehen sollte. »Das wird sich machen lassen«, hatte er zur Ant-wort bekommen. Und da ist er nun.

Olav Bjaaland ist kein Schwachkopf. Obzwar er nur die dürftige Ausbildung einer Wanderschule hat, macht er auf dem Weg zum Pol in seinem nach Erde und Schweiß riechenden Norwegisch sorgfäl-tige Eintragungen in seine Tagebücher. Er ist ein praktischer und wortkarger Mann, der eine Beleidigung erträgt und frei von großem Ehrgeiz ist. Die Klarheit des Denkens ist nicht immer seine Stärke, aber er fühlt die Wahrheit und weiß mit unverbrüchlicher Sicher-heit: Trotz all dem, was einem am Chef nicht gefällt, hat er vieles, was man an ihm mag.

Deshalb ist er ihm treu ergeben, nicht unkritisch, aber immer loyal und auch ein wenig bauernschlau: Es lohnt sich, mit dem Chef befreundet zu sein. Er ist einer, der sich zum Rennen gemeldet hat und gewinnen will.

Ein weiteres Mal hat Amundsen seine Fähigkeit bewiesen, den richtigen Mann zu wählen.

Sie kommen nach Funchal auf Madeira. Den Hunden wird ein Pferd zum Fraß vorgeworfen. Überall an Bord ist Blut. Schlafende Hunde, Palmen am Land, ein schöner Strand, Luft, die vor Hitze zittert – und dann kommt der Schatten an Bord.

Ja, Leon aus Norwegen, hier ist er, mit einem anderen Schiff angekommen. In Madeira sollen die letzten praktischen Dinge geordnet, möglichst auch die Rechnungen bezahlt werden. Probleme werden unter vier Augen in der Kajüte besprochen, heimlich Telegramme abgesandt.

Jetzt soll es geschehen.

Noch lange danach, als Amundsen seinen Bericht niederschreibt, kann er seine Nervosität nicht verbergen. Er hat sich gründlich vorbereitet, Schritt für Schritt und Wort für Wort durchdacht, was geschehen soll. Alle Mann an Deck. Laß sie dort warten. Nicht zu lange, das irritiert sie. Aber auch keine zu kurze Wartezeit – laß die Spannung wachsen, der Chef wächst auch, wenn er seine Männer warten läßt – eine Weile lang.

Kapitän Nilsen kommt mit einer zusammengerollten Landkarte unter dem Arm an Deck.

Dann die Leutnants, dicht beisammen, und Leon, der aus der Kajüte mit einer schweren Dokumentenmappe in der Hand heraufkommt.

Wenn nur die Hunde nicht gerade jetzt zu heulen beginnen! Da könnte bei den Männern die große Wut ausbrechen, und diese Situation würde selbst Amundsen nicht meistern. Aber die Hunde haben die Überreste des Pferdes bekommen, in ihren Mägen gären Fleisch und Blut. Das ist ein Teil des Planes. Da bleiben sie ruhig – wenn Gott will.

Dann endlich – Amundsen kommt an Deck, und wie ein Schock trifft es die Männer: einfach und hart, ein Ultimatum.

Wir segeln nicht nach Norden, sondern nach Süden.

Alle werden freigestellt, der Form halber. Aber wer bringt es fertig, allein von Madeira heimzureisen?

Und es geht. Es geht, das ist unglaublich. Der Schauspieler beherrscht sein Publikum, er heimst wieder einen Triumph ein und registriert, daß der Schock in Erleichterung umschlägt.

Amundsen hat eines der großen Hindernisse auf seinem Weg zum Pol genommen.

Leon geht mit den Telegrammen an Land. Eines davon ist an Scott gerichtet. Leon gibt es erst in Norwegen auf, nach seiner Rückkehr. Da ist Scott in Melbourne, auf dem Weg nach Süden.

Das Telegramm ist unklar formuliert und besagt nur, daß Amundsen in südlicher Richtung weiterfährt, nicht, daß er zum Angriff auf den Pol ansetzt.

Handeln ist das Recht des Genies. Damit ist nicht gesagt, daß dem Genie unsere Liebe gehört.

Die Männer an Bord, alle außer Johansen, fühlen stärkere Ergebenheit für den Chef als je zuvor, obwohl er sie hinters Licht geführt hat. Auch die Hunde lieben ihn, obwohl er sie tritt.

Die *Fram* gerät in eine Flaute. Der Motor ist schwach, mit Treibstoff muß gespart werden. Das plumpe Schiff treibt auf schwarzer See. Ab und zu erhebt sich ein Hund in der Sonnenglut und heult – das Heulen erstirbt in der Hitze. Ein Mann, der im Schatten des Sonnensegels schläft, hebt ein Augenlid, schläft aber gleich wieder ein. Das ist die Zeit der Geduld. Die langsamen Stunden, die heißen Nächte, die Tage, die unerträglich sind. Mit dem Süßwasser muß gespart werden. Es ist trüb und als Trinkwasser fast nicht zu brauchen. Die Hunde sind durstig. Sie liegen mit heraushängenden Zungen und keuchen. Die Zungen sind nicht mehr rot, sie sind grau.

Da macht er sich auf die Runde, geht von Mann zu Mann und sagt: »Ich trage die Verantwortung!« Das ist kein Befehl, auch keine vertrauliche Mitteilung, nur eine freundliche Auskunft, eine Entlastung der anderen von ihren schweren Gedanken, die nun ihm aufgelastet werden. Er nimmt sich Zeit, setzt sich neben einen, der lustlos an einem Hölzchen schnitzt, und kramt ein Taschenmesser hervor, schabt das Schwarze unter den Fingernägeln weg. Flucht ein wenig mit dem, der flucht, schweigt mit dem, der keine Worte hat. Er erinnert daran: »Ich trage die Verantwortung!« Er hat die Gabe, andere zu entlasten, wenn etwas passiert – weit draußen auf dem Meer, an Bord eines Schiffes, das nicht vorankommt, in den endlosen Stunden der Langeweile.

Aber er behält seine eigentliche Furcht für sich: Werden wir vor Scott zur Walbucht kommen? Es kann möglich sein, daß auch Scott dort sein Lager aufschlagen will, um näher an den Pol heranzukommen. Wer als zweiter kommt, wird dem ersten ausweichen müssen. Aber diese Furcht gehört ihm, ihm allein. Er geht umher und sagt: »Ich trage die Verantwortung!«

Dann lassen sie die Hunde los. Das ist sein Befehl. Die Hunde müssen Bewegung machen. Auf dem Deck eines von Ausrüstung überquellenden Schiffes ist kein Platz zum Spazierengehen. Alle werden gleichzeitig losgebunden. Sechs Wochen lang waren sie angekettet gewesen. Am Anfang bemerkt keiner, daß er sich jetzt frei bewegen kann. Eine halbe Stunde vergeht. Nichts geschieht. Aber die Spannung lauert an Bord. Hier kann alles geschehen. Die Männer sind aus ihrem Stumpfsinn erwacht.

Da erhebt sich der erste Hund, macht ein paar Schritte über das Deck und bleibt erstaunt stehen: Keine Kette hält ihn zurück. Und mit einemmal bricht der Sturm los, halbwilde Hunde werfen sich nach vorn, gehen auf den Ausbrecher los. Alle sind frei. Jetzt steigt Geheul empor, jetzt stehen sie dem Feind gegenüber. Aber sie wissen nicht – denn es geschah, während sie in der Hitze dösten –, daß jede Schnauze zugebunden ist, damit sie einander nicht zu Tode beißen. Kämpfen ist ihre Leidenschaft, in Grönland war das ihre Tradition. Jetzt wollen sie auf einem Schiffsdeck kämpfen.

Aber sie können nicht beißen. Sie werfen sich nach vorn, bekommen die Schnauzen nicht auf, stoßen den Feind, kratzen, treten, wälzen sich herum und heulen – ein halbersticktes Heulen aus geschlossenem Maul. Aber sie machen Bewegung. Und die Männer erwachen aus ihrer Lethargie.

Amundsen sagt: »Ich trage die Verantwortung!«

Dann kommt der Sturm. Er kommt von achtern, das Schiff schießt vorwärts. Gischt sprüht über das Deck. Die *Fram* kann zwar nicht sinken, das wissen alle – aber kein Schiff im Sturm hat jemals so geschlingert wie die *Fram*. Amundsen weiß, daß alles an Bord in Ordnung ist. Er hat Männer, die segeln können, Männer, auf die er sich verlassen kann, Männer, die sich letzten Endes auf ihn verlassen werden. Er hat keine Angst. Er kann schlafen gehen. Er liegt ruhig und denkt: »Ich trage die Verantwortung.«

Jetzt geht es rasch südwärts.

Zur Jahreswende 1910/1911 kommen sie ins Packeis. Das ist für Männer und Hunde an Bord wie eine Erleichterung. Seehunde liegen auf den Eisschollen. Sie schießen ein paar davon. Frisches Fleisch belebt Menschen und Tiere. Auch ein oder der andere Pinguin taucht auf, im Gesellschaftsanzug und voll Würde, mit einem Gesichtsausdruck, der leichte Verärgerung über die Störung verrät, aber auch mit einer Höflichkeit, die die Neugier überdeckt, und einer fast komischen Art, sich zu bewegen. Einen Pinguin erschießen, das ist, als würde man auf einen alten Dorfschulzen schießen. Sie erschießen nicht nur einen.

Zwischen den Eisschollen sucht sich die *Fram* ihren Weg. Das ist ein Gewässer, in dem sich das Schiff daheim fühlt. Durch das Packeis steuern sie auf das Ross-Meer zu, das eisfrei und schwarz vor ihnen liegt. Sie segeln weiter nach Süden.

Und dann steigt die große Barriere aus dem Meer auf. Es ist ein klarer Tag. Die Eiswand ist senkrecht und mächtig, blau, streng und ohne Gnade. Ein kalter Lufthauch geht von ihr aus. Kein lebendes Wesen ist hier zu sehen. Ein kleines Schiff auf dem Meer, einige wenige Männer an Bord, sie haben die Segel eingezogen und treiben langsam auf die Barriere zu.

Zwei Tage und Nächte segeln sie entlang der Eiswand. Sie kann an die fünfzig Meter hoch sein, zwanzig, dreißig Meter, aber überall ist sie gleichermaßen unzugänglich. Das tote Eisland weist Menschen und Schiff streng zurück. Da zeigt sich eine kleine Öffnung in der Barriere: die Walbucht.

Das ist seine erregte, wilde Stunde: Ist jemand vor mir hierhergekommen? Amundsen klettert in den Ausguck hinauf, hat hinter sich das Meer, vor sich das Eisland und starrt durch das Fernglas, bis ihm das Wasser aus den Augen läuft. Der Kapitän ruft ihn, er hört es nicht. Jetzt ist er unnahbar. Er hat die Verantwortung. Wenn Scott hier ist, hat Amundsen sein Falschspiel vor der ganzen Welt enthüllt – und verloren. Wenn Scott nicht hier ist, kann der Falschspieler gewinnen – und alles gewinnen.

Niemand ist zu sehen.

Er springt hinunter, dreht auf dem Deck um und klettert nochmals hinauf, hat Meer und Eis um sich, die Männer unter sich. Alle schweigen. Heute schweigen auch die Hunde.

Sie gelangen zum Eis im Inneren der Walbucht. Niemand ist zu sehen.

Sie sind als erste hierhergekommen. Vielleicht wollte Scott nicht hierher, aber das konnte niemand sicher wissen. Der Mann im Mastkorb klettert hinunter.

Du hast es geschafft. Es ist dir geglückt, auch jetzt.

Du bist deinem Plan um einen Tag voraus.

Niemand darf sehen, daß deine Hände zittern.

»Ich trage die Verantwortung!« sagt er und lacht.

SCOTT

Scott ist jetzt zweiundvierzig. Dem Wesen nach unmilitärisch, bekleidet er einen hohen militärischen Rang. Alles Schwächliche seiner Jugend – damals für jeden sichtbar – ist nun für keinen mehr erkennbar. Die Schultern strotzen vor Kraft, der Körper ist stark und hart. Er hat endlich die schwierige Kunst des Entscheidens erlernt, das glaubt er selbst, die Kunst der strengen Wahl zwischen Alternativen, die im gleichen Maß unangenehm sind. Das meinen auch die, welche ihn kennen.

Vielleicht mangelt es ihm an Phantasie. Als Soldat hat er sein Schema und richtet sich danach, wenn auch nicht immer mit Begeisterung. Vor einer jubelnden Menschenmenge setzt er sein hübsches Lächeln auf, er ist überaus populär – seit Nelsons Tagen waren keinem Mitglied der britischen Flotte solche Huldigungen entgegengebracht worden. Er ist nicht besonders originell, manche sagen, er sei langweilig. Vielleicht hat er sich in schweren Stunden gefragt: »Wo liegt der Grund dafür, daß ich so wenig interessant bin?«

Das Schiff, das die Expedition nach Süden bringen soll, heißt *Terra Nova*. Es war während der *Discovery*-Expedition Hilfsschiff gewesen. Scott selbst ist nicht an Bord, als das Schiff in England mit Besatzung und Ladung ausläuft. Er fährt mit einem anderen Schiff nach Südafrika und geht dort an Bord. Das Empire huldigt ihm, der Gouverneur überreicht demütig seine Einladungen, Männer in Uniformen stehen stramm. Offiziere und Mannschaft sind streng voneinander geschieden. Die Marine hat ihre Regeln, auch wenn es sich um die Eroberung des Südpols handelt. Noch immer treffen kleine und große Beträge ein, aber das Geld ist trotzdem stets knapp.

Der Kapitän des Schiffes, der Erste Offizier der Expedition, heißt Edward Evans. Er ist knapp dreißig, gut aussehend, schwarzhaarig, mit sonnengebräunter Haut und gewinnendem Wesen – Frauen geraten in Verzückung, wenn er vorbeigeht. Zu seinen Talenten gehört auch das Sammeln von Geld. Mit einer Mischung aus bezaubernder Frechheit und verschmitzter Taktik tritt er in Hunderten von Versammlungen auf und bringt, wo Scott durch stundenlanges Reden nur klägliche Resultate erreicht, allein durch sein Lächeln Gelder zum Fließen. Scott bewundert ihn. Das sagt er – und meint es. Evans besitzt die Eigenschaften, an denen es Scott fehlt, und mehr als diese. Kann sein, daß der Chef sich auf Grund der Unvorsichtigkeit seines Ersten Offiziers zu übertriebener Vorsicht verleiten ließ.

Die *Terra Nova* segelt nach Melbourne. Auch hier ist das Empire, mit britischem Tee und britischen Flaggen, Empfang beim Gouverneur, mit Scott als Redner – keinem unbrauchbaren Redner, nein, nein, einem soliden, im Besitz all der Floskeln, die bei einem solchen Anlaß mit dazugehören, vielleicht auch mit einem gewissen Widerwillen, seiner eigenen Stimme lauschen zu müssen.

Die Volksmenge murmelt:

»Haben Sie es gehört: Das Empire soll den Südpol erobern!«

»Den letzten Punkt auf der Erdkugel, der noch nicht erobert ist!«

»Wissen Sie, daß Scott der jüngste Kommandant auf einem Schlachtschiff im Britischen Reich ist?«

»Sir, ein Telegramm…«

Er hat keine Zeit, es zu öffnen, es kommen so viele Telegramme, auch von Frauen – böse Zungen behaupten, daß sein guter Freund Edward Evans mehr Telegramme als der Leiter der Expedition erhalte –, steckt es in die Tasche. In der Uniform gibt es eine Tasche, die für Telegramme bestimmt ist. Dort sollen die Telegramme in einem bestimmten Winkel liegen, dürfen nicht herausschauen.

Zurück an Bord.

Scott öffnet das Telegramm.

Von Amundsen – welchem Amundsen? Ja, richtig, Amundsen.

»Teile Ihnen mit, daß *Fram* Richtung Antarktis abfährt.«

Es ist wie ein Schlag ins Zwerchfell.

Die Männer an Bord schlafen. Einige stehen Wache. Er kann läuten, tut es aber nicht, sondern bleibt sitzen und starrt vor sich hin. Amundsen? Der wollte doch zum Nordpol? Er war in Christiania nicht anzutreffen gewesen. Jetzt fährt er nach Süden? Das Telegramm besagt nicht, was er dort will. Wird er die Küsten erforschen, in das Südpolarland von einer anderen Seite her einzudringen versuchen? Er ist wohl nicht so unfair, sich in den Kampf um den Pol einzuschalten?

Ein Norweger ist an Bord, Tryggve Gran, ein Schilehrer. Dämmert es Scott einen Augenblick lang, daß darin etwas Unheimliches liegt: ein Schilehrer auf Polfahrt und eine Schar von Männern, die noch nicht gelernt haben, wie man ein Paar Schier an die Stiefel schnallt? Stiefel? Was ist mit der Stiefelform, wenn die Schier angeschnallt werden sollen?

Er ruft Gran zu sich. Gran gibt ihm den Rat, an Nansen zu telegrafieren. Scott befolgt den Rat. »Wissen Sie, ob Amundsen zum Pol will?« Die Antwort kommt. Sie enthält nur ein Wort: »Unbekannt.«

Ja, unbekannt – denn wer kennt die Pläne des schweigsamen Mannes von der Nordwestpassage, des Mannes, der durchdrang, wo große Expeditionen ihren Untergang und Tod fanden.

Scott behält die Nerven. Er kommt zu dem Schluß: Wir müssen den Plan, den wir ausgearbeitet haben, durchführen, und zwar ohne Korrektur. Keine größere Eile, der Apparat ist so schwerfällig, der Kurs ist ausgesteckt, was kann noch getan werden, das nicht schon getan wäre?

Außerdem: Ist es unser eigentliches Ziel, als erste zum Pol zu kommen? Ja – aber darüber schweigen wir. Das ist doch der Grund, warum Frauen in Entzücken geraten, wenn Edward Evans spricht, der schöne junge Mann, der zum Pol soll, zusammen mit seinem unerschütterlichen Chef. Kinder zerschlagen ihre Sparbüchsen und schicken einen Penny an Scott. Er wird doch der erste am Pol sein? Aber sprich nicht davon – denn es kann sein, daß es nicht glückt. Es ist eine wissenschaftliche Expedition. Aber ist die Wissenschaft wichtiger – oder der Pol?

Sowohl als auch, wer kann sich in einer so wichtigen Sache entscheiden? Es ist gut, daß ein Schilehrer mit an Bord ist. Lehrer haben etwas Tröstliches an sich.

Er wendet sich zu Gran und sagt: »Ein englischer Gentleman hätte nicht so gehandelt wie Amundsen.«

Jetzt spricht er unter vier Augen mit seinem Freund und Ersten Offizier, Edward Evans, auch Teddy genannt.

Teddy sagt: »Könnten wir auf die Herausforderung nicht mit größerer Findigkeit antworten, Sir? Wir wollen ja die ersten sein, nicht wahr? Ein neuer Konkurrent erfordert doch größeren Wagemut?«

Der Chef antwortet nicht. Er hat nichts gegen Kühnheit, aber sie muß langsam aufgebaut werden und unter Kontrolle stehen.

In den Nächten liegt er schlaflos. War nicht seine Kindheit auf vielfältige Weise langsam verlaufen? Die Jugend war eine Periode des Aufbauens, auch sie hat lange gedauert. Als er zum Mann wurde, hatte er erreicht, was er sich wünschte: ein Mann zu sein. Aber läuft nicht etwas hinter ihm in der Dunkelheit? Er hat nichts, womit er ihm entgegentreten kann. Außer Höflichkeit.

Port Lyttleton auf Neuseeland ist der letzte Hafen, bevor die *Terra Nova* den Bug nach Süden richtet. Hier werden drei Tonnen Eis an Bord verstaut – die möglichst nicht auftauen sollen, bevor das Schiff im Eis ist –, einhundertzweiundsechzig Schafe, drei Ochsen und dreihundertvierzig Fässer Speck. Die Frage des Frischfleisches ist eine Frage von Leben oder Tod. Scott kennt den Skorbut, er kennt aber auch den Widerwillen gegen das frische Blut von Seehunden und Pinguinen, der viele Männer in den Polargegenden quält und den er versteht.

Ihn peinigt auch der Anblick der sibirischen Ponys, die aus Wladiwostok gekommen sind, insgesamt neunzehn Stück. Auf dem Weg nach Neuseeland haben sie fünfmal das Schiff wechseln müssen. Sie sind vom Seegang erschöpft, haben tage- und nächtelang gedurstet, nur verfaultes Wasser zu trinken bekommen. Das Futter war erbärmlich. Sie können sich jetzt nicht bewegen, lassen die Köpfe hängen, stehen in kleine Verschläge gepfercht an Bord eines Schiffes, das vor Ausrüstung übergeht, vor Eis tropft, vor Männern lärmt. Die Ponys haben lange Wochen auf offener See vor sich. Sie haben resigniert, ihre Augen sind glanzlos. Sie wiehern nicht. Sie sind dazu verurteilt, auf dem Weg zum Pol zu sterben.

Es besteht kaum Zweifel daran, daß Robert Scott ein ehrlicher Mann ist. Angesichts eines leidenden Tieres ist er selbst ein leidendes Wesen. Immer, wenn er ein Tier sieht, dem es schlechtgeht, ist er wie zerrissen, mitten auseinandergebrochen. Das zehrt an seiner Kraft auf dem Weg zum Ziel. Als er in den Tod geht, wird ihm die seelische Bürde abgenommen, die für ihn der Anblick eines Pferdes bedeutet, das sich zu Tode schindet.

Er streckt einem der Tiere die Hand hin, das Pony reagiert nicht. Scott ruft einen Matrosen und läßt ihn einen Eimer Wasser holen. Das Pferd trinkt lange, leert den Eimer, andere Ponys rundum strecken das Maul vor und wollen ebenfalls trinken. Scott weiß: So haben sie wochenlang gestanden, so müssen sie all die Wochen stehen, die noch kommen. Es ist unmöglich, auf der *Terra Nova* so viel Wasser mitzuführen, daß der Durst der Tiere auf der langen Reise nach Süden gelöscht werden kann.

Jetzt sind auch die Hunde an Bord gekommen, fünfunddreißig an der Zahl. Das ist zuwenig – wenn man Hunde der Zugkraft wegen einsetzt, und warum sind sie hier, wenn man sie nicht zum Ziehen verwenden will? Die Hunde sind aus der Mandschurei gekommen. Fünf Tonnen Hundekeks sind als Futter an Bord. Der Hundeexperte Cecil Meares sagt, das sei zuwenig. Meares kündigt auch an, daß er den Hunden kein Seehund- oder Pinguinfleisch geben wird. In Meares ist ein nahezu mystischer Widerwille gegen die Ausnützung der Möglichkeiten, die das Südpolarland zu bieten hat. Scott dürfte besser begriffen haben. Aber in einem Fall wie diesem zeigt er keine Stärke. Er ist zu höflich, um seine Ansicht der des Fachmanns entgegenzustellen.

Der Mann in der Chefkajüte hat nicht vergessen, daß er einer der hundertfünfzig war, die in Hängematten an Bord des alten Schlachtschiffes schliefen. Er hat nie gelernt, sich in der Masse wohl zu fühlen. Aber schon vor langem hat er gelernt, sein Mißfallen zu verbergen. Auch die Offiziere an Bord der *Terra Nova* sind wie Streichhölzer in einer Schachtel zusammengepfercht. Sie müssen in militärischer Haltung schlafen, damit der Nachbar Platz für seine Knie hat. Wenn es gilt, das Unbehagen an Bord zu verringern, ist Scott ein Meister. Niemals legt er seine Freundlichkeit ab, seine Höflichkeit ist ein Vorbild für alle. Auch wenn er scherzt – denn das kommt vor –, hat er etwas Kontrolliertes und Kultiviertes an sich, eine förmliche Heiterkeit, die keinen vor den Kopf stößt und kaum einen belustigt.

Hier stehen die Motorschlitten, drei Stück, hochkant aufgestellt. Sie waren in Norwegen im Gebirge erprobt worden. Scott war dabei, auch Kathleen. Nansen zeigte großes Interesse. In den Zeitungen des gesamten Empire hieß es, daß der Südpol mit Motorschlitten bezwungen werden sollte. Während Scott sich darum bemühte, Roald Amundsen telefonisch zu erreichen – aus reiner Höflichkeit, der Mann interessierte ihn nicht –, und während Amundsen den Apparat läuten ließ, mußte Scotts Motormann mit einem Seufzer konstatieren, daß mit den Motoren ständig etwas nicht stimmte. Die Schlitten funktionierten gut auf ebenem, festem Schnee, aber wie lange ist der Schnee eben und fest? Eine Kufe sinkt ein, eine Kette reißt ab, ein Lager läuft heiß. Scott entschließt sich dennoch, die Schlitten mitzunehmen.

Das Land jenseits von Port Lyttleton ist grün und schön, der Himmel fern, leicht und blau. Hunderte von Menschen stehen auf den Kais und winken, manche singen, ein Schleppboot kommt.

Mrs. Scott ist ebenfalls an Bord der *Terra Nova*. Sie ist ins Schiffsinnere gegangen. Dort sind die beiden beisammen – das letzte Mal. Keiner weiß, was sie miteinander sprechen. Kathleens starker Ehrgeiz ist nun eine Bürde für sie selbst geworden. Sie nehmen Abschied voneinander und gehen gemeinsam an Deck.

Aller Blicke sind auf sie gerichtet.

Das Schleppboot hat die *Terra Nova* aufs Meer hinausgezogen. Das Land dort drinnen ist flach.

Kathleen geht von Bord und fährt mit dem Schleppboot zurück. Sie winken einander Lebewohl.

Die *Terra Nova* stampft gegen Süden. Das Schiff hat eine Deckladung, wie sie noch keiner gesehen hat. Kohlensäcke sind zu großen Bergen aufgestapelt, auf den Kisten der Motorschlitten steht eine Koppel Hunde und heult. Dumpf arbeitet die Maschine, die Segel helfen mit, das Schiff in Fahrt zu halten. Wenn das Schönwetter anhält, kann alles gutgehen. Aber es kommt anders. Bald nach der Abreise von Neuseeland frischt der Wind auf.

Zunächst ist es ein freundlicher kleiner Sturm, er kommt von Steuerbord, das Schiff legt sich brav auf die Seite, Wasser überflutet das Deck. Vorläufig ist es nur wie eine leichte Kraftprobe zwischen zwei alten, kampferprobten Haudegen, dem Schiff und dem Meer, und dann dem Wind, mit dunklen Wolken im Westen. Das Meer war blau gewesen, als sie ausliefen. In den Nächten hatte es die Sterne eingefangen und großmütig zurückgegeben. Jetzt ist das Meer schwarz. Es wird weiß, schäumt an den Wellenkämmen, der Sturm geht über auf Backbord, und die Wellen beginnen das Schiff zu peitschen, das unter der Deckladung stampft.

Aber vorläufig ist das kein großer Sturm, mit ihm läßt es sich leben. Die Männer bewegen sich zwischen Kohlensäcken und anderen Lasten auf Deck, stolpern über einen Hund, rutschen im Pferdemist aus, versuchen einen Witz und sagen: Jetzt machen die Fluten sauber an Bord. Scott trägt Ölzeug. Da wird ein Paraffinfaß losgerissen und trifft einen Mann, er verliert das Bewußtsein, wird aber festgehalten, ehe er über Bord gehen kann. Das Eisenfaß durchschneidet das Tauwerk, mit dem ein Stapel Kohlensäcke zusammengeschnürt ist, reißt die Säcke auf. Kohle auf dem ganzen Deck, sie wird von den Fluten weggewaschen, Kohle in allen Ritzen. Eine Sturmbö treibt eine Fahne von Kohlenstaub über das Schiff und fegt sie dann ins Meer.

Der Kohlenstaub dringt in die Ritzen zwischen den Deckplanken, sinkt weiter nach unten und bleibt dort wie eine latente Todesgefahr. Noch mehr Säcke reißen sich los, werden gegen die Schotte geworfen, Kohlenstaub mischt sich mit den Sturzwellen. Kohlenstaub ist in allen Gängen, rieselt von jeder Leiter, rinnt durch die Korridore, sinkt in den Kojen nieder.

Da wird ein Hund, der auf einem der Motorschlitten festgebunden gewesen war, über Bord geschleudert.

Tosend schlagen die Fluten über das Deck und reißen den Haken aus. Die Wassermassen heben den Hund hoch. Ein Mann wirft sich auf ihn, erwischt ihn beim Fell, der Hund windet sich, der Mann rutscht aus, der Hund entgleitet ihm. Der Hund beißt sich an einem Eisenrohr fest und läßt nicht los. Die Fluten gleiten zurück, dann rollen sie von neuem heran. Der Hund begreift, daß es um Leben und Tod geht. Er hat das Leben an Bord gehaßt. Jetzt kämpft er, um es zu behalten – lieber hier als im Meer, er läßt los, wird zur Reling hingeschleudert, darübergehoben, kommt mit einer neuen Welle zurück. Schwimmt im Wasser auf Deck um sein Leben. Ein Mann ruft, ist es Scott, der Chef, der Hunde liebt und sie quält – indem er sie mitgenommen hat. Er kommt. Es ist zu spät. Der Hund ist über Bord gegangen, er schwimmt auf einer Welle, den Kopf über Wasser, wird untergetaucht, kommt trotzdem noch einmal hoch – und lebt.

Das Schiff liegt tief in den Fluten, das Deck ragt kaum aus dem Meer. Der Hund hat eine Chance. Er kommt aus der Mandschurei, ist im Schwimmen nie trainiert worden und kann es trotzdem. Er war grauhaarig und schön, jetzt ist er schwarz, halb ertrunken, erbittert in seiner Kraft. Er sinkt.

Nein, er kommt wieder, tritt Wasser, die Schnauze schaut heraus, sie sehen die Augen aufblitzen – und möchten sie später am liebsten vergessen. Da heulen die anderen Hunde. Sie stehen dem Freund bei, schicken einen letzten Gruß, zeigen ihre eigene Angst. Der Hund geht unter.

Jetzt muß die Deckladung über Bord. Der Befehl wird ausgegeben. Männer werfen sich über die Kohlensäcke, schneiden Taue ab, zwei Mann pro Sack, während das Schiff sich auf die Seite legt und die Fluten sich eiskalt über das Deck ergießen. Sie hatten die Säcke in der Hoffnung aufgestapelt, daß der liebe Gott ihnen bis zum Südpolarland schönes Wetter schenken würde. Nun hat er sie genarrt. Einen Sack nach dem anderen hinaus in den Sturm, das Schiff wird ein wenig leichter, aber weitere Säcke platzen, und mehr und mehr Kohlenstaub sinkt in das Schiffsinnere.

Die Pumpen arbeiten. Da wird dem Kapitän gemeldet: »Mit den Pumpen stimmt etwas nicht…«

Der Kapitän ist Teddy Evans, der einmal einer Frauenversammlung zugelächelt und Hunderte Pfund eingenommen hat.

Er fragt, was mit den Pumpen nicht stimme. Ein Offizier sagt: »Sie laufen auf Hochtouren, nehmen aber nur wenig Wasser auf.« Vielleicht ist der Kohlenstaub daran schuld, der die Ventile und Filter des Pumpwerks verstopft.

Die *Terra Nova* hat beigedreht. Sie schöpft noch mehr Wasser. Die Heizer mühen sich, das Feuer unter dem Kessel zu unterhalten. Kleine Bäche von mit Öl vermengtem Kohlenwasser kommen langsam hereingeflossen, mischen sich mit dem Schweiß der Männer. Öl tropft hinein, kriecht in die Spalten, überall ist Wasser, und mitten in Wasser und Kohlenstaub das Feuer, das in all der Nässe um sein Leben kämpfen muß. Heiß ist es im Heizraum – und kalt. Die Heizer frieren an den Füßen. Sie stehen im Wasser. Sie schwitzen am Oberkörper, werfen Kohlen in das Feuer. Das Wasser steigt und steigt. Da ist eine Stimme zu vernehmen: »Die Pumpen funktionieren nicht mehr.«

Wenn das Schiff sinkt, bleiben die Männer im Heizraum eingeschlossen. Sie haben einen Befehl erhalten – und bleiben. Da löschen sie das Feuer unter dem Kessel.

Der Kapitän schreit: »Alle Mann an die Eimer!« Sie bilden eine Kette, auf glitschigen Leitern, durch enge Verschläge, über das Deck, das unaufhörlich von den Fluten gepeitscht wird. Einige in Ölzeug, andere halbnackt, alle durchnäßt. Hier ist der Koch, hier ist Scott, unterwegs zum Pol, um dort zu sterben. Hier sind alle, die auf einem anderen Posten nicht unbedingt gebraucht werden. Die Eimer fliegen aus dem Schiffsraum herauf, von Hand zu Hand, das Wasser wird über die Reling geschüttet, der Sturm wirft es zurück. Der Wasserstand im Schiffsraum wird gemessen. Er steigt. Die *Terra Nova* liegt wie ein angeschossener Vogel in den Fluten. Jetzt erlöschen die Laternen.

Nun müssen sie im Dunkeln hantieren. Sie tasten sich durch enge Gänge, treten auf einen Hund, der wild heult. Aber wo sind die Pferde? Es heißt, eines der Pferde sei tot. Das stimmt nicht, sagt eine rauhe Stimme. Aber gleich danach geht das Gerücht wieder von Mann zu Mann: »Ein Pferd ist tot.«

Aber wer kann Zeit und Kräfte auf ein totes Pferd verschwenden! Alle plagen sich mit den Wassereimern ab. Wieder wird im Schiffsraum der Wasserstand gemessen. Er ist nicht mehr gestiegen. Das läßt ein wenig Hoffnung zu. Alle wissen: Es gibt nur einen einzigen Weg zu dem Schacht, in dem sich die Pumpenfilter befinden. Er führt durch die Hauptluke. Wenn man den Lukendeckel entfernt, bedeutet das, daß das Meer eindringen kann und das Schiff innerhalb weniger Minuten sinkt.

Aber vielleicht gibt es doch einen anderen Zugang? Zwischen Laderaum und Maschinenraum ist ein Plankenschott. Gelingt es, dort durchzubrechen, könnte man an den Schacht herankommen, in dem sich die Pumpenfilter befinden.

Das ist ein kühner Plan, denn die Schotte sind aus Eiche, der Platz dort unten ist sehr eng, und die Laternen sind ausgelöscht.

Evans nimmt zwei Mann mit. Das ist seine erste große Bewährungsprobe. Er besitzt Kühnheit und Wagemut, pflegt das Für und Wider nicht abzuwägen.

Die Geräte sind primitiv. Die Werkstatträume sind nicht mehr zugänglich. Die Männer müssen hier nach einem Meißel und dort nach einem Bohrer suchen. Die *Terra Nova* ist nicht solch ein zerbrechliches Schiff, wie man behauptet hat. Jedenfalls ist das Schott, durch das sie hindurch müssen, aus widerstandsfähiger Eiche.

Sie stehen bis zu den Knien im Wasser. Daß das Wasser nicht

mehr steigt, läßt ein wenig hoffen. Aber das Schiff neigt sich auf die Seite und liegt schwer in den Fluten. Sie werden gegen das Schott geschleudert, der Meißel rutscht ab, sie schneiden sich, das Blut rinnt mit Kohlenstaub und Seewasser fort. Sie versuchen Licht zu machen. Es erlischt. Sie arbeiten im Dunkeln, mit einer Axt, schlagen ein paar Späne ab, fluchen, weinen, fluchen wieder, bekommen noch ein paar Späne ab. Es dauert lange, bis ein Loch groß genug ist, daß ein erwachsener Mann durchkriechen kann. Der Tag vergeht.

Ein durchnäßter Koch kommt dreimal herbeigewatet, er trägt eine Kanne. Was sie enthält, weiß keiner. Er wird von Kohlenwasser und hohen Wellen zurückgeworfen. Nach einer Stunde kommt er wieder, arbeitet sich in der Dunkelheit bis zu ihnen vor. Der Tee ist mit Kohlenwasser und Öl vermischt. Evans trinkt direkt aus der Kanne, dann die beiden anderen. Der Koch hat ein Huhn mitgebracht. Sie schlingen ein paar Bissen Fleisch hinunter.

Mit einemmal durchschlägt die Schneide der Axt das Schott. Trotzdem ist es nicht leicht, das Loch zu vergrößern. Für die drei gibt es nicht Tag noch Nacht, nicht Hoffnung noch Hölle, es ist eine zähe, verdammte Schinderei in Ölwasser und Kälte. Aber das Loch wird größer. Sie hören, wie die Eimer fliegen, Männer schöpfen, das Schiff krängt, ein Pferd schreit, und dann hören sie den Sturm, Millionen Tonnen Wasser, die sich zum Himmel erheben und die *Terra Nova* peitschen.

Das Loch im Schott wird größer. Dort drüben ist der Schacht mit den Pumpenventilen. Wird es ihnen gelingen, sie zu reinigen? Achtzehn Stunden sind es jetzt her, seit sie begonnen haben, das Loch ins Schott zu schlagen. Da kriecht Evans hindurch, auf die andere Seite.

Auch hier ist es dunkel. Er findet den Schacht. Dort drinnen sind die Filter, in zwei Meter Tiefe. Er muß tauchen, auch wenn er nicht weiß, ob der Fehler dort sitzt. In Ölwasser tauchen, während das Schiff unaufhörlich von der einen Seite auf die andere schlägt. Er läßt sich hinuntergleiten. Der Schacht ist eng, Eisenrohre rings um ihn. Er hält den Atem an. Alles ist ölglatt, alles ist kalt. Er findet ein

Ventil und versucht daran zu schrauben. Vergeblich. Es wird ihm schwarz vor den Augen. Er muß wieder hinauf.

Aber es geht um Leben und Tod. Nun hört er durch das Loch des Schotts, daß das Wasser im Raum wieder zu steigen begonnen hat. Er taucht hinunter, findet etwas, das sich schrauben läßt, bekommt es nicht los, muß hinauf, bevor er ertrinkt.

Jemand ruft. Evans kommt wieder zu Kräften und schreit zurück, sie sollen das Maul halten. Er taucht zum drittenmal.

Jetzt macht es sich bezahlt, daß er Tage darauf verwendet hat, jedes Detail des Schiffes kennenzulernen. Er versteht nichts von der Schiffsmaschine, aber er ist Kapitän, und der Kapitän muß überall Bescheid wissen.

Wieder hinauf. Der Magen ist halb voll mit Ölwasser. Er speit in die Dunkelheit.

Dann macht er sich daran, den Schmutz aus dem Filter zu blasen. Die Finger sind steif, der Mund voll Kohle. Er spuckt den Kohlenstaub aus, bläst wieder durch den Filter, merkt, daß es nützt – und hat keinen Platz, wo er den gereinigten Filter ablegen könnte, während er den nächsten heraufholt.

Das Schiff legt sich auf die Seite und richtet sich schwerfällig wieder auf. Sie rufen aus dem Heizraum. Das Wasser steigt. Er nimmt das kleine Ding in den Mund, läßt sich von neuem ins Ölwasser gleiten. Plötzlich kommt ihm ein Gedanke: Sind Ratten hier? Der Gedanke gibt ihm Mut. Wenn Ratten an Bord sind, besteht Hoffnung für das Schiff. Er findet den nächsten Filter, muß wieder hinauf, wieder hinunter, schraubt ihn los und bläst auch aus dem nächsten den Kohlenstaub heraus.

Aber die Pumpe hat viele Teile. Ist eine Stunde vergangen oder sind es zwei? Jemand ruft ihm etwas zu. Er sagt, sie sollen den Mund halten. Halb betäubt läßt er sich abwärts gleiten. Als er wieder oben ist, stellt er fest, daß er jetzt alle Filter in der Hand hält, und sie sind, soweit es möglich ist, vom Schmutz gereinigt.

Noch schwimmt das Schiff.

Jetzt steht das Montieren der Filter bevor. Da wird ihm schwindlig, er erbricht den Mageninhalt, das meiste ist Kohle. Und wieder läßt er sich hinuntergleiten. Das Zusammensetzen ist schwieriger als das Losschrauben. Er hält den Atem an, während das Schiff in den Fluten stampft und stampft.

Eine Stunde vergeht, er muß hinauf und hinunter, hinauf und hinunter. Zum Schluß ist nur noch ein Filter übrig, der nicht an seinem Platz ist.

Da sinkt er zusammen und wird ohnmächtig. Er kommt wieder zu sich. Jemand hat ihn gerufen. Er weiß, wenn nicht alle Filter an Ort und Stelle sind, hätte er sich die ganze Mühe mit der Reinigung der anderen sparen können. Er richtet sich mühsam auf. Es ist merkwürdig still an Bord geworden, als wüßten nun alle, was auf dem Spiel steht. Er taucht von neuem – und verliert den Filter.

Im Boden des Schachts sind Ritzen. Er kriecht unten umher, muß wieder hinauf und atmen, hängt an einem Rohr, merkt, daß er sinkt, gleitet unter Wasser und ist am Ende.

Aber da hält er plötzlich etwas in der Hand, einen Gegenstand von vertrauter Form: den Filter. Er stößt sich mit letzter Kraft ab und kommt nach oben, atmet lange und gleitet wieder nach unten. Mit einem einzigen Griff gelingt es ihm, den letzten Filter an seinen Platz zu bringen.

Er kommt nach oben, stöhnt, und ein Mann, der den Kopf durch das Loch steckt, das sie ins Schott geschlagen hatten, versteht: Sie können die Pumpen ausprobieren.

Acht Mann stürmen an die Pumpen. Sie funktionieren. Wasser schäumt auf, das Meer wirft es zurück, aber es steigt nicht mehr. Durchnäßt, erschöpft marschieren die acht auf dem glitschigen Deck im Kreis, und die Pumpenkolben schlagen und schlagen.

Nun kriecht ein Mann aus dem Schacht, mit Ölresten und Kohle beschmiert. Er taumelt, tappt zum Loch im Schott, zweifelt einen Moment, muß er hinauf oder hinunter? Er hängt sich in das Loch in den Eichenplanken, jemand kommt zu Hilfe, es gelingt ihm, den

Kopf durchzustecken, aber die Schultern wollen nicht, als seien sie aufgequollen von Nässe und Kälte.

Da reißt er sich die Lumpen vom Leib, steht nackt da, schlüpft durch das Loch, die Eichensplitter bohren sich in die Haut.

Jemand schreit: »Das Wasser sinkt!« Die acht auf Deck, die Pumpenspeichen in den wunden, erfrorenen, steifen Händen, gehen im Kreis, im Kreis, im Kreis...

Einer der acht ist Scott.

Drei weitere Hunde hat es über Bord geschleudert, zwei Pferde sind tot. Ein junger Bursche jammert: »Zwei Pferde sind tot!« Die Kadaver werden von den Ketten befreit, mit denen sie noch immer gefesselt sind, dann werden sie über Bord gehoben. Der Sturm peitscht die *Terra Nova*, aber sie hält stand. Das Wasser im Schiffsraum steigt nicht mehr, und am nächsten Morgen beginnt es sogar zu sinken.

Der Sturm hat seine Stimme gedämpft. Fast unmerklich beginnt sich das Schiff aufzurichten. Im Lauf des Tages – es ist der dritte – können sie wieder Feuer unter dem Kessel machen.

Die *Terra Nova* beginnt zu genesen, eine angeschossene Möwe mit zerzausten Federn. Aus dem Schornstein kommt Rauch, das Schiff ist wieder flott.

Jetzt, da sie Feuer unter dem Kessel haben, kann man ein paar leere Säcke trocknen. Scott hat Befehl gegeben, daß jedes Pferd gründlich abgerieben werden soll. Die Tiere müssen ja leben, um später in Kälte und Eis zu sterben...

Menschenleben ist keines zu beklagen.

Sie setzen die Reise nach Süden fort.

Die *Terra Nova* ist ins Eis gekommen. Die Männer versuchen ihr möglichstes, um die Schäden zu reparieren, die der Sturm dem Schiff zugefügt hat. Der Eishauch der großen Öde im Süden schlägt ihnen entgegen, riesenhafte Eisberge treiben heran, ihre Geheimnisse tief unter Wasser verborgen, blau im Morgenlicht und funkelnd rot, wenn die Sonnenscheibe über offener schwarzer See aufsteigt. Die großen Albatrosse hatten das Schiff noch tief in den Süden begleitet, mit weitgespannten Flügeln, ohne Schrei, wie stumme Wachtposten hoch unter den Wolken. Jetzt sind sie fort, die Männer sind allein mit dem Meer, dem Eis und Gott.

Das Eis wird dichter. Das Schiff sucht seinen Weg zwischen den Eisschollen. Zerschlagene Männer sind an Bord, zusammengebrochene Pferde werden mit warmen Säcken abgerieben, damit ihr Kreislauf in Gang kommt. Die Hunde haben wieder zu heulen begonnen. In den Nächten sinkt die Temperatur. Beißend kalte Windstöße, ein ferner Sternenhimmel, neu und unwirklich.

Im Morgengrauen sehen sie den ersten Seehund. Und dann kommt eine ehrwürdige Abordnung pensionierter Bürgermeister auf das Schiff zugewandert, alle schwarzweiß gekleidet. Sie verbeugen sich höflich, stehen ein paar Minuten still, neigen die Köpfe in einem bestimmten Winkel, starren die *Terra Nova* an und rücken dann zielbewußt ein paar Schritte näher. Sie erniedrigen sich nicht etwa soweit, uneingeladen an Bord zu kommen, sondern warten in tiefer Ehrerbietung. Es sind Pinguine.

Nun kommt Leben in die Wissenschaftler. Ein heller Kopf meint, daß die Pinguine musikalisch sein könnten. Es gibt ein Grammophon an Bord. Plötzlich ertönt Musik über das Eis.

Und es geschieht tatsächlich, was nur wenige glaubten: Der jüngste der Pinguine fängt zu tanzen an. Die anderen sehen seinem Treiben herablassend und verächtlich zu, dann aber scheinen auch sie aufzutauen. Langsam beginnen sie mit dem Körper zu wippen, versuchen die ersten Schritte, finden den Takt, nicken gut gelaunt mit den Köpfen, vergessen ein wenig ihre Würde.

Der Spielmann an Bord wechselt die Platte, legt »God save the King« auf. Das macht Eindruck auf die Pinguinschar. Aber die Melodie schafft Probleme an Bord der *Terra Nova*. Dies ist eine militärische Expedition. Sollen alle auch dann strammstehen, wenn die Hymne für eine Schar Pinguine gespielt wird? Einige tun es – in vollem Ernst, Männer mit daumenlangen Bartstoppeln auf den Wangen –, andere im Spaß. Wie wird sich der Leiter der Expedition verhalten, der jetzt auf Deck kommt?

Hier beweist er seine Geschmeidigkeit: den diskreten Humor, zwar unter militärischer Kontrolle, aber doch menschlich und warm, ohne Offiziersgebrüll, nur mit einem halboffiziellen Lachen, daß die Männer, die einem fernen König zu Ehren die Hand an die Kappe gehoben hatten, sie wieder sinken lassen und zufrieden grinsen.

Sie bringen die Pferde auf das Eis hinaus. Da sind die Menschen nur Menschen, nicht Männer, die kommandieren oder kommandiert werden. Hier finden sie einander alle in ihrem Mitgefühl für knochendürre Gäule aus Sibirien, die nun von vier Mann gestützt werden, Pferde, die man überreden muß, einen Würfel Zucker zu nehmen und ein Stück trockenes Brot, und die endlich das Wasser bekommen, das sie brauchen.

Aber was für ein Anblick: die Pferde im grellen Sonnenlicht auf dem Eis, verlaust und räudig, halbblind. Langsam erwachen sie zum Leben, während die *Terra Nova*, ein halbes Wrack, am Rand des Eises ausruht und ein Hund vor Freude heult, als er den eisigen Lufthauch spürt.

Die Männer probieren die Schier aus. Einige von ihnen steigen zum erstenmal in einen Riemen. Man erklärt ihnen, daß Schier auf dem Schnee gleiten sollen – das läßt sich am besten dadurch bewirken, daß das Bein von der Hüfte abwärts eine schiebende Vorwärtsbewegung macht. Der Stock ist ebenfalls wichtig, sein Gebrauch soll mit dem des Schis kombiniert werden. Einige stellen sich recht geschickt an, es sieht gar nicht so übel aus.

Scott sagt zu Dr. Wilson: »Etwas quält mich, aber ich weiß nicht, was.«

Wilson ist sein guter Freund. Sie waren miteinander auf der ersten Fahrt nach Süden, als Shackleton zusammenbrach und es um Leben und Tod ging, für sie beide wie für ihn. Die Freundschaft zwischen Scott und Wilson ist noch enger geworden. In Scotts Tagebüchern und Briefen kommen die Gefühle der Bewunderung und Ehrfurcht zum Ausdruck, die er für seinen Freund hegt, den ein wenig schweigsamen, fernen, so klugen, warmen und nach und nach auch so starken Freund.

Unter vier Augen können sie die Schwächen des anderen aufzeigen, es ertragen, die Meinung des anderen zu hören, die Lehre aus einem Ratschlag zu ziehen. Meist ist es Scott, der zu lernen hat. Wilson – mild in seinem Humor, großzügig mit seinem Lob, diskret in seinen klugen Ratschlägen – tut so, als ob es seine Fehler wären, um den anderen leichter führen zu können.

»Etwas quält mich, aber ich weiß nicht, was. Irgend etwas, Bill, ich habe mein Gewissen erforscht, es ist wie ein Geschwür in mir, ein Unrecht, das ich begangen habe und das mir noch nicht klar bewußt ist. Es quält mich. Ich kann mich nicht auf das konzentrieren, was in diesen Tagen meine eigentliche Aufgabe sein sollte.«

Scott liebt es, Andachten zu halten. Backbord liegt ein großer Eisberg dunkelblau vor einer schwarzen Wasserrinne, unbeweglich, sein Gipfel ist von der Sonne beschienen. Die Pferde sind wieder an Bord gebracht worden, die Männer stehen auf dem Deck. Da läßt er seine warme, ein wenig heisere, aber deutliche Stimme über das Schiff hin ertönen: Er liest aus der Heiligen Schrift.

Dann betet er. Diese Männer sind in einer Gesellschaft aufgewachsen, deren starke Pfeiler die Gottesfurcht und die Ehre des Empire waren. Keinem fällt es ein, verächtlich die Nase zu rümpfen, wenn er mit einer dieser Formen von Macht konfrontiert wird. In ihnen ist die heimliche Furcht des Mannes vor der Enthüllung seiner tiefsten Gedanken und seiner verborgenen Ohnmacht. Sie sollen zum Pol, nur der Chef darf das Vaterunser sprechen. Ein Hund beginnt zu heulen. Aber die Männer stehen stramm. Scott ist klug genug, die Andacht kurz zu halten. Er behält seine Würde. Er ist genauso freundlich wie immer.

Später sagt er zu Bill: »Etwas quält mich, aber ich weiß nicht, was.«

»Willst du meine Meinung hören?«

»Ja, lieber Bill, und wenn sie noch so bitter für mich ist.«

»Hat nicht unser gemeinsamer Freund Teddy das Schiff und uns alle gerettet? Ich weiß, du hast ihm gedankt und ihn gelobt, und er hat es verdient. Aber hast du es ihm geneidet? Du, der Chef?«

Sie sehen einander an.

»Ja, Bill. Das ist es, was mich quält. Soll ich zu ihm gehen und ihn um Verzeihung bitten?«

»Kannst du das, du, als Chef? Besprechen wir das einmal. Genügt es nicht, daß du jetzt weißt, was dich beunruhigt hat, damit du darüber hinwegkommst? Er hat deinen Neid nicht bemerkt. Dein Gewissen darf nicht so beschaffen sein, daß es dich als Chef an Bord unmöglich macht.«

»Soll ich noch freundlicher zu ihm sein?«

»Vielleicht. Aber da gibt es Grenzen. Übertriebene Freundlichkeit kann wie Falschheit wirken. Du hast die Verantwortung für alle. Du mußt dich für das Benehmen entscheiden, das am klügsten ist – wenn man alles in Betracht zieht. Wenn du zu ihm gehst und ihn wegen deines Neides um Verzeihung bittest, tust du es nicht vielleicht auch um deiner eigenen Vollkommenheit willen?«

»Dann lasse ich es sein!«

»Tu das.«

»Bill«, sagt Scott, »ich hätte nie die Expedition leiten dürfen. Ich ertrage es nicht, ein krankes Pferd zu sehen.«

Packeis

Er ist jetzt auf dem Südpolarland. Es kribbelt in den Beinen, er spürt die Kraft in den Schultern, als er mit ausholenden Bewegungen auf den Schiern dahingleitet. Anfangs war sein Körper nach all den Wochen an Bord der *Fram* untrainiert gewesen, er hatte sich stumpf und faul gefühlt. Aber nach wenigen Tagen an Land merkte er, daß seine Kräfte zurückkehrten. Es machte sich jetzt bezahlt, daß er immer früh aufgestanden und durch den Wald gelaufen war. Er lächelt, froh über seine Einsamkeit. Der nächste Mann ist Kilometer entfernt. Die Tage waren voll Geschäftigkeit gewesen, ausgefüllt mit dem Transport von Material für das Haus und den Kisten mit Proviant, mit Kampf gegen die Hunde, Schreien und Peitschen; triefnaß vor Schweiß waren die Männer und er im Zelt in die Schlafsäcke gekrochen, wenn der Abend kam. Aber was für gute Tage.

Der Morgen ist schön, der Himmel im Norden dunkel. Das liegt am Widerschein des offenen Meeres. Das Licht bricht sich im Packeis, ist aber noch nicht so stark, daß er die Sonnenbrille aufsetzen müßte. Es gibt hier so viele verschiedene Arten von Schnee: Grobkörnig und widerspenstig kann er sein, frischer Neuschnee, weich wie Puder, oder hart, von einem rauhen Wind zu Wehen zusammengepeitscht.

Er läßt die Schier gleiten und gleiten, braucht keine Kräfte, ist geschmeidig wie ein alter, starker Wolf und weiß, daß er hier unten tüchtiger als die meisten ist.

Als er zur Barriere hinaufkommt, hat er Aussicht auf die *Fram*, die am Rand des Eises vertäut ist.

Dort liegen zwei Schiffe.

Amundsen reibt sich die Augen. Er weiß, daß das Licht hier unten die Dinge verdrehen, ihnen eine andere Form geben kann. Wenn ein Mann schneeblind wird, schreit er nicht nur vor Schmerz, er kann auch doppelt sehen. Sieht er jetzt doppelt?

Er hält eine Hand vor die Augen, wendet das Gesicht ab, bewegt den Kopf, als wolle er den ungewohnten Anblick abschütteln, dreht sich wieder dem Meer zu und nimmt die Hand von den Augen.

Dort liegen zwei Schiffe.

Er stöhnt auf. Schnell gleitet er hinter einen Eishügel, wie ein Tier beim Anblick des Feindes in Deckung geht, und lugt vorsichtig hervor. Es ist ein ziemlich großes Schiff mit hohen Masten, das da nicht weit von der *Fram* entfernt am Rand des Eises vertäut ist. Er weiß sofort: Das ist die *Terra Nova*, Scotts Schiff.

Da bricht all das Böse auf, das einige Wochen Zeit gehabt hatte, sich in ihm einzukapseln. Er war ja daheim in Oppegård gestanden und hatte den Hörer nicht abgenommen, als Scott anrief. Er hat sie angelogen, alle miteinander – nein, Leon nicht –, er hat sie hinters Licht geführt und eine schwelende, heimliche Freude bei dem Gedanken empfunden, daß es so sein mußte, wenn er als erster den Pol erreichen wollte. Es war unumgänglich notwendig gewesen, alles zu verschweigen. Und hier liegt nun das Schiff, Scotts Schiff. Sie haben ihn gefunden.

Er reißt sich einen Fausthandschuh herunter und spuckt in den Schnee, ballt die Faust, flucht lange und innig, weiß, daß es nichts nützt. Was hilft es, wenn du tobst – sie sind ja da, du mußt die Situation meistern. Aber kannst du dich nicht wegstehlen? Du kannst vorgeben, auf der ersten langen Schiwanderung nach Süden zu sein, um ein Depot anzulegen. Ein paar deiner Männer können an Bord der *Terra Nova* gehen und ihr höfliches Bedauern aussprechen. Innerhalb einer Stunde kannst du startklar sein. Dann sagen die Männer die Wahrheit, wenn sie der *Terra Nova* einen Besuch abstatten.

Würdest du dann deinen eigenen Leuten gegenüber das Gesicht verlieren?

Etwas beunruhigt ihn. Eine tiefere Schicht von Furcht liegt unter der ersten Furcht, besser verborgen. Was ist, wenn du dich davonmachst? Wird dann etwas anderes und Schlimmeres geschehen?

Bis jetzt hatte ja alles hervorragend geklappt. Sie hatten die *Fram* am Eisrand vertäut und waren auf der Barriere landeinwärts gezogen. Er hatte die richtige Stelle für das Winterlager gefunden. Dort wurde das blaue Eis ein paar Fuß tief weggehackt und das Haus aufgebaut. Die Ausrüstung kam an Land. Jeder ging an seine Arbeit, alles war durchdacht. Es zeigte sich, daß alle Männer so waren, wie er es erwartet hatte – und einer so, wie er befürchtet hatte.

Amundsen weiß, daß er das Lager auf Eis errichtet hat, das losbrechen und aufs Meer hinaustreiben kann. Aber er glaubt, daß es gutgehen wird. Er nimmt, einsam und schweigend, das Risiko auf sich, das notwendig ist, damit er dem Pol einen Grad näher kommt als Scott, falls dieser im McMurdo-Sund an Land gegangen ist.

»Framheim« wurde in einer kleinen, von Eiswällen umgebenen Talmulde angelegt. Es kommt vor, daß Amundsen in der Nacht erwacht und unruhig ist. Shackleton hat geschrieben, daß das Eis hier unten in kilometergroßen Tafeln losbrechen und ein Sturm es auf das Meer hinauspeitschen kann. Das wissen die Männer nicht.

Schweig darüber.

Alles ist gut und leicht gegangen, nicht zuletzt mit den Hunden. Mit den Schiern gibt es kein Problem: Seine Leute gehören zu den besten Schiläufern der Welt. Aber er weiß, daß die Männer auch mit den Hundegespannen ausgezeichnet zurechtkommen werden. Wenn die Hunde nicht parieren, werden sich seine Leute mitten unter die Meute werfen und die Hunde prügeln, sie werden den Peitschenstiel gebrauchen – die Hunde heulen wie besessen, Speichel rinnt aus ihren Mäulern; sie fressen dir ja aus der Hand, wenn sie zufrieden sind, aber sie müssen unter Kontrolle.

Dann lädst du auf, du sollst der Fuhre auf Schiern nachfahren. Aber die Hunde rennen in die falsche Richtung, sie wittern einen Seehund. Du fluchst, der Schweiß bricht dir aus den Poren, zwanzig Grad Kälte, ein beißender Wind. Da stürzt der Schlitten um. Jetzt bist du ernstlich böse. Du richtest den Schlitten wieder auf, prügelst die Hunde, bringst sie auf den richtigen Kurs. Da laufen sie davon.

Du hast sie bald im Griff. Sie lieben den Kampf, denn sie stammen von Wölfen ab. Männer, die daheim auf ihrem Hof die Katze streicheln, prügeln jetzt einen Hund. Sie sind auf dem Südpolarland und haben nur eines im Kopf: Sie wollen als erste den Pol erreichen.

Du brauchst kein Gewissen. Auch deine Männer brauchen keines.

Der Abend kommt, der Tag war hart. Ihr habt den Plan eingehalten, einen sorgfältig ausgearbeiteten Plan, daheim zu Papier gebracht, mit Datum und Uhrzeit: soundso viele Schlittenfuhren mit Ausrüstung, soundso viele Kilo, von der *Fram* zum Winterlager transportiert, das auf Meereis liegt und losbrechen kann.

Aber das weißt nur du.

Es ist ja alles gutgegangen. Die Männer sind, wie sie sein sollen: stark, praktisch, ein wenig primitiv, ohne große Geistesgaben. Aber sie verstehen es, in der Eisöde voranzukommen. Der Gehorsam dir gegenüber ist ein Teil ihres Wesens. Bei allen außer einem.

Aber gerade er ist der tüchtigste hier. Er kann und weiß alles. Keiner kann besser mit den Hunden umgehen. Er weiß, wann er mit ihnen in Güte sprechen und wann er zu harten Mitteln greifen muß. Er hat mehr Eis gesehen als irgendein anderer hier: der Mann, der einem fernen Pol näher kam als jemals einer vor ihm, und der überdies den Schatten des großen Meisters hinter sich hat, der sagen kann: »Als Nansen und ich …«

Als Nansen und ich – das ist wie ein Nadelstich; und dann sollst du lächeln, ein Lächeln, das den aufkeimenden Haß überdecken muß. Du konntest nicht nein sagen, als Nansen ihn dir anbot. Du mußtest danken und dich überwältigt zeigen. Als der Mann kam, grüßte er höflich, aber nicht so, wie du es gern gesehen hättest.

Er kann alles.

Ein Zelt im Sturm aufstellen.

Einen nicht intakten Petroleumkocher zum Funktionieren bringen.

Zwei Schiriemen zusammenflicken, daß sie halten.

Er versteht sich auf die Kunst, hinter einen Eishügel zu gehen, die einzige geschützte Stelle zu finden, blitzschnell die Kleider zu öffnen, zu tun, was die Natur verlangt, ohne die Hosen voll Schnee zu bekommen.

Diese Fertigkeit kann darüber entscheiden, ob du den Pol erreichst oder stirbst.

Dort liegt das Schiff. Er muß hinuntergehen. Depottour nach Süden? Das geht nicht.

Es hätte die Lösung sein können, wenn nicht Hjalmar Johansen gewesen wäre. Er würde die Feigheit sehen, so wie die anderen vielleicht auch, aber nur er würde den Mut haben, sie aufzuzeigen.

Amundsen geht langsam zum Schiff hinunter.

Jetzt wird er erfahren, was er am liebsten gar nicht gewußt hätte: was die Engländer dazu meinen, daß er den Kurs von Norden auf Süden abgeändert hat. Vielleicht auch, was die Zeitungen geschrieben haben, was Scott gesagt hat. Wird es Zank geben, wenn er an Bord geht? Sie können ihn nicht von hier vertreiben. Aber er hätte sich lieber eingekapselt, auf das eine konzentriert: den Pol zu erreichen. Wäre lieber von dort als Sieger zurückgekommen – oder in der großen Öde des Südens gestorben.

Über den Sieger werden die Leute sagen: »Er hat recht getan!«

Über den Toten werden sie sagen: »Er war ein Held!«

Aber unter keinen Umständen möchte er den Engländern hier begegnen, von Angesicht zu Angesicht.

Langsam geht er zur *Terra Nova* hinunter.

Auf der äußersten Spitze des wetterzerfurchten Kap Evans im McMurdo-Sund steht Scott. Er ist ohne Überkleider, der Wind zerrt an seinem dünnen Haar. In der offenen Bucht brechen sich die Wellen am Strand. Draußen treibt ein großer Eisberg. Er schimmert weiß und blau, dreht sich schwer in den Wellen: Da ist es, als ob grüne Farbe plötzlich die steilen Wände hinabliefe, ein grünspanfarbener Strom fließt in die dunkle See und mischt sich mit ihr.

Draußen, zwischen zwei Schären, liegt die *Terra Nova* in einer Untiefe.

Das Schiff war auf dem Weg ins offene Meer gewesen, zu nahe an Land gekommen und mit dem Bug in seichtes Fahrwasser geraten.

Im Winterquartier wird Alarm gegeben. Scott läuft auf die Landspitze hinaus – so nahe wie möglich an die *Terra Nova* heran, aber nicht nahe genug. Er weiß: Wenn das Schiff untergeht, sind sechzig Mann im McMurdo-Sund hilflos.

In ein oder zwei Jahren werden schwerfällige Männer in einem Büro daheim in England Briefe an ein anderes Büro absenden und beraten, ob ein Rettungsschiff zum Südpol beordert werden soll. Können sie hier so lange durchhalten? Die *Terra Nova* liegt fest auf Grund.

Das Winterlager ist auf dem Festland errichtet, mit Bolzen am Fels befestigt. Hinter der Hütte steigt ein Vulkan empor, der Mount Erebus. Oft verschwindet sein Gipfel im Nebel, heute aber ist er in der weißen Luft deutlich zu erkennen. Ein Rauchhut hängt über dem Berg. Und mit einem Mal sendet er einen Feuergruß – wie ein Finger hebt er sich von den Wolken ab, ehe Funken und Flammen wieder im Schnee erlöschen. Der Polarwind ist eisig und nimmt an Heftigkeit zu.

Die Männer an Land sind in ein Boot geklettert, sie haben Eisanker mit. Scott sieht, daß die Mannschaft jetzt die Kohle aus dem Vorraum holt und sie nach achtern bringt. Die Maschine läuft auf Hochtouren. Der Rauch wälzt sich schwarz aus dem Schornstein, es ist, als kauere sich die *Terra Nova* vor den aufgewühlten Fluten zusammen.

Scott weiß, daß dies einer der Augenblicke ist, in dem er entweder alles verlieren oder wenig gewinnen kann. Geht die *Terra Nova* unter, ist die endgültige Niederlage nahe. Was bliebe, wären verzweifelte Männer, erschöpfte Männer ohne Hoffnung, deren Gedanken nur um das eine kreisen würden: Können wir uns am Leben halten, bis ein Rettungsschiff hierher entsandt wird? Aber es weiß ja keiner, daß wir im McMurdo-Sund sind. Wie sollen sie uns denn da an der endlos langen Küste finden? Und wenn die *Terra Nova* auch diesmal flottgemacht wird, so kann es doch immer wieder zu ähnlichen Situationen kommen.

In den Nächten peinigt Scott der Gedanke an künftiges Unglück.

Jetzt steht er da und ruft, ohne daß ihn einer hört. Er spürt weder die Kälte — minus fünfzig Grad — noch den heftigen Wind. Eine Frage beschäftigt ihn: Auch wenn die *Terra Nova* untergeht — wirst du mit deinen Männern die Reise zum Pol fortsetzen?

Ja. Wir werden trotzdem zu Ende führen, weswegen wir hergekommen sind. Auch ohne Schiff, das uns zurückbringt, werden wir die Reise nach Süden fortsetzen. Scott wünscht, Wilson wäre hier, der ihm als einziger unter all den Männern, denen er im Leben begegnete, wirklich nahegekommen ist. Aber Wilson ist an Bord des Beiboots, das jetzt die Eisanker zur *Terra Nova* hinauszubringen versucht.

Warst du nicht immer vom Pech verfolgt? Nicht von den ganz großen Mißgeschicken, aber stets von kleinen? Sie haben an deinen Kräften gezehrt. Die Dinge wurden anders gemacht, als du es wolltest. Liegt es an deinen Plänen, die nicht ausreichend durchdacht waren? Du hättest das Winterquartier drüben auf Kap Crozier aufgeschlagen, dort, wo die großen Kaiserpinguine leben, die ihre Eier bei minus sechzig Grad ausbrüten, Eier, die noch niemand gesehen hat. Seid ihr nicht eines Abends beisammengesessen, du und Wilson, und habt davon gesprochen, wie es wäre, eine ganze Kolonie Kaiserpinguine vor der Hüttentür zu haben? Das würde Bilder geben, wie sie die Welt noch nicht gesehen hatte. Der kluge, besonnene Wilson war in einen Begeisterungstaumel geraten. Er malte sich aus, wie es sein würde, wenn er die großen Pinguineier in seinen Armen hielt, sie vermaß, die Farbe beschrieb, sie abzeichnete, alles über sie erfuhr, wie er vielleicht in dem Augenblick dabeisein würde, wo das Pinguinjunge seinen Kopf bei einer Temperatur von minus sechzig Grad aus dem Ei streckte und dennoch am Leben blieb.

Es war aber nicht möglich gewesen, auf Kap Crozier, einen Grad näher am Pol, anzulegen. Sie fuhren also westwärts, in den McMurdo-Sund bei Kap Evans, und fanden einen Platz für das Winterlager unterhalb des mächtigen Mount Erebus, der mit seinem aus dem Schnee aufsteigenden roten Nebel einen phantastischen Anblick bot.

Scott schreibt in sein Tagebuch: Es ist ein Vorteil, daß wir hierhergekommen sind, so können wir auch den Vulkan studieren.

In den Nächten jedoch geht er allein hinaus, starrt nach Süden und sieht, daß es in diesem Gelände schwierig, vielleicht sogar hoffnungslos sein wird, voranzukommen.

Sie waren vom Meereis aufgehalten worden und mußten es überqueren, um die Ausrüstung an Land bringen zu können. Alles ging gut. Die Ponys hatten zwar keine Kraft, aber die Männer zogen die Schlitten und waren guten Mutes. Jeder rieb sein Pony mit Heu ab, gab ihm ein Stück Brot, schob die Schlitten an, hielt die Hunde fern, damit sie nicht über die Pferde herfallen konnten, um sich einen Bissen rohes Fleisch zu holen. Der Transport ging glatt.

Auch die Motorschlitten ließen sich starten. Auf gleichmäßiger Schneebahn kamen sie langsam, mit großer Kraft voran, genauso wie im fernen Norwegen. Die Motoren liefen schnell warm. In unwegsamem Gelände mußten mehrere Männer dem Schlitten über die Unebenheiten im Eis hinweghelfen. Viele Männer, das bedeutete mehr Proviant, verlangte größere Mengen Ausrüstung, was wiederum mehr Zugkraft erforderte – und deshalb mehr Treibstoff, der auch von Männern befördert werden mußte, die Essen brauchten.

Scott hatte jetzt seinen Entschluß gefaßt. Auf der ersten Depottour nach Süden sollten die Motorschlitten im Winterquartier zurückbleiben. Anderen gegenüber verriet er keine Enttäuschung, Wilson, der einzige, mit dem er offen sprach, war zu klug, um ihn trösten zu wollen. Wenn der Hauptvorstoß zum Pol stattfinden sollte, im Frühjahr, würden sie vielleicht genug Erfahrung gewonnen haben und konnten sich die Motorschlitten zunutze machen. Unmittelbar nachdem sie auf Kap Evans an Land gegangen waren, hatte sich etwas Furchtbares ereignet.

Sibirische Hunde sind kluge Tiere. Die Pinguine kamen würdig wie ein Gefolge von Domherren auf dem Weg zu einem Mittagessen beim Bischof. Da warfen sich die Hunde in ihren Ketten vor, wurden zurückgeschleudert. Der lange Zug höflicher Theologen blieb mit einer fast unmerklichen Neigung des Kopfes stehen, die wohl Ausdruck einer Zurechtweisung wegen solch eines ungebildeten Benehmens sein sollte. Am nächsten Tag hatten die Hunde gelernt. Jetzt lagen sie an schlaffen Ketten, hungrige Wölfe mit gelber Klugheit im Blick. Wieder kamen die Vögel, sanftmütig auch heute, schwarzweiß gekleidet, mit Sinn für Humor. Aber auch sie hatten ihre Erfahrung vom vorigen Tag. Sie wußten, wie nahe sie kommen konnten, ohne daß etwas geschah. Die Hunde taten, als ob sie schliefen. Plötzlich warfen sie sich nach vorn. Im Lauf von Minuten hatten sie die Vogelschar zwischen den Zähnen zermalmt, in Stücke gerissen.

Scott sah es und konnte es nicht verhindern. Da übergab er sich.

Der Zwischenfall nahm ihm die Freude. Der Transport der Ausrüstung zum Winterlager klappte trotzdem. Die Ponys erholten sich und halfen beim Ziehen. Da brach das Eis auf, und die *Terra Nova* konnte fast ganz bis ans Land heransegeln, wo nun das Haus mit

Ketten gegen die Sturmböen befestigt war. Das erleichterte den Transport der letzten Ausrüstung an Land, bevor das Schiff wieder in See stechen und Kurs auf Neuseeland nehmen würde.

Aber zuerst sollte die *Terra Nova* entlang der Küste kreuzen und eine Gruppe Männer auf das King-Edward-VII.-Land übersetzen – wenn das möglich war. Außerdem – aber darüber schweigt Scott, das ist sein verborgenster Gedanke, er bringt ihn nicht einmal zu Papier, erwähnt ihn keinem gegenüber, auch Wilson nicht, der vielleicht in einer solchen Denkungsweise einen unmoralischen Kern finden würde – außerdem: Hat Amundsen sich in diesem Gebiet versteckt? Scott wird keine Ruhe haben, bevor er es nicht weiß.

Die *Terra Nova* ging dicht an Land und wurde an der Eiskante vertäut. Sie hatten ein Klavier an Bord. Es sollte als letztes an Land.

Unter dem roten Gipfel des Mount Erebus, in Schnee und Wind, unter den Gerüchen von Blut, Gedärmen und rohem Fleisch der zerrissenen Pinguine, setzt sich inmitten bärtiger Männer ein spielfreudiger Polfahrer mit einem schüchternen Lächeln ans Klavier. Was soll er spielen?

Beethoven?

Ja, ja!

Und »God save the King«.

Da nahmen sie die Kappen ab.

Dann verabschiedeten sie sich von den Männern, die mit dem Schiff weiterfahren sollten. Die *Terra Nova* legte ab – und lief auf Grund.

Nun steht Scott auf der Landspitze und ruft, aber keiner hört ihn. Die Männer an Bord haben begonnen, von einer Seite des Decks auf die andere zu laufen. Er versteht. Sie wollen das Schiff zum Schlingern bringen. Die Maschine arbeitet auf Hochtouren. Das Meer wird aufgewühlt. Ein Eisberg nähert sich der *Terra Nova*. Trifft er die Schiffswand, noch ehe das Schiff flott ist, wird es zu Kleinholz zermalmt, und die Männer gehen unter.

Wenn du jetzt auf die Knie sinkst, denkt Scott, ist es dann ein

Schauspiel? Bist du ehrlich oder unehrlich im Angesicht Gottes? Er weiß, daß er nicht nur das King-Edward-VII.-Land im Sinn hatte, als er sich entschloß, die *Terra Nova* nach Westen zu schicken: Er hatte auch an Amundsen gedacht.

Der Rauch wälzt sich dicht und schwarz aus dem Schornstein. Die Maschine läuft auf Hochtouren, die Männer auf Deck springen vor und zurück. Sieht es nicht so aus, als beginne die *Terra Nova* zu schlingern? Jetzt gleitet sie davon.

Da dankt er Gott.

1   Polarhunde an Deck

2   Die *Terra Nova* im Packeis

3 Die Mannschaft der *Fram*

4 Einer von Scotts Motorschlitten

5 Ponygespanne

6 Scott mit seiner Mannschaft

7 Roald Amundsen

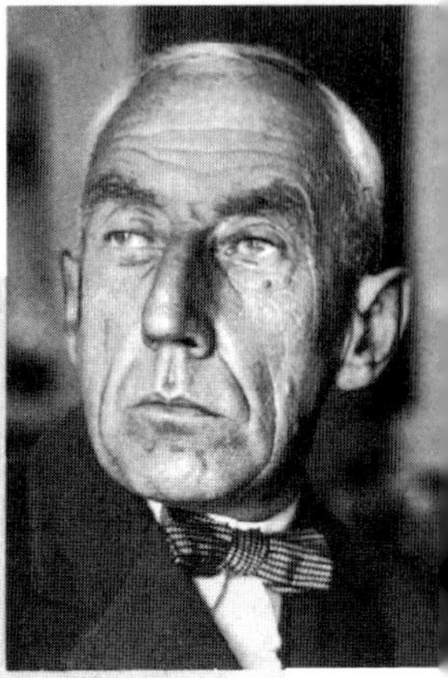

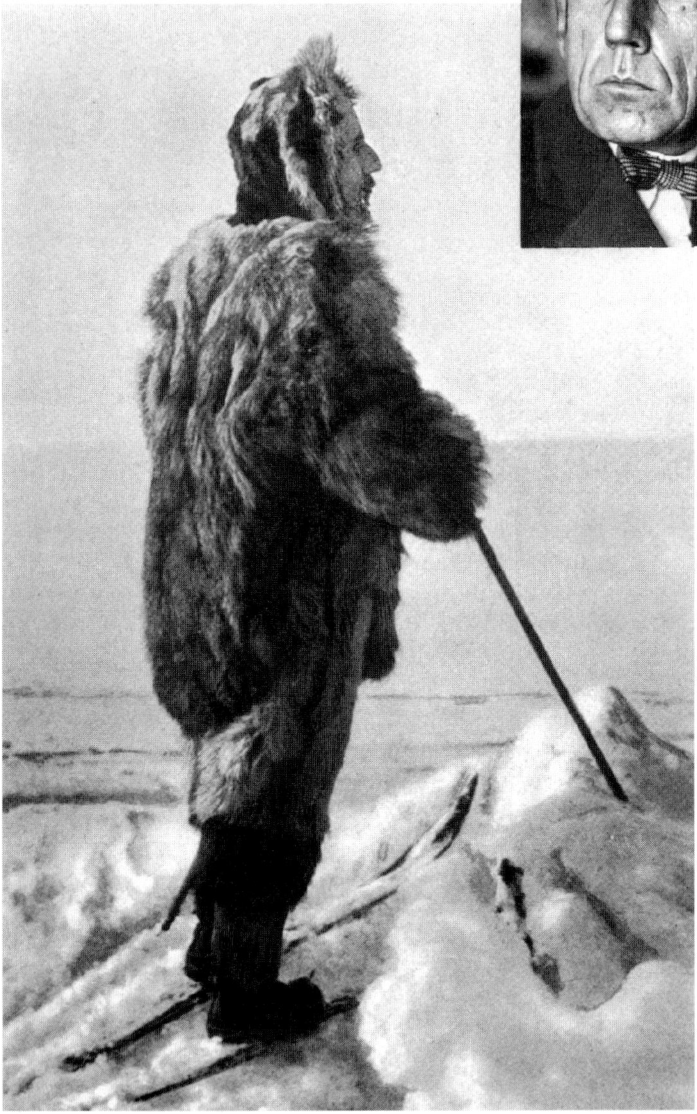

Winterlager

Vor ihnen liegt das Südpolarland, unermeßlich in seiner Ausdehnung, öde unter ewigem Eis, von sturmbewegten Meeresflächen umgeben. Kein Vogel breitet seine Flügel unter den Wolken aus, kein Baum trotzt dem Wind. Seine Winter enden niemals, und seine Sommer sind so kurz wie der letzte Atemzug eines sterbenden Menschen. Es ist ein Land mit Gebirgen, die keines Menschen Fuß jemals betreten hat, mit tiefen Tälern und Eisspalten, die keines Menschen Hand jemals vermessen hat.

Zwei Gruppen von Männern sind hier an Land gegangen. Hinter dem Leiter der einen steht das Empire, der Leiter der anderen hat seine kleine Nation nicht einmal von seinem Vorhaben unterrichtet.

Zwei Schiffe haben die Expeditionen hierhergebracht. Sie liegen Seite an Seite, dem Sturm preisgegeben, an einem Eisrand vertäut, der brechen kann, wenn Unwetter zu wüten beginnen.

Amundsen weiß, daß die Männer, die er jetzt treffen wird, meinen, er habe die Spielregeln verletzt und versuche, den Gewinn an sich zu reißen, ohne zur Teilnahme am Spiel berechtigt zu sein. Er kommt auf Schiern die Anhöhe herunter, langsam verändert sich sein Gesichtsausdruck, aus Furcht und Verbitterung wird untertänige Höflichkeit.

Er wird beobachtet. Die Männer an Bord der *Terra Nova* sehen ihn im Feldstecher und wissen, daß hier der Leiter der norwegischen

Gruppe kommt. Deshalb hat Amundsen sein Spiel bereits begonnen. Er mimt den großen Schiläufer – der er auch wirklich ist. Er hat eine überraschende, fast vernichtende Art zu lächeln, plötzlich, wie ein Blitzstrahl, gefährlich und gleichzeitig einschmeichelnd. Er weiß sehr wohl, daß sie gute Ferngläser an Bord haben. Jetzt lächelt er dem Schnee ringsum zu.

Leutnant Campbell kommt ihm entgegen, den Scott zum Leiter der Mannschaft ernannt hat, die das King-Edward-VII.-Land erforschen soll. Campbell hat in den britischen Offizierskasinos gelernt, wie man sich benimmt – das sagt viel, aber nicht alles. Er verfügt nicht über die Schitechnik seines Gegners, bewegt sich ungeschickt auf dem Schnee, als er Amundsen entgegengeht und ihn willkommen heißt.

Campbell spricht fließend Norwegisch, und das macht Roald Amundsen unsicher. Er ist stolz auf sein gutes Englisch, aber es ist eine fremde Sprache für ihn. Er muß langsamer sprechen und kann daher, sollte es notwendig werden, Zeit gewinnen, indem er Verständigungsschwierigkeiten vorschützt. Und nun trifft er auf einen Mann, der ihn auf norwegisch willkommen heißt. Amundsen hat ein Gefühl, als stolpere er beim Start. Der Händedruck ist fest und warm. Hier stehen einander zwei Gegner gegenüber, die beide ahnen, was den anderen erfüllt, von denen aber keiner seine Gefühle zeigt.

Campbell, ein schöner Mann, jung, ehrgeizig, der später eine Hofdame der Königin Maud heiraten wird, ist in voller Montur.

»Mr. Amundsen, es ist mir wirklich eine große Freude, Sie hier treffen zu können. Captain Scott hat mir die besten Grüße an Sie aufgetragen. Er sagte – es waren seine letzten Worte, bevor wir ausliefen –: ›Wenn Sie Captain Amundsen treffen, so grüßen Sie ihn von mir und wünschen Sie ihm alles Gute!‹«

»Sir, ich versichere Ihnen, daß ich keinen größeren Wunsch habe, als daß für Captain Scott und seine Leute alles gutgehen möge. Er ist ein außergewöhnlicher Mann. Ich bedauere, daß es mir nicht möglich war, ihn zu treffen, als er sich voriges Jahr in Norwegen aufhielt. Werden Sie und Ihre Offiziere die Möglichkeit haben, uns in unserem Winterlager zu besuchen?«

»Mr. Amundsen, wir kommen nur allzugern…«

Campbell und zwei seiner Offiziere kommen zum Mittagessen nach »Framheim«. Amundsen heißt sie willkommen. Er ist froh darüber, daß die Unterhaltung jetzt englisch geführt wird, denn das hat den Vorteil, daß die meisten Norweger nicht verstehen, was Amundsen sagt.

»Sir, ich weiß, daß Captain Scott sowohl Ponys als auch Hunde mit sich führt, und ich bin überzeugt, daß das der britischen Expedition zum Vorteil gereichen wird. Wie Sie wissen werden, habe ich selbst ausschließlich auf Hunde gesetzt. Würde es Sie interessieren, eines unserer Hundegespanne in Aktion zu sehen?«

»Captain, Sie erweisen meinen Männern und mir eine große Ehre…«

Helmer Hanssen, einer von Amundsens Leuten, hat schon an der Expedition zur Nordwestpassage teilgenommen. Amundsen weiß, daß Helmer einer der besten Hundefahrer der Welt ist. Zu den großen Philosophen gehört er nicht, er spuckt und flucht gern und versteht sich auf die Kunst, bei großer Kälte nasse Wollstrümpfe am Körper zu trocknen. Wenn alle Stricke reißen, kann er auch im Schnee schlafen.

Er hat aus einer Meute von über hundert erstklassigen Tieren das bestmögliche Gespann ausgewählt. Helmer ist ein durchtrainierter Schiläufer. Schnee stiebt um die Hundepfoten, der Schlitten fegt über den Schnee, der Mann läuft daneben, ein Ruf, und die Hunde drehen in einem großen Bogen nach links ab, umrunden einen Stapel gefrorenes Robbenfleisch, ein pfeifender Peitschenhieb, das Gespann bleibt stehen – dann startet es wieder.

»Ich glaube, Sir, daß meine Männer in diesem Sport tüchtig sind – sagte ich Sport? Ja, Tatsache ist, daß alle das als Sport auffassen. Und wie Sie sehen, sind sie durchtrainiert.«

Jetzt gehen sie ins Haus. Der Koch Lindström ist geschickt und hat den Ruß von den Händen gewischt, bevor die Gäste hereinkommen. Er ist kein Kellnertyp, hat aber das Hemd gewendet, das er als Schürze benutzt, und blitzschnell den Bart gestutzt, bevor er das Essen aufträgt. Es gibt Robbenfleisch.

Amundsen sagt – das ist Bestandteil seines Planes – in seinem korrekten, etwas langsamen Englisch:

»Sie wissen ja, Sir – warum es verheimlichen –, daß wir leider Konkurrenten im Kampf um den Pol sind. Meine Absicht ist es, ihn als erster zu erreichen. Captain Scotts Absicht ist es, ihn vor mir zu erreichen. Das respektiere ich. Da ich seinen noblen Charakter kenne, weiß ich, daß auch er mich voll und ganz respektiert. Nun ist es mir gelungen, unser Lager hier in der Walbucht aufzuschlagen, einige Meilen näher dem Pol als Captain Scotts Lager am McMurdo-Sund. Wie wäre es, Sir – ich wage es, diesen Gedanken auszusprechen, auch wenn er vielleicht kühn wirkt –, wenn wir gemeinsame Sache machen, ein gemeinschaftliches Winterlager hier aufschlagen und uns darüber einigen, Hand in Hand zu kämpfen, um der Wissenschaft willen – und gemeinsam den Pol erobern?«

Das ist ein so kühner Schachzug, daß der Marineoffizier einen Augenblick lang die Fassung verliert und nicht weiß, was er sagen soll. Der Saft des Robbensteaks, schwer, scharf und blutig, tropft von der Gabel. Campbell durchschaut Amundsen, läßt es sich aber nicht anmerken. Er glaube, sagt er, Scott würde ein so großmütiges Angebot dennoch abweisen, denn er habe ja schon sein eigenes Lager.

Amundsen versichert, daß das ein Standpunkt sei, den er verstehe und respektiere. Dann bietet er seinen Gästen an, sie mit einem Hundegespann zurück zur *Terra Nova* zu fahren.

Sie lehnen mit der Begründung ab, daß ein gesunder Spaziergang nach so vielen Tagen auf dem Meer guttun würde.

Amundsen nimmt eine Gegeneinladung für ein Essen auf der *Terra Nova* an. Und als es soweit ist, überlegt er sogar, ob er im dunklen Anzug und mit weißem Kragen kommen soll, vielleicht auch mit steifem Hut. Diese Garderobe hat er nämlich an Bord der *Fram* mitgebracht. Dennoch entschließt er sich, in der Kleidung des Polfahrers zu kommen.

Während des Essens auf der *Terra Nova* – das Service ist untadelig, die Weine sind erlesen, die Gerichte zahlreich – fragt Amundsen: »Sir, wie steht es mit den Motorschlitten?«

Nun hat er sich verraten – und muß es tun, das ist seine Unruhe. Er ahnt, daß Campbell es weiß. Deshalb fügt er langsam hinzu, daß Captain Scott hier ja etwas wirklich Neues versucht habe. »Das ist eine Pioniertat, in den Polargebieten Motorschlitten zu erproben. Ich hoffe nur, daß sie auch halten, was sie versprechen.«

»Ich kann Ihnen versichern, Mr. Amundsen, daß die Schlitten bis jetzt nicht nur unsere Hoffnungen und Wünsche erfüllt haben, sondern weit mehr als das! Ich glaube sagen zu dürfen, daß das gesamte Problem der Poleroberung durch sie wesentlich vereinfacht wird.«

Nun ist Krieg bei Tisch, jedes Wort bedeutet etwas anderes und mehr, als es zu bedeuten vorgibt. Campbell weiß, daß dies ein Nervenkrieg ist, er schießt mit großer Geschicklichkeit, aber Amundsen läßt sich nicht anmerken, daß er beschossen wird. Und dann fragt er einen seiner Leute, in gleichgültigem Tonfall, aber doch mit der Absicht, auf die Existenz anderer Transportmittel hinzuweisen:

»Wann kommen unsere Männer mit dem Hundegespann?«

Das Essen endet mit tiefen Verbeugungen, kräftigem Händedruck und den besten Wünschen für beide Expeditionen. Campbell denkt, daß Großzügigkeit Amundsens schlechtes Gewissen vergrößern und eine Nervenbelastung während der Überwinterung für ihn werden könnte: »Captain Amundsen, Sie wissen ja, daß die *Terra Nova* zurück nach Neuseeland soll, bevor das Meer zufriert. Es wäre eine Freude für die Besatzung des Schiffes, wenn sie Post von Ihnen und Ihren Männern mitnehmen könnte.«

Der Norweger gibt den Stich zurück: »Ich kann Ihnen nicht genug danken, Sir, aber Briefschreiben braucht Zeit, und meine Männer sind jede Stunde vollauf damit beschäftigt, vor der Fahrt zum

Pol die Ausrüstung in Ordnung zu bringen und die Hunde zu trainieren. Meinen herzlichsten Dank!«

»Captain Amundsen, ich danke Ihnen.«

»Grüßen Sie Captain Scott!«

»Grüßen Sie alle Ihre Leute!«

Dann fährt die *Terra Nova* ab. Es gilt, Scott so schnell wie möglich Bericht zu erstatten.

Amundsen geht zurück nach »Framheim«. Er ist tief beunruhigt.

Am 10. Februar 1911 startet Amundsen die erste Depotreise nach Süden: vier Leute mit drei Schlitten und achtzehn Hunden, jeder Schlitten hat ein Gewicht von dreihundert Kilo. Die Schier gleiten leicht, die Hunde keuchen vor Eifer. Auf dem Eisland kein Windstoß, kein Laut. Der Tag ist mild, nebelig, das Licht grau. Es ist, als wolle das Land sie schon am ersten Tag mit Nebel ersticken. Aber sie sehen dennoch das Dach von »Framheim« hinter sich – an manchen Stellen ist der Nebel durchsichtig, als wäre er nicht vorhanden. Sie sehen auch die Takelung der *Fram*. Wenn sie von der Depotreise zurückkommen, wird die *Fram* nicht mehr hier sein. Amundsens Plan sieht vor, daß sie im kommenden Jahr abgeholt werden, aber vorher müssen sie den Pol erreicht haben.

Plötzlich bleibt das eine Hundegespann stehen, die Hunde wenden die Schnauzen nach Norden und heulen dumpf. Auch die übrigen Hunde bleiben stehen und stimmen in das Geheul ein, das im Nebel aufsteigt, wächst und im Nebel stirbt. Das macht solchen Eindruck auf die Männer, daß keiner von ihnen es zuwege bringt, die Peitsche zu heben, um die Hunde anzutreiben. Dann zieht das erste Hundegespann an, läuft weiter, und die anderen folgen in der Spur.

Prestrud geht voran. Er ist zum Vorläufer ausersehen, weil er die Gabe hat, nicht vom richtigen Kurs abzuweichen. Dies hier ist jungfräuliches Land, noch nie hat ein Mann es betreten. Es gibt keinen Markstein, nichts. Hier kann man im Kreis gehen oder abweichen. Die Spur, die man hinterläßt, ist wie eine Ader in der Haut.

Prestrud geht also voran, und der Mann hinter ihm berechnet den Kurs mit dem Kompaß. Prestrud hält ihn ein, als richte er sich nach einem auf dem Boden liegenden Lineal.

Der Nebel läßt die Unebenheiten im Gelände kaum erkennen. Plötzlich steht ein Eishügel vor dir, wie ein Mensch auf der Lauer – ein verrückter Mann an einer Hausecke, du kommst im Nebel nach Hause, und da steht der Narr und lacht. Du wagst ihn nicht anzusehen. Du gehst um ihn herum. Da fällt das Gelände plötzlich ab. Die Schier kommen in Fahrt, du hast es nicht geahnt, du stürzt. Ein Gedanke durchzuckt dich: Sind Spalten hier?

Ja, das Südpolarland ist von tiefen Spalten durchfurcht, aber gerade hier wirkt das Eis fest. So wird das Ganze zu einem Vabanquespiel.

Sie gehen weiter in den Nebel hinein, Helmer Hanssen hinter Prestrud. Helmer kann die Hunde durch Zuruf lenken. Er wirft einen Blick auf den Kompaß, sagt zu Prestrud: »Etwas mehr nach links …!« Und fast unmerklich berichtigt der Vorläufer den Kurs.

Hinter Helmer kommt Hjalmar Johansen, der zäheste im Gefolge und der tüchtigste. Er hat Nansen begleitet. Seine Gelassenheit überdeckt eine tiefe Unruhe. Eines Tages wird sie ausbrechen. Auch er hat einen Kompaß, kontrolliert den Kurs des Vordermanns.

Als letzter kommt Amundsen. Er sammelt ein, was die anderen eventuell verlieren, und das ist wichtig. Aber der eigentliche Grund ist ein anderer: Ganz hinten wird er nicht gesehen, hier fühlt er sich am freiesten, hier muß er nicht die Rolle des großen Führers spielen.

Motorschlitten? Hier in diesem Gelände sollen sie vorankommen können? Einerseits wünscht er sich leichtes Gelände bis zum Pol, da laufen die Hunde am schnellsten. Anderseits: Je schwieriger das Gelände ist, um so schlimmer wird es für die Motorschlitten sein.

Amundsen lenkt die Hunde genauso geschickt wie die anderen, bringt aber nicht die gleiche Ruhe auf. Er hat die Peitsche rascher zur Hand, brüllt vor Wut, geht mit dem Peitschenstiel auf die Meute los, wo die beiden Vordermänner mit ein paar scharfen Worten Ordnung schaffen.

Das Takelwerk des Schiffes hinter ihnen ist verschwunden. Prestrud wird müde, das Instrument im Gehirn funktioniert nicht mehr so gut wie am Anfang des Marsches. Immer öfter gibt es Zurufe. Zuerst freundliche – »Etwas nach links jetzt!« –, später schärfere, die unausgesprochene Beschuldigungen enthalten: »Bist du blöd? Nach rechts, hab ich gesagt!« Ja, nach rechts, aber alles ist weiß, alles ist grau, keine Spur, der Tag neigt sich, der Körper verlangt sein Recht.

Da schlagen sie das Lager auf. Ein Zelt wird aufgestellt. Die Hunde bekommen Stockfisch, legen sich mit heraushängenden Zungen in den Schnee. Die Männer kriechen ins Zelt. Der Petroleumkocher wärmt. Sie haben einen Segeltuchboden und einen Schlafsack zwischen sich und dem Schnee. Aber die Körper sind schweißnaß, die Unterwäsche ist feucht und muß erst am Körper trocknen. Die Männer kriechen in die Schlafsäcke, schnüren die Öffnung zu, atmen langsam und tief, um mit dem Atem Wärme zu erzeugen und den Schweiß zu trocknen. Allmählich fühlen sie sich wohler, aber dann kriecht Kälte in den Schlafsack, langsam, unaufhaltsam, und ruft ihnen ins Gedächtnis, daß sie auf Eis liegen.

In einem auf Schnee errichteten Zelt kann keiner durchschlafen. Die Männer drehen sich um, erwachen, dösen, hören die anderen schnarchen, schlafen wieder ein.

Dann ist es Morgen. Das ist der schwierigste Augenblick. Du liegst im Sack, mürrisch und unausgeschlafen, hast es dort aber eigentlich ganz gut. Du sollst hinaus in Nebel und Kälte, vieles von dem, was du tust, muß ohne Fausthandschuhe gemacht werden. Schau, daß du hinauskommst! Eine halbe Stunde wird es dauern, bis der Schnee im Kessel schmilzt. Eine weitere halbe Stunde, bis du Tee bekommst. Die Hunde kläffen, du hörst, daß eine Balgerei zwischen ihnen im Gang ist. Auf und hinaus! Aber im Sack hast du es besser.

Wenn du doch allein hier wärst, wenn du jetzt allein sein könntest! Die anderen sind ständig im Weg, haben die Pfoten in deinen Sachen, steigen auf deinen Sack, wenn du herauskrabbeln willst.

Einer hat den Petroleumkocher umgeworfen.

Du warst es nicht.

Petroleum ist herausgesickert. Es stinkt.

Du fluchst, und er hört dich, knurrt, also hat er es getan, aber er gibt es nicht zu, er ist also doch ein Dreckskerl.

Das hast du dir gedacht. Er ist ein Dreckskerl.

Aber sag es nicht, noch nicht.

Jetzt sind alle wach.

Dann kommt der Pemmikan*, ein Stück Schokolade, ein wenig Seehundfleisch, eine Tasse Tee. Alles wird besser.

Nebel auch an diesem Tag, Nebel jeden Tag. Aber das Gelände bietet keine Schwierigkeiten, die Schlitten halten das Tempo. Die Hunde leisten gute Arbeit, alles läuft nach Plan. Sie fahren durch Land, das noch kein Mensch vorher gesehen hat. Aber auch sie sehen nicht viel davon, denn ringsum liegt der Nebel wie ein graues Tuch.

Sie erreichen den 80. Breitengrad und legen dort das erste Depot an.

Die Heimreise geht schnell vor sich, teilweise können sie ihren eigenen Spuren folgen. Sie haben den Weg mit Stangen und Stockfisch markiert. Es ist ein Gefühl, als gehöre ihnen dieses Land.

Die Männer haben einander auch besser kennengelernt. Aber das kann gefährlich sein. Sie wissen jetzt: Kannst du schweigen, geht alles besser.

Am letzten Tag legen sie fünfzehn Kilometer ohne Aufenthalt zurück, die Schlitten sind leer, sie hoffen, daß die *Fram* noch nicht abgelegt hat. Aber als sie die Walbucht unter sich liegen sehen – jetzt wird es klar, die Sonne geht auf –, ist die *Fram* verschwunden.

Sie fahren hinunter nach »Framheim«. Das ist jetzt ihr Zuhause.

---

* Indianisch; haltbarer Dauerproviant aus getrocknetem Fleisch und Fett.

In »Framheim« beginnt wieder die Diskussion um die Ausrüstung: Da sind als erstes die Nasenschützer. Zwei Mann treten für Nasenschützer bei großer Kälte ein. Sie bringen es fertig, auch ein drittes Mitglied der Expedition zu ihrer Ansicht zu bekehren. Hjalmar Johansen behauptet, daß er auf seiner Fahrt mit Fridtjof Nansen niemals Nasenschützer verwendet habe. Die drei von der Nasenpartei können sich nicht über die Form der Nasenschützer einigen und auch nicht darüber, aus welchem Material sie gemacht werden müssen. Der eine – und eifrigste – behauptet, daß ein Nasenschützer aus Seehundfell genäht, mit Wolle gefüttert und außerdem so konstruiert sein soll, daß er in eine Ohrenklappe hineingeschoben werden kann, um dann mit einem Griff leicht wieder hervorgeholt werden zu können. Die beiden anderen meinen, daß ein Nasenschützer aus einem ganz leichten Stoff gemacht werden soll, vielleicht aus Baumwolle, aber so gefaltet, daß der Schützer sich um das Nasenbein legt.

Dann die Stiefel: Amundsen hatte Bescheid gegeben, daß alle ein Paar dicke Stiefel auf die Fahrt nach Süden mitnehmen sollten. Was sie im übrigen an weichem Schuhwerk mitführten, blieb jedem einzelnen überlassen. Aber es zeigt sich, daß die Stiefel nicht groß genug sein können. In diesem Punkt sind alle einig. Jeder einzelne Stiefel auf »Framheim« wird auseinandergeschnitten. Das ist eine Arbeit, die über das Schicksal der Expedition entscheiden kann. Wenn es den Männern nicht gelingt, die Schuhe ordentlich zusammenzunähen, müssen sie den Pol mit ungeeignetem, kaputtem Schuhwerk zu erreichen versuchen. Vorher hatten die Stiefel die Form von Langschlitten gehabt, jetzt werden sie solide ausgebaut, verlängert und verbreitert, sie haben das Aussehen einer Flotte von Leichtern, die in einem Kanal auf ihren Einsatz warten. Jeder Mann soll in seinen Stiefeln Platz für zwei Paar lose Sohlen und sechs Paar dicke Wollstrümpfe haben. Es funktioniert. Die Stiefel werden sogar schön, auf ihre Art.

Und zuletzt die Hosenträger: Amundsen führt seine eigenen Hosenträger vor und erinnert an die Erfahrungen der Depottour. Im

Zelt ist es eng: die Träger müssen leicht an- und abgelegt werden können. Noch wichtiger ist, daß sie nicht über die Schultern rutschen. Und vor allem: sie dürfen nicht drücken. An einer Druckstelle treten am leichtesten Erfrierungen auf. Aber können die Hosenträger an ihrem Platz bleiben, ohne zu drücken? Das ist ein weiterer Aspekt des Problems. Sie sollen auch – das ist nicht ohne Interesse – so beschaffen sein, daß sie die Hosen oben halten. Hin und wieder aber müssen die Hosen hinunter, bei Schneesturm und vierzig Minusgraden, die Hosen müssen hinunter. Dabei kann man keine Fausthandschuhe tragen, deshalb muß der Schließmechanismus perfekt funktionieren. Ob er aus Splinten oder Nadeln besteht, ist gleichgültig, nur Klammern dürfen es nicht sein. Auf eine Klammer kann man sich nicht verlassen, die kann man bei Kälte nicht reparieren.

Sie sind startbereit für die nächste Depottour.

Das Ziel der nächsten Depottour ist der 82. Breitengrad. Sie sind jetzt acht Mann mit sieben Schlitten und fünfundvierzig Hunden – eine Völkerwanderung durch die Eisöde.

Bald kommt ein Sturm auf. Aber sie können seiner Herr werden, wenn sie alle Kräfte einsetzen, das Kinn auf die Brust gedrückt, böse Worte zu den Hunden, in einem weißen Rauch, halb von der Seite, einem Wind, der die Haut wie eine Messerschneide ritzt. Schlimmer wird es, wenn zu diesem Sturm noch Kälte hinzukommt – und diese erwartet sie von der Barriere landeinwärts. Die Fachleute waren bis jetzt der Ansicht, daß es bei starkem Wind hier unten keine große Kälte gebe und umgekehrt. Das hat sich als unrichtig herausgestellt.

Der Wind kommt in voller Stärke, und die Kälte nimmt zu. Das Geheul der Hunde fror gleichsam ein, als sie am ersten Abend das Lager aufschlugen und die Fausthandschuhe ausziehen mußten, um mit der Feineinstellung der Instrumente und den Nadeln in den Hosenträgern hantieren zu können.

Amundsen weiß, daß er den Proviant für die Leute und die Hunde draußen haben muß, bevor der Winter kommt. Wenn ihm das nicht gelingt, kann er im Frühjahr nicht aufbrechen, um den Pol vor Scott zu erreichen. Deshalb will er diesen großen Versuch riskieren, koste es, was es wolle.

Schon am nächsten Tag gibt es Schwierigkeiten mit den Hunden. Das ist kein Spaß. Auf der letzten Tour waren sie mühelos gelaufen, aber da war es auch nicht so kalt gewesen. Einen Zoll tief unter der leichten Pulverschneeschicht, die gut trägt, gibt es eine scharfe Kruste, die zwar einem Mann mit Stiefeln nichts anhaben kann, aber die Hundepfoten aufschneidet. Die Hunde heulen nicht, jammern nicht, aber wenn man sich über die Pfote beugt, um nachzusehen, wird man zum Dank gebissen.

In Amundsens Gespann beginnen ein paar Tiere zu hinken. Das verheißt nichts Gutes. Sie haben eine große Strecke Wegs vor sich.

Am nächsten Tag herrscht feines, scharfes Schneetreiben, es dringt so tief in das Hundefell ein, daß die Tiere völlig durchnäßt sind, wenn der Schnee infolge der Körperwärme schmilzt. Es hat jetzt minus dreiundvierzig Grad. Der Schnee findet seinen Weg in die Kleider der Männer, in die Fausthandschuhe, hinter die Verbrämung der Pelzmütze, dringt durch eine Naht, die eigentlich undurchlässig sein sollte. Es wird noch kälter: minus fünfundvierzig Grad.

Bei dieser Kälte arbeiten die Lungen, Herz und Puls schwerer, die Muskeln bekommen nicht die nötige Menge Sauerstoff. Die Männer müssen immer öfter anhalten, dem Wind den Rücken kehren. Jedes Rufen strengt so an, als habe man einen Sack auf den Nacken geladen und trage ihn einen Hügel hinauf. Die Hunde wollen sich hinlegen. Nun heißt es, jedes Gefühl der Milde zu ersticken. Das gilt für alle hier, nicht zuletzt für Olav Bjaaland, den schweigsamen Bauernburschen aus Telemark.

Der Hofhund hat gewedelt, wenn du gekommen bist. Es war deine Morgenandacht, auf der Stiege zu stehen und ihn mit der Schuhspitze am Hals zu kratzen, lachend und auf einem Bein balancierend.

Die Sonne lag über dem Gebirge, du warst jung und froh, der beste Schiläufer der Welt. Und der Hund sprang an dir hoch.

Du, ein Weltmeister, sollst dich jetzt auf den Schiern bei Sturm und minus fünfundvierzig Grad vorwärtskämpfen. Die Hunde legen sich hin und wollen nicht mehr. Du hast eine Peitsche, gebrauche sie. Alles in dir wehrt sich dagegen. Du zwingst einen Hund, zwei, drei, aber der Leithund will nicht. Du begreifst, daß du den falschen Leithund gewählt hast. Aber wer kann jetzt tauschen? Gebrauche die Peitsche.

Da wirst du ein anderer Mann, ein anderes Ich wächst in dir. Wahrscheinlich hat es schon auf der Lauer gelegen, du hast es nur nicht gewußt. Schlag, bis das Hundehaar losgerissen wird und im Wind verweht. Erstarrt etwas Nasses auf deiner Wange? Niemand sieht es.

Hier liegt Amundsens Stärke. Er versteht sich auf die Kunst, einen Hund vorwärtszuprügeln. Sein Gespann ist das schwächste. Er fährt als letzter. Immer wieder wird der Abstand zwischen ihm und den anderen so groß, daß diese warten müssen. Vielleicht sind seine Hunde die erbärmlichsten, weil er nicht mehr die Fähigkeit besitzt, einem Hund über die Schnauze zu streichen, ihm den Pelz zu kraulen, mit ihm gleichzeitig streng und gut Freund zu sein. Er ist stark und unbeugsam – der Mann, der ein Tiergespann im Sturm vorwärtsjagt. Aber er sagt später – und wir glauben ihm –, daß es ein Gefühl war, als peitsche er sein eigenes Blut. Als er ein Jahr danach über die Fahrt berichtet, tut er das mit wunden Worten, in einem Stil, der sonst ohne Wärme ist. Vielleicht ist das eine der Erklärungen dafür, daß er mit den Jahren härter wird, bitterer, daß er die feineren Töne, die in ihm waren, verliert. Minus siebenundvierzig Grad. Sie kriechen ins Zelt. Die Hunde lassen sich einschneien. Sie haben ein paar Stockfische auseinandergerissen, fressen ein wenig Schnee, die kalte Flüssigkeit rinnt in einen durchnäßten Körper. Der Sturm breitet eine Decke über sie.

Aber im Zelt steigt das Thermometer: minus fünfundzwanzig

Grad, minus fünfzehn Grad. Das erscheint den Männern fast warm. Aber der Schweiß soll auf dem Körper trocknen, und die Finger werden auch jetzt steif. Der Petroleumkocher siedet. Ein Stiefel fällt darauf. Der Apparat stürzt um und erlischt. Neuerliches Anzünden. Neuer Schnee, neuerliche Wartezeit. Die Männer wenden die Gesichter voneinander ab, um dem Nebenmann nicht an die Gurgel zu springen, ihm die Adern mit Raubtierzähnen zu durchtrennen, die weiß in der Dunkelheit leuchten.

Endlich warmer Tee. Endlich Essen. Ein Stück Schokolade. Da schwindet das Böse, wird von etwas anderem, Milderem, abgelöst. Da streift Amundsen das böse Gesicht ab und legt das frohe an. Er führt Tagebuch. Die Beobachtungen werden mit peinlicher Genauigkeit notiert. Er hält das Gespräch mit den Männern in Gang, bringt es fertig, alle zu loben, ohne jemanden zu verletzen, hat auch Humor – das wundert manche –, ist Freund unter Freunden, ohne die Führung aus der Hand zu geben.

Dann gilt es hinauszugehen, bevor man sich schlafen legt. Der Körper verlangt sein Recht. Ein mürrisches Wort, ein tiefer Seufzer, eine verbitterte Miene würden die Operation bei minus fünfundvierzig Grad zu einer Qual machen. Erledige es mit einem Witz, einem frivolen womöglich, laß das Lachen über dich hinwegspülen.

Schlafen bei einer Temperatur von ungefähr minus fünf Grad. Der Menschenatem erwärmt das Zelt. Der Sturm läßt im Lauf der Nacht nach. Am nächsten Tag zeigt das Thermometer nur noch minus fünfunddreißig Grad. Eine Kruste aus hartgefrorenem Treibschnee hat sich gebildet, sie trägt die Hunde, läßt Männer und Schlitten aber einsinken.

Sie kommen aus dem Takt. Die dreihundert Kilo schweren Fuhren schneiden wiederholt mit einer Kufe durch, während die andere obenauf bleibt. Da muß der Mann anheben, während er die Hunde anbrüllt, er kann nicht gleichzeitig heben und schlagen. Andere müssen mithelfen. Der ganze Zug bleibt stehen. Es bestätigt sich jetzt, was sie immer schon ahnten: Hjalmar Johansen ist der stärkste.

110

Er ist schweigsam, stark und tüchtig, er ist neben Amundsen der einzige, der das Zeug zu einem Anführer hat.

Die Barriere ist jetzt flach, steigt langsam an. Sturmböen jagen dahin, Nebel ballt sich, und Weiße, Weiße an allen Horizonten.

Keine Spalte.

Da brechen drei Hunde ein.

Sie bleiben im Geschirr hängen und heulen. Die Hunde hinter ihnen stemmen die Pfoten in den Schnee und halten die drei Gefährten oben. Aber der Schnee hier hat eine glatte Oberfläche, und die Hundepfoten rutschen langsam auf die Spalte zu. Da kommt Johansen, packt die Hunde mit einem mächtigen Griff und zieht sie hoch. Eine kleine Schneeplatte hat sich unter seinen Füßen gelockert, an der Stelle, wo er soeben noch gestanden hat. Sie rast hinunter in die Ewigkeit.

Prestrud, der auch auf dieser Tour Vorläufer ist, bindet ein Seil um seine Mitte, das am ersten Hundegespann befestigt wird. Aber das Seil behindert ihn und hält ihn auf. Die Hunde beginnen sofort am Seil zu knabbern. Sie sind hungrig und beißen es durch. Das Seil muß zusammengeknüpft werden. Schimpfen und Fluchen – auch der Vorläufer, der vor Müdigkeit und dichtem Schneetreiben nicht imstande ist, den richtigen Kurs einzuhalten, wird angeschnauzt. Wenn er abschwenkt, können die Hunde an das Seil herankommen, und es muß immer wieder zusammengeknüpft werden, mit bloßen Händen. Es hat minus vierzig Grad.

Sie erreichen den 81. Breitengrad und legen ein Depot an. Von hier aus sollen Bjaaland, Hassel und Stubberud zurück, während die anderen weiter zum 82. Breitengrad gehen. Das ist Bestandteil eines genau ausgeklügelten Plans – weniger Leute so weit in den Süden, das bedeutet geringeren Verbrauch an Nahrung für Männer und Hunde. Die Aufteilung des Gefolges stellt kein geringes Risiko dar, kann aber auch Vorteile bringen. Die Spuren der ersten, die heimkehren, können für die nachfolgenden von Nutzen sein, wenn nicht Sturm und Niederschläge alle Fährten verwischen.

Auch die Hundegespanne müssen geteilt werden. Das ist keine einfache Aufgabe. Wer weiter muß, bekommt die besten Hunde. Es läßt sich nicht leugnen, daß damit die Lebensgefahr für diejenigen erhöht wird, die als erste zurückkehren. Das wissen alle. Nur einer kann diese Aufteilung vornehmen, einer, der beinhart ist und nach einem kalten Nützlichkeitsprinzip urteilt. In solchen Augenblicken wirkt er hochmütig. Dann nehmen sie Abschied.

Fünf Männer ziehen weiter nach Süden.

Sie sollen mit Seehundfleisch, Pemmikan und einigen Fäßchen Petroleum zum 82. Breitengrad. Sie schaffen es, beinahe. Der erste Hund stürzt, muß getötet werden. Sein Körper wird auf die Fuhre geworfen. Am Abend ist er steifgefroren. Da zerhackt Wisting ihn mit Haut und Haar, schleudert die Bissen den übrigen Hunden hin.

Jetzt hat die Kälte auch an den Männern zu zehren begonnen. Ihre Körperkräfte lassen nach, sie haben nicht mehr die gleiche Widerstandskraft wie am Anfang, haben nicht die Geduld, zu warten, bis das Teewasser kocht. Sie trinken den Tee lauwarm, verschütten ihn, weil ihre Hände zittern. Sie sitzen in den Schlafsäcken und wissen, daß sie eine lange Nacht hindurch frieren und nicht wirklich schlafen werden.

Da sagt Hjalmar Johansen: »Nansen und ich haben den Schlafsack miteinander geteilt.«

Plötzlich ist er unter ihnen, der Riese aus der Heimat. Zwei Männer in einem Schlafsack, das bedeutet mehr Wärme, Freundschaft, Nähe, stellt aber auch größere Anforderungen. Wenn der eine sich umdreht, weckt er da nicht den anderen? Aber die Wärme, die Wärme!

Johansen sagt: »Wir haben auf diese Weise überlebt.«

»Zwei Mann in einem Sack, das wird nur wenigen recht sein.«

»Nur wenigen?«

»Nicht alle werden Gefallen daran finden, zusammen zu schlafen.«

»Gefallen daran finden, zusammen zu schlafen?«

Draußen heult der Sturm, im Zelt herrscht Totenstille.

Johansen holt den Tabak hervor, zündet seine Pfeife an. Sie sehen, daß seine Hände ein wenig zittern, das kann aber auch von der Kälte kommen.

»Du meinst, daß wir Gefallen daran gefunden haben –?«

Er verbessert sich, wird schärfer, tarnt sich mit einer Höflichkeit, die auch Kälte enthält: »Der Herr Kapitän meint, daß Nansen und ich Gefallen daran fanden?«

Amundsen zeigt nun seine Begabung für die Führerschaft: Er schweigt.

Aber in den schweren, kalten Tagen, die folgen, beschäftigt der Doppelschlafsack ihre Gedanken.

Sie erreichen den 82. Breitengrad und legen dort ein Depot an. Amundsens Hunde sind erschöpft. Ein paar von ihnen müssen auf den Schlitten der anderen sitzen, als sie zurückkehren. Aber die Hunde fallen von den Schlitten herunter und sterben vor Kälte. Als Wisting einen der Kadaver zerteilt, sieht er, daß die Brust des Hundes an der Stelle, wo der Gurt des Geschirrs gelaufen war, vereitert ist. Wisting vergräbt den Kadaver, damit sich die anderen Hunde nicht anstecken. In der Nacht werden die Männer von Gekläff geweckt. Die Hunde haben den Kadaver gefunden und kämpfen darum, verschlingen ihn.

Aber sie erreichen »Framheim«, so wie jene drei, die zuerst umkehrten.

Die Depots sind nun an Ort und Stelle.

Der Winter kann kommen.

SCOTT

Einer der Motorschlitten steht noch, in Persenning verpackt, auf Meereis im stark der Witterung ausgesetzten McMurdo-Sund. Bis zum Festland sind es etliche Kilometer. Der Schlitten ist sperrig wie ein kleines Schiff, ringsum stehen Kisten mit Ersatzteilen und Hunderte Fässer Öl und Petroleum. Er soll zum Winterquartier gefahren werden.

Der Motor wird angelassen, heftiges Knattern kündet davon, daß eine neue Zeit über das Südpolarland hereingebrochen ist. Eine Abordnung Pinguine kommt über das Eis, angelockt vom ungewohnten Lärm. Abgase erfüllen die Luft, ein eifriger junger Mann winkt mit seiner Kopfbedeckung.

Da bricht ein Mann mit einem Fuß durch das Eis.

Der Schlitten sinkt langsam, dann neigt er sich zur Seite und überschlägt sich.

Zwanzig Mann mit Tauen, Seeleute, die sich darauf verstehen, ein Tauende blitzschnell zu befestigen, pressen den Schlitten Zoll um Zoll nach oben, bis er wieder steht.

Scott kommt, der Motor wird von neuem gestartet. Da sinkt der Schlitten. Eine Stimme brüllt: »Macht, daß ihr wegkommt!« Die Männer rennen. Im selben Augenblick richtet sich der Schlitten auf und geht mit dem Heck voran unter. Einen Augenblick lang ragt er wie eine dunkle Hand aus dem Meer empor, bevor er sinkt und für immer entschwindet.

Die drei Motorschlitten der Expedition haben Hunderttausende Pfund gekostet. Jetzt sind nur noch zwei vorhanden. Und Amundsen verbringt schlaflose Nächte wegen der Motorschlitten...

Scott hat das Winterquartier fünfundzwanzig Kilometer von Hut Point entfernt aufgeschlagen, dem Lager der *Discovery*-Expedition. Am 24. Januar 1911 bricht er zu seiner ersten Depottour nach Süden auf. Das Gefolge besteht aus elf Mann, acht Ponys und sechsundzwanzig Hunden. Einige Männer sind Schiläufer.

Die Engländer hatten schon früher Hunde wie auch Ponys als Zugtiere in den Polargebieten erprobt, aber jetzt sollte sich zeigen, daß der gleichzeitige Einsatz beider besondere Schwierigkeiten mit sich brachte. Den Hunden konnte es einfallen, auszuscheren, um einen Bissen Fleisch aus einem Pferdeschenkel herauszureißen. Deshalb mußte ein bestimmter Abstand zwischen Hund und Pferd eingehalten werden. Es stellte sich noch etwas anderes heraus: Ein Hundeführer konnte neben dem Schlitten auf Schiern laufen, ein Ponyführer hingegen mußte das Pony am Halfter halten und kam dadurch aus dem Takt, war also bald genötigt, die Schier abzuschnallen und im Schnee zu waten.

Das erste Stück Weges nach Süden führt über Meereis, von einer Landspitze zur anderen. Entlang der Geröllhalden im Inneren des Landes vorwärtszukommen ist praktisch unmöglich. Der Schnee auf dem Meereis ist mit Salz vermischt. Die Schneebahn ist zäh, das Eis nicht ganz sicher. Der Anblick des sinkenden Schlittens haftet noch auf der Netzhaut. Sie jagen Hunde und Pferde vorwärts. Die Männer triefen von Schweiß. Die Schlitten sind schwer beladen. Im Westen ist der Mount Erebus zu sehen. Der Vulkan ragt aus dem Nebelmeer und hißt eine Feuerflagge. Es ist, als brenne der Nebel.

Sie kommen unversehrt über das Meereis. Das erste Lager auf festem Grund nennen sie »Sicherheit«. Die Zelte werden aufgeschlagen. Alles ist militärisch geordnet und unter Kontrolle. Die Offiziere haben ihre Ränge, die Mannschaft sucht sich ihren Platz. Aber die Kälte zwingt die Männer in dasselbe Zelt, das ist für die Offiziere ungewohnt. Sie befürchten, daß das einen ungünstigen Einfluß auf die Disziplin haben könnte. Aber für die Mannschaft ist es noch schlimmer. Die Männer wagen nicht, ohne Erlaubnis zu reden, und müssen sich daran gewöhnen, in engem körperlichem Kontakt mit den Offizieren zu leben. Alle schlafen in der Kälte unruhig. Aber das Essen verwischt die Standesunterschiede. Das helle Lächeln Scotts liegt wie ein Sonnenstrahl über dem Zelt.

Der Multimillionär Lawrence Oates, Hauptmann der Indischen Armee, ist einer der Teilnehmer an der Depottour. Er hat Geld für die Expedition zur Verfügung gestellt. Man sagt Scott nach, daß er etwas zu großzügig war, wenn es um Geldgeber ging, die sich in das Team einkaufen wollten. Aber Oates füllt seinen Platz aus wie nur wenige – oder wie kein anderer. Er ist mit Pferden aufgewachsen, sie waren seine Leidenschaft und seine Wissenschaft, er hat die Ponys rund um die Welt bis hierher begleitet.

Wollen die Männer den Pol für England bezwingen, dann müssen sie möglichst viele der Ponys retten, die sie mithaben. Oates ist den ganzen Tag bei ihnen, studiert ihren Gang, den Winkel ihrer Nacken, notiert, daß Eiszapfen an ihren Mäulern hängen. Das bedeutet, daß die Körperwärme nicht ausreicht, um das Eis aufzutauen. Nachts wird eine Mauer aus Schneeblöcken rund um die Ponys gebaut. Dort lehnen sie sich an. Die Hunde lassen sich einschneien. Sie kommen aus ihren Höhlen heraus und dampfen vor Wärme. Die Ponys dagegen erstarren vor Kälte.

Eines Tages sieht Oates, daß einige Ponys die Nahrungsaufnahme verweigern. Er weiß, was das bedeutet: sie sind nahe am Zusammenbrechen. Sie sinken mit den Hufen zu tief ein, aber schlimmer ist es, daß der Schnee durch das dichte Fell bis zur nackten Haut dringt und dort auftaut.

Es wird eine schwere Reise. Bald ist Scott gezwungen, abzuwägen, was wichtiger ist: möglichst viele Ponys zu retten oder das Depot möglichst weit in den Süden zu verlegen.

Das schwächste der Pferde hat den Namen »Müder Willy« bekommen. Durch ein Mißgeschick muß es den schwersten Schlitten ziehen. Der bleibt jetzt zurück. Daneben läuft ein junger, starker Norweger: Tryggve Gran. Es zeigt sich bald, daß Willys Schwäche zur Schwäche der ganzen Mannschaft wird.

Sie haben das Lager aufgeschlagen. Ein Schneesturm bricht aus. Der Mount Erebus mit seinem Feuertuch, jede Steigung und jedes Gefälle im Gelände verschwinden. Die Hunde werden eingeschneit. Die Ponys stehen hinter einer Schneemauer, ihre Rücken sind von einer dicken Schneeschicht bedeckt. Sie frieren und leiden, lehnen teilnahmslos an der Schneewand.

Die Männer kriechen im größten Zelt zusammen. Einem starken Willen ist es möglich, sich einzubilden, daß die Welt nur hier herinnen existiert. Ein millimeterdünnes, aber dichtes Tuch, von Stangen gehalten, die ins Eis geschlagen sind, sperrt den Sturm aus. Elf Mann atmen, die Temperatur steigt auf Null. Tee macht die Runde und läßt das Dasein ein wenig leichter erscheinen. Von Zeit zu Zeit kriecht Oates hinaus, kommt wieder herein, mit ihm Kälte und Wind. Er sagt: »Sie leben noch.«

Der Sturm wütet nun schon den dritten Tag. Es ist ihnen, als ginge das Empire unter. Scott erwägt, laut das Vaterunser zu beten. Aber sie sitzen zu dicht beisammen, das hebt alle schützende Distanz auf. Sie können einander ins Gesicht sehen, den Atem des anderen spüren. Ihre Augen irren umher. Eine Sturmbö schüttelt das Zelt. Ein Mann springt auf, trampelt auf einen anderen, stößt an die Zeltleinwand, einen Augenblick lang ist es, als stürze alles ein. Scott läßt von seinem Vorhaben ab.

Wollte der Allmächtige in dieser Nacht zeigen, daß Er stärker als Seine eigenen Worte war? Dieses Problem quält den grübelnden Scott, als er in seinen Schlafsack kriecht und zu schlafen versucht.

Wo ist Amundsen heute nacht?

Scott weiß noch nicht, daß Campbell ihn in der Walbucht getroffen hat.

Endlich legt sich der Sturm.

Da wird der Müde Willy von den Hunden überfallen. Sie haben während des Sturms geschlafen und sind in besserer Form als vorher. Der Müde Willy ist müder als je zuvor. Er ist zusammengebrochen und sieht die Gefahr nicht. Eine Koppel Hunde hat sich losgerissen. Geifernd vor Gier nach Fleisch, werfen sie sich plötzlich über Willy. Er schlägt wild aus, trifft den einen Hund, verfehlt den anderen, einer hat sich am Bauch des Pferdes festgebissen. Willy legt sich flach hin. Er will den Hund gegen das Eis pressen, und beinahe gelingt ihm das auch, aber da kann er nicht nach hinten ausschlagen.

Männer schreien und werfen sich über die Hunde. Eine Stimme brüllt: »Schlagt die Schweine aufs Maul!« Das tun sie, mit Eisenstangen. Die Hunde weichen zurück, kommen wieder, zerfetzen Fellhosen, wälzen sich im Schnee, Pferdeblut an den Schnauzen.

Sie werden zurückgetrieben.

Willy lebt noch. Aber jetzt sollte man ihm den Gnadentod gönnen.

Sie ziehen weiter nach Süden. Scott will das Äußerste wagen, um den 80. Breitengrad zu erreichen und dort das Depot anzulegen. Eine Tonne Lebensmittel und Ausrüstung sollen für die Reise zum Pol im nächsten Sommer gelagert werden.

Aber sie erreichen den 80. Breitengrad nicht. Sie könnten es, wenn sie Willy opfern. Oates meint, wenn sie das Tier noch einen Tag länger nach Süden treiben, könnten sie es schaffen – und dann Willy schlachten. Aber nun ist Scott dagegen. Er hat sich darauf festgelegt, daß es wichtiger ist, Willy lebend zum Winterquartier zurückzubringen, weil sie im Frühjahr jedes einzelne Pony brauchen werden, wenn der Marsch zum Pol beginnt.

Hier steht Mann gegen Mann. Das ist das erste und einzige Mal, daß Oates sich gegen Scott auflehnt. Beide lieben Tiere. Aber es handelt sich um mehr als nur um ein Tier. Es ist eine taktische Wertung. Oates gibt nicht nach. Er weiß, daß er recht hat: Willy wird das Frühjahr nicht erleben. Oates läßt Scott auch nicht in Ruhe, nachdem die Entscheidung gefallen ist. Nur eine klare, harte Order kann ihn dazu bringen, sich dem Wort des Leiters zu beugen.

Das Depot wird fünfzehn bis zwanzig Kilometer vor der ursprünglich vorgesehenen Stelle angelegt.

Später ist viel über diese Episode geschrieben worden. Was hat Oates geahnt? War er hellsichtig? Wären Scott und seine Männer am Leben geblieben, wenn Willy hätte sterben dürfen? Willy starb dennoch. Er schaffte die Heimreise nicht mehr und mußte getötet werden.

Dort, wo dem Plan zufolge das Depot hätte errichtet werden sollen, wird Scott auf dem Heimweg vom Pol umkommen, einige wenige Kilometer von einer Tonne Ausrüstung entfernt, umkommen vor Hunger, Überanstrengung und Kälte. Und Oates wird wenige Tage vorher freiwillig aus dem Zelt gehen, in den Tod.

Sie sind auf dem Rückweg. Sie folgen der Spur ihrer Reise nach Süden. Sie gehen in einem Bogen, auf dem Hinweg waren sie vom Kurs abgekommen. Da steckt Scott eine Abkürzung durch neues Gelände aus. Einer der Hundeführer, Meares, protestiert und sagt, daß man auf einem längeren Weg schneller sein kann, wenn man weiß, daß er sicher ist. Aber vielleicht ist Scott nicht bei Laune. Dann wird er halsstarrig, gebieterisch und einsilbig, Offizier eines Schiffes im Sturm. Meares läßt die Hunde abbiegen und schickt sie entsprechend dem neuen Kurs auf ein Plateau zwischen zwei Eiswällen.

Es ist ein schöner Tag, die Sonne liegt über dem Schnee. Das Licht sticht in den Augen, die Männer haben die Überkleider abgeworfen und auf die Schlitten gelegt. Die Hunde haben sich bis jetzt gut gehalten. Das hatte Scott nicht erwartet. Pessimismus, der sich als unbegründet erweist, wirkt auf ihn oft wie eine Beleidigung.

Da verschwinden plötzlich die sechs mittleren Hunde des Gespanns in einer Spalte, die der Neuschnee verdeckt hatte.

Osman, der riesenstarke Leithund, stemmt die Pfoten gegen festen Schnee und hält die sechs Hunde hinter sich, die im Geschirr hängen. Zwei Hunde stehen noch auf der anderen Seite der Spalte, hinter ihnen der Schlitten. Da bricht ein weiteres Stück vom Schneerand ab, und die beiden letzten Hunde rutschen mit lautem Heulen in die Spalte. Osman ist nun der einzige, der nicht abgestürzt ist. Scott ist nach vorn gelaufen. Meares hat zwei Schistöcke auf den Spaltenrand gelegt, damit der Schnee besser trägt. Er legt sich auf den Bauch und schiebt sich zur Spalte vor. Zuerst sieht er nichts, hört aber die Hunde. Als die Augen sich vom scharfen Licht der Hochebene auf die Dunkelheit der Spalte umgestellt haben, erblickt er die Hundekörper, die sich unten in den Riemen winden. Eines der Tiere versucht auf das andere hinaufzukriechen, sie sind nahe daran, sich gegenseitig zu erwürgen. Noch hält Osman stand. Noch steht der Schlitten.

Es gelingt den Männern, den Schlitten quer zu stellen, damit er ein besseres Gegengewicht bildet. Dann springt Scott über die Spalte und hilft Osman, indem er ihn an einem Stock festbindet. Wilson kommt hinzu. Die anderen Männer sind noch weiter hinten. Meares liegt auf dem Bauch am Rand der Spalte. Er sagt: »Sie hängen noch immer dort.« Da winden sich zwei Hunde aus den Riemen, fallen, landen zwanzig Meter tiefer auf einem Vorsprung und bleiben dort stehen. Die Männer legen nun Taue über die Spalte und verstärken das Riemenzeug, in dem die Hunde hängen. Der Schlitten wird so manövriert, daß er sicher über der Spalte zu stehen kommt, dann wird er an beiden Enden befestigt. Jetzt ist Osman frei.

Meares, der Hundeexperte, will sich am Seil hinunterlassen. Scott ist im Zweifel. Es gilt, die Hunde zu retten, aber noch mehr gilt es, keine Männer zu opfern. Dann gibt er seine Erlaubnis.

Im Norden zieht eine Schlechtwetterfront auf. Das kennen die Männer schon. Hier kann das Wetter innerhalb weniger Minuten umschlagen.

Hinter sich sehen sie den Rest der Gruppe kommen. Winken oder Rufen würde nichts nützen, der Abstand ist zu groß. Sie haben einige Seile auf dem Schlitten. Sie probieren die Vertäuungen aus, springen vorsichtig am Rand des Abgrunds, stellen fest, daß das Eis halten wird. Meares befestigt das Tau unter den Armen, beide Hände müssen frei bleiben. Er weiß, wozu ein Hund imstande ist, wenn er an einem Seil hängt und zappelt. Er setzt sich auf den Rand der Spalte, holt tief Atem und sagt: »Jetzt!«

Sie lassen ihn hinunter, zwei Mann bremsen, sie haben das Tau um einen Stock gewunden, damit es langsam gleitet. Fuß um Fuß lassen sie Meares in die Spalte hinunter. Die Hunde bellen wie verrückt. Sie sehen, daß der Mann kommt, sie kennen ihn. Er hat sie oft geprügelt. Jetzt setzt er ihretwegen sein Leben aufs Spiel. Als er einen Meter über ihnen ist, brüllt er, um den obersten Hund zu erschrecken. Das Tier hält im Heulen inne. Mit einem blitzschnellen Griff packt Meares seine Schnauze und hält sie zu. Er hat einen dünnen Strick mit, den windet er um den Körper des Hundes, dann schneidet er das Riemenzeug mit einem Messer ab, das er zwischen den Zähnen gehalten hatte. Das Tier wird hinaufgezogen.

Die Hunde verstehen, daß Meares gekommen ist, um ihnen zu helfen, aber sie sind verrückt vor Angst. Der Rest des Gespanns hängt tiefer unten in der Spalte. Ein Gurt ist im Weg und macht es unmöglich, daß Meares neben die Hunde hinuntergelassen werden kann. Er trifft genau auf ihre Köpfe. Da fährt der eine Hund hoch und beißt ihn ins Bein. Meares erstickt einen Schrei, tritt nicht nach dem Hund, weil sonst sein Körper zu schwingen beginnen würde. Er krümmt sich und versucht den Kopf des Hundes in den Griff zu bekommen. Der Hund hat die Riemen um den Hals und ist nahe daran, von ihnen erwürgt zu werden. Meares schreit hinauf: »Nachlassen...!«

Jetzt hängen die Hunde und Meares auf gleicher Höhe. Ein Hund schlägt aus und trifft einen anderen, tiefer hängenden, der Meares ins Gesicht tritt. Meares schlägt ihn zwischen die Augen. Da schwingt sein Körper heftig zur Seite, der Hund mit ihm. Als der Körper zurückschwingt, gelingt es ihm, das Seil um den Hund zu schlingen, und die Männer ziehen ihn hinauf.

Jetzt hat Meares nur noch wenig Kraft. Er müßte hinauf und sich ausruhen. Aber können die beiden das schaffen, ihn hinaufziehen und wieder hinunterlassen? Er ruft: »Laßt mich hängen...! Ich muß rasten...!« Unter ihm sind noch vier Hunde. Tiefer unten stehen zwei weitere auf einem Vorsprung. Er sieht sie undeutlich im blauen Licht. Die Eiswände umgeben ihn. Die Spalte scheint bodenlos zu sein. Hier, an der schmalsten Stelle, sind die Eiswände nur zwei Meter voneinander entfernt. Über sich sieht er einen Streifen weißen Lichts.

Dann ruft er: »Nachlassen...«

Der nächste Hund scheint betäubt zu sein, schon halb von den Riemen des Geschirrs erwürgt. Es ist leicht, ihn hinaufzuschaffen.

Während der eine der beiden Männer oben einen Hund hochzieht, muß der andere Meares allein halten. Von Zeit zu Zeit fallen kleine Schneeklumpen herunter und treffen Meares am Kopf. Der Schnee rieselt in den Kragen. Meares trieft von Schweiß und friert dabei.

Ein Hund nach dem anderen wird hinaufgezogen. Am Schluß ist Meares selbst an der Reihe. Die beiden Männer am Rand der Spalte ziehen langsam, Fuß um Fuß. Nur noch wenige Meter sind zurückzulegen, da bekommt Meares eine Ladung Schnee ins Gesicht. Es knackt im Gletscherrand über ihm.

Er denkt: Wenn sie mich schnell hochreißen würden… Aber die Männer ziehen langsam, gleichmäßig, ruhig. Sie rufen etwas – er kann es nicht verstehen.

Dann ist er oben.

Einen Augenblick lang liegt er auf dem Rand der Spalte, die Füße hängen hinunter, der Kopf ruht im Schoß von Scott.

Das Nebeltreiben, das sie auf dem Weg hierher begleitet hatte, ist nun vorüber. Die Sonne scheint wieder. Das Licht funkelt über dem Schnee. Das nächste Hundegespann kommt an. Die Männer winken munter und fragen, ob sie behilflich sein können.

Zwei Hunde stehen noch auf einem Absatz in der Spalte.

Scott sagt: »Holt das längste Seil.«

Meares protestiert: »Ich muß mich zuerst ausruhen.«

Scott entgegnet: »Ich lasse mich selbst hinunterseilen.«

Wilson greift ein. Er ist Scotts Freund und kann verlangen, von ihm angehört zu werden. »Wir brauchen die Hunde, aber wir brauchen auch die Menschen, und nicht zuletzt dich. Wenn du dich hinunterseilen läßt, setzt du mehr als dein eigenes Leben aufs Spiel.«

Scott erwidert: »Wir können die Hunde nicht dort unten lassen und selbst weitergehen.«

»Wir können sie erschießen.«

»Ich lasse mich hinunterseilen.«

Sie verstärken jetzt die Verankerungen auf dem Schlitten, der quer über der Spalte steht. Weitere Männer sind angekommen. Wie viele können sich dem Spaltenrand nähern, ohne abzustürzen? Jeder

Mann am Abgrund wird an einem hinter ihm stehenden angeseilt. Scott bindet das neunzig Fuß lange Tau um den Leib. Wilson steht auf der einen Seite, Meares, der sich wieder erholt hat, auf der anderen. Das Tau wickeln sie um die Schistöcke, um bremsen zu können.

Dann läßt Scott sich hinunter. Es ist hier dunkler, als er gedacht hatte. Er sieht, daß das Eis der Wände die Farbe wechselt. Kältewellen schlagen ihm entgegen, von oben kommt immer weniger Licht. Die Stimmen der Männer über ihm haben einen neuen, rollenden Klang. Er ruft hinauf: »Es geht gut …!« Der Ruf hallt von Eiswand zu Eiswand, wird unverständlich, läßt einen Hund tief unter ihm erschreckt aufheulen. Das Heulen klingt so, als falle es zuerst in die bodenlose Schlucht und komme von dort verstärkt zurück. Es ist ein hohler, gespensterhafter, erschreckender Laut.

Meter um Meter tiefer hinunter. Er hängt ganz ruhig, merkt aber, daß das Kräfte erfordert. Die Kälte, die von den Eiswänden ausstrahlt, trifft die Haut wie Rutenschläge.

Nun nähert er sich dem Vorsprung. Es schmerzt im Genick, wenn er den Kopf vorzubeugen versucht, um den Vorsprung genauer zu sehen. Er schätzt, daß er an die vier Meter lang und höchstens eineinhalb Meter breit ist. An einigen Stellen fällt er schräg ab.

Er ruft hinauf: »Langsam!« Er muß nun den Körper in Schwingungen versetzen, bis er an die Eiswand herankommt und den Vorsprung mit den Füßen erreichen kann.

Der Körper schwingt, Scott stößt an die eine Wand und merkt plötzlich, daß er fällt. Dann wird er wieder höhergezogen.

Es gelingt ihm, einen Fuß auf den Vorsprung zu stellen, dann beide. Er reißt einen Fäustling von der Hand und hakt den Finger in eine Unebenheit der Eiswand. Dann zieht er sich an die Wand heran. Zwei Meter von ihm entfernt stehen die Hunde. Sie heulen nicht mehr.

Er weiß, was er tun muß. Zuerst das Tau lösen, dann, wobei er selbst frei steht, das Tau um den ersten Hund schlingen – und warten, während dieser hinaufgezogen wird.

Die Hundeaugen glühen wie brennende Kohlen im blauen, düsteren Licht. Es ist eine Frage der eigenen Nerven und der Klugheit der Hunde. Verstehen sie, warum er gekommen ist? Die Eiswand hinter ihm ist glatt. An ein paar Stellen des Absatzes liegt Schnee. Was unter dem Schnee ist, kann er nicht erkennen.

Dann schiebt er sich näher an die Hunde heran, Zentimeter um Zentimeter, redet ruhig, aber energisch mit ihnen. Er erreicht den ersten und krault ihn hinter dem Ohr. Plötzlich schnappt der Hund nach ihm. Die Zähne schlagen in Scotts Handgelenk. Er zwingt sich, ruhig zu bleiben, bis der Hund lockerläßt. Dann löst Scott ruhig das Tau von seinem Körper und befestigt es am Hund.

Nun wird der Hund hinaufgezogen.

Während Scott hier unten steht, ohne Seil, hat er Zeit, die Eisformationen zu studieren, das Farbenspiel, das über ihm rötlich sprüht und unter ihm sich zu Schwärze verdunkelt. Der letzte Hund wendet die Augen nicht von Scotts Gesicht. So bleiben sie stehen und starren einander an.

Wie tief kann die Gletscherspalte sein? Dreihundert Meter, sechshundert? Niemals wird sie ausgemessen werden. Reicht sie vielleicht bis zum Grundgestein auf dem kältesten Kontinent des Erdballs? Tausendjähriger Schnee hat die Spalte geformt.

Da wird das Tau heruntergelassen.

Scott beginnt zu summen. Er ist kein großer Sänger, aber er hat gehört, daß leises Singen ein Tier beruhigt. Wieder schlingt er das Tau um einen Tierkörper, und wieder steht er allein hier unten, während der letzte Hund hinaufgezogen wird.

Das ist die Einsamkeit. Während er wartet, hört er, daß oben ein Kampf zwischen den Hunden ausgebrochen ist. Die Situation verleitet wohl dazu: die Freiheit, die überschüssigen Kräfte, die Freude über die Rettung. Er begreift auch, daß die Männer zuerst die Hunde einfangen müssen, damit sie nicht noch einmal in die Spalte fallen.

Er steht und wartet ohne Tau, versucht zu horchen, alle Laute werden verzerrt und rollen wie Donner. Angst erfaßt ihn, daß die

Schallwellen Risse im Eis über ihm erzeugen und die Ränder ein-stürzen könnten. Da sieht er das Tauende langsam herunterkrie-chen.

Die Männer oben rufen, er kann nicht hören, was sie sagen. Als er das Tau um den letzten Hund befestigte, hat er einen Fäustling verloren. Jetzt ist seine Hand starr vor Kälte.

Er kann die Finger nicht bewegen, als er das Tau am eigenen Kör-per befestigen soll, und muß auch den anderen Fäustling wegwer-fen. Scott beginnt am ganzen Körper zu zittern, seine Gedanken funktionieren nicht mehr; er versucht sich zu ruhigem Überlegen zu zwingen. Der kleine Finger steht ab wie ein froststarrer Zweig.

Dann haucht er ihn an, schafft es, das Tau um den Leib zu schlin-gen, fühlt, wie die Dunkelheit in seinem Gehirn zunimmt. Ist er am Erfrieren? Das Tau liegt um seinen Leib, er zieht die Schlinge zu, weiß nicht, ob der Knoten hält.

Er steigt höher. Ein kleiner Vorsprung ist über ihm, den muß er umgehen, sich mit einem Arm von ihm wegschieben. Er schafft es nicht. Die Eiskante reißt ihm die Pelzmütze ab, ritzt die Kopfhaut, aber er friert zu sehr, um Schmerzen zu spüren.

Dann ist er oben.

Zwei Männer legen sich auf den Schlitten, den sie nun von der Spalte weggezogen haben. Man bettet Scott auf die beiden, und Wil-son legt sich auf ihn. Dann flößt man ihm heißen Tee ein, den einer der Männer gekocht hat, während die anderen mit den Hunden kämpften und Scott unten wartete.

Während der ersten Depottour nach Süden hatte Scott einen Teil der Männer zurückgeschickt, nachdem sie die ihnen zugeteilten Ar-beiten durchgeführt hatten. Der Leiter dieser Gruppe war Teddy Evans – der Mann, der die *Terra Nova* auf dem Weg von Neusee-land im Sturm gerettet hatte. Evans und seine Begleiter sollten im Lager »Sicherheit« auf Scott warten. Als die Gruppe mit Scott ins Lager zurückkommt, sind zwei Ponys tot.

»Sie sind krepiert«, sagt Evans ruhig, »am Abend haben sie noch gelebt, aber nichts gefressen. Am Morgen sind sie zusammengebrochen und verendet.«

Evans versteht etwas von Schiffen, aber kaum etwas von Tieren. Er hat nicht Oates' Hände, wenn er einem Pferd über das Maul streicht, nicht den scharfen Blick dafür, wann es notwendig ist, ein Büschel Heu zu nehmen und den Körper des Tieres abzureiben, um den Blutkreislauf in Gang zu bringen.

Das ist keine angenehme Rückkehr ins Lager »Sicherheit«. Aber Scott hält sich zurück, er hat Rücksichten zu nehmen. Was würde es auch helfen, Evans Vorwürfe zu machen! Nur die düsteren Gedanken, die lassen Scott nicht los.

Zu dem Unglück mit den Ponys kommt noch Schlimmeres.

Auf der Reise nach Süden war der Arzt der Expedition, Edward Atkinson, schneeblind geworden. Sie hatten ihn zusammen mit dem Unteroffizier Thomas Crean im Lager »Sicherheit« zurückgelassen. Atkinson hatte sich wieder erholt und war mit Crean nach Hut Point gewandert, zur »Discovery«-Hütte. Aber die beiden sind nicht von dort zurückgekehrt! Möglich, daß sie gleich weiter zum Winterlager auf Kap Evans gegangen sind. Scott macht sich ihretwegen Sorgen. Er hat aber auch einen anderen triftigen Grund, Hut Point so schnell wie möglich zu erreichen: Es war vereinbart worden, daß die Männer an Bord der *Terra Nova* versuchen würden, Post nach Hut Point zu bringen, falls es Nachrichten über Amundsen geben sollte.

Scott bricht auf und nimmt einige wenige Männer mit. Als sie zur Hütte kommen, finden sie einen Zettel an der Außenwand: »Postsack im Inneren der Hütte.«

Die Hütte ist leer.

Spuren lassen darauf schließen, daß kürzlich jemand hiergewesen ist. Das könnte damit erklärt werden, daß Atkinson und Crean den Postsack geholt haben und wieder zurück zum Lager »Sicherheit« gegangen sind, dabei aber einen anderen Kurs eingeschlagen haben als Scott.

Scott ist unruhig. Der Anblick der Hütte hat Erinnerungen in ihm wachgerufen. Hier hat er sich viele Wintermonate lang mit der *Discovery*-Expedition aufgehalten, von hier aus ist er zu seiner ersten Polfahrt nach Süden aufgebrochen.

Aber was stand wohl in dem Brief?

Die Männer der *Terra Nova* hatten sicher Wichtiges mitzuteilen gehabt, wenn sie den Umweg über Hut Point nicht scheuten, bevor sie Kurs auf Neuseeland nahmen.

Scott bricht hastig auf, zurück zum Lager »Sicherheit«. Von weitem schon sieht er, daß ein Zelt dazugekommen ist.

Atkinson und Crean sind wohlbehalten zurückgekehrt. Sie haben den Postsack mit. Er enthält einen einzigen Brief.

Er ist von Campbell, geschrieben an Bord der *Terra Nova*.

Scott kniet auf einem Schlafsack im Zelt und öffnet den Brief. Er kennt Campbells Handschrift, weiß, daß im Brief der Name Amundsen genannt sein wird. Aber noch weiß er nicht, ob Campbell geschrieben hat: Wir haben ihn gefunden. Oder: Wir haben ihn nicht gefunden. Seine Hände zittern. Im Zelt ist es so kalt, daß Scotts Atem sichtbar ist. Er weiß, daß die Männer das Zelt umstehen, schweigend. Ein Hund bellt, der Laut entfernt sich, Scott begreift, daß die Männer das Tier fortgejagt haben.

Dann liest er:

»Wir haben Amundsen in der Walbucht gefunden, er ist dem Pol mehr als hundert Kilometer näher als wir. Er hat nur ein Ziel: den Pol als erster zu erreichen. Die Männer machen einen geschickten und starken Eindruck. Sie sind hervorragende Schiläufer. Amundsen selbst ist ein harter Mann, gewandt und willensstark. Er hat über hundert Hunde mit. Wir haben gesehen, wie die Männer mit den Schlitten umgehen. Sie verstehen sich darauf …«

Scott läßt den Brief sinken, es wird ihm schwarz vor den Augen. Er flucht. Das ist sonst nicht seine Art. Er hat einen so hohen Preis bezahlt, um hierherzukommen. Sein großes, eigentliches Ziel hat er verschwiegen: der erste Mensch auf dem Pol zu sein. Die Expedition sollte wissenschaftlichen Zwecken dienen. Aber ganz England weiß – und das Empire verlangt es –, daß er der erste sein soll. War nicht der antarktische Kontinent britisches Gebiet?

Scott vergißt, wo er ist. Kann er seinen Entschluß noch rückgängig machen? Er zwickt sich in den Schenkel: eine Schicht Fell und drei Schichten Wollzeug, die Nägel können fast nicht bis zur Haut durch.

Du kniest auf einem Schlafsack, unter dir tausend Fuß Schnee und Eis, du mußt eine Entscheidung treffen. Du bist der Anführer, dein Wort ist Gesetz. Kann man den Plan ändern, den Angriff auf den Pol forcieren, die Wissenschaft beiseite lassen, so daß das eigentliche Ziel klar und scharf hervortritt? Du mußt die Wahrheit über den Brief bekanntgeben. Du mußt die Männer zusammenrufen. Aber was wirst du sagen? Du weißt es noch nicht. Mit jeder Minute, die verstreicht, ohne daß du vor sie hintrittst, wirst du mehr an Respekt verlieren. Sie werden sagen: Er hat nicht gewußt, was er tun sollte.

Scott erhebt sich und steckt den Brief, der sich nicht leicht falten läßt, in die Tasche. Dann kriecht er aus dem Zelt, winkt Edward Evans herbei und bittet ihn, die Männer zusammenzurufen.

Sie kommen und stellen sich in militärischer Ordnung auf – Scott verlangt, daß sie auch hier das Reglement der Marine einhalten. Eine niedrige Wolkendecke liegt über dem Eis, es hat minus zwanzig Grad, ein scharfer Wind weht von Norden.

Eine so große Stille ist über dem Südpolarland, daß eine Männerstimme die Öde wie ein scharfes Messer durchschneidet. Wenn die Hunde schweigen, kannst du die Stille hören – und den Schlag deines Herzens. Wenn die Hunde bellen, umgibt ein Ring von Mißtönen die Stille wie einen Kern. Jetzt schweigen sie.

Die Männer sind angetreten. Scott läßt sie warten. Dann steigt er auf einen Schneehügel, blickt in rauhe Gesichter, gefurcht von der Kälte. Er kennt die Männer jetzt, beginnt sich ein Bild von ihnen zu machen. Die Härtesten, Geschicktesten wird er zum Pol mitnehmen.

Aber was soll er sagen?

»Wir forcieren unsere Pläne und nehmen den Kampf auf«, oder: »Wir folgen unserem ursprünglichen Plan. Es ist unwürdig, bei einem Wettlauf zum Pol mitzumachen.«

Sie starren hungrig in sein Gesicht. Er weicht den neugierigen, fordernden Blicken aus.

Er weiß jetzt, was er tun muß. Er hat zwei Möglichkeiten. Er könnte die Pläne umändern, die so sorgfältig ausgearbeitet sind, die ganze Arbeit noch einmal von vorn beginnen, neue Entscheidungen treffen, alles wagen, sich in das große Drama einschalten – größer als das Drama, in dem er schon mittendrin steckt.

Er sagt mit Anstrengung, und die Stimme trägt weit in der Stille: »Campbell schreibt, daß Amundsen in der Walbucht ist, dem Pol hundert Kilometer näher als wir. Er hat Hunde und versteht mit ihnen zu fahren. Das bedeutet, daß er früher zum Pol aufbrechen kann als wir mit unseren Ponys. Wir machen nach unserem ursprünglichen Plan weiter. Es wird keinen Wettlauf zum Pol geben. Vielleicht können wir ihn trotzdem vor Amundsen erreichen.«

Dann geht er zum Zelt zurück.

Es ist genug Arbeit zu tun, hier im Lager »Sicherheit«, aber sie wird jetzt nicht getan. Rund um das Zelt hört Scott flüsternde Stimmen, den einen oder anderen verärgerten Ruf. Zwischen zwei aufgebrachten Männern scheint sich eine Schlägerei anzubahnen. Der eine mißversteht und glaubt, daß der andere Amundsen nicht genausosehr verflucht wie er selbst. Eine Offiziersstimme bringt die beiden zum Schweigen. Der Abend kommt.

Aber jetzt steigt die Wut in den Stimmen draußen. Scott weiß, wenn er jetzt hinausgeht und zu ihnen sagt: »Sollen wir alles wagen?« – dann werden sie ihm folgen und alles wagen. Kann er das? Da kommen sie ins Zelt: Wilson, Edward Evans und der Arzt Atkinson. Sie finden ihn schweigsam und ohne Lächeln. Etwas geschieht mit ihrem großen, klugen, wortkargen, verschlossenen Führer an diesem Abend. Er löst sich aus seiner unerschütterlichen Würde. Er flucht und sagt, was er in seinem Innersten denkt: »Das ist niederträchtig von ihm! Ist es nicht unser Recht, als erste zum Pol zu kommen? Amundsen hat zwar seine Pläne bekanntgegeben, aber nicht klar genug! Er ist unehrlich!«

Und dann steht Scott auf und ballt die Fäuste, all das Böse und Schmerzende kommt heraus. Nie vorher haben sie ihn so gesehen – und nie wieder werden sie ihn so zu sehen bekommen.

Scott zerrt am Schlafsack und hat Tränen in den Augen. Plötzlich funkelt eine kleine Hoffnung in seinem Gesicht, er schreit: »Sollen wir hinüber in die Walbucht und sie verprügeln, sie fortjagen? Ist das nicht unser Land?« Etwas geschieht mit den Männern im Zelt, es ist wie eine Verbrüderung. Sie haben einen gemeinsamen kühnen Plan. Könnte es ihnen gelingen, über das Land bis zur Walbucht zu kommen, die Norweger überraschend zu überfallen – und dann, ja was sollen sie dann tun?

Die Norweger umbringen?

Sie sind an harten Kriegsschulen ausgebildet worden und könnten wohl einen Plan für einen Angriff erstellen. Aber können sie ihn in die Tat umsetzen, wenn es keine Order gibt, die von Schuld befreit? Was würde dann geschehen? Sie sind klug, wissen, daß das ein Traum ist, und jetzt ist keine Zeit für Träume.

Nun ist es vorbei.

Auch für Scott.

Die anderen schleichen aus dem Zelt, Scott bleibt allein zurück.

Am folgenden Tag fällt es den Männern nicht leicht, einander in die Augen zu sehen. Deshalb auf zu harter Arbeit, klare, harte Befehle, jeder Mann hat seine Aufgabe zu erfüllen. Keiner ruht sich aus!

Wir machen weiter nach dem Plan.

Der Rest der Ponys ist noch nicht zum Winterlager auf Kap Evans zurückgebracht worden. Da es nicht ratsam ist, sie über das Land zu führen, will man es auf dem Meereis versuchen, das jetzt fest aussieht. Als die Männer das Lager errichtet haben, bricht das Eis auf. Das ist die große Schreckensnacht – die ärgste bis jetzt für Scott und seine Männer. Drei Ponys stürzen ins Wasser. Eisschollen türmen sich auf, die Wolken liegen tief, das Meer brandet gegen das Eis. Da kommen die Schwertwale. Sie greifen das erste Pony an. Das Tier schreit und versinkt. Die anderen Pferde schwimmen mit letzter Kraft davon. Die Schwertwale sind über ihnen.

Die Männer rennen, um die zwei letzten Ponys zu retten, die noch nicht ins Meer gesprungen sind. Den Hunden fällt das Laufen leichter, es gelingt ihnen, über das Eis ans sichere Land zu kommen.

Auch die Männer erreichen das Land. Zwei Ponys sind noch am Leben. Sie sinken am Eisrand ein und müssen höher hinauf getragen und in Sicherheit gebracht werden.

Zwischen den Eisschollen wimmelt es von Schwertwalen, das Meer ist rot gefärbt, die schwer heranrollenden Wogen waschen das Blut weg.

Sie kommen zur »Discovery«-Hütte und müssen dort mehrere Wochen warten, bis das Meer wieder zufriert. Sie haben nur Seehundfleisch als Nahrung; den Ofen, den sie aus einem Ölfaß gebaut haben, heizen sie mit Speck. Elf Mann liegen Seite an Seite auf dem Boden. Hinter einer Zeltplane stehen die zwei letzten der Ponys, die sie auf die Depotreise nach Süden mitgenommen hatten.

Scott spricht wenig. Er wirkt müde.

Endlich friert das Eis zu, und sie erreichen das Winterquartier.

Warten

Der Winter wird schwer und lang für die Männer auf »Framheim«. Das Nachtdunkel dauert von Morgen zu Morgen. Kein noch so schwacher Lichtschimmer dringt bis zu ihnen vor. Ab und zu flammt ein Südlicht auf, ehe die Stürme es wieder ersticken. Meereis und Landeis fließen in einem einzigen weißen Aufwallen ineinander.

Sie haben unter »Framheim« ein Netz von Gängen und großen Räumen gegraben und dort Lager, Werkstätten und ein Dampfbad angelegt. Das ist der Triumph des Menschen über den Sturm und die Öde. Ein Bauwerk aus Eis. Nur selten überkommt sie Unruhe: Wenn das Meereis bricht und wir hinaustreiben? Jeden Tag macht Amundsen seine Kontrollrunde. Die anderen mögen das nicht. Er hat eine lautlose Art, sich zu bewegen. Sie hören ihn nicht, bis er da ist. Amundsen ist freundlich, mit einem Anflug von Kälte, plötzlich steht er da – und schaut. Die Augen sind tief, schwarz, ein aufgesetztes Lächeln ist in ihnen. Dahinter lauert Argwohn.

Die Männer, die Amundsen auf das Polarland mitgebracht hat, sind wie dazu geschaffen, unter Eis zu arbeiten. Olav Bjaaland, der Schiläufer aus Telemark, hat seine eigene Tischlerwerkstätte, dort nimmt er die Schlitten auseinander und hobelt alle Bestandteile dünner, damit sie an Gewicht verlieren. Er weiß, daß diese Arbeit darüber entscheidet, ob sie den Pol als erste erreichen oder nicht. Jeder Schlitten ist massiv und wiegt fünfundsiebzig Kilogramm. Bjaalands Aufgabe ist es, das Gewicht zu verringern, ohne die Festigkeit zu mindern. Seine Hände sind gute Arbeiterhände. Sie gleiten über das Holz wie über etwas Vertrautes. Er erweckt den Eindruck eines Menschen, der Zeit hat. Er dreht eine Kufe um, freundet sich mit ihr an, verwirft sie, legt sie irritiert weg. Nimmt die Kufe nochmals auf, dreht und wendet sie, brummt etwas wie: »Der Tischler sollte sich schämen«, seufzt resigniert, haucht ein wenig die Finger an – es herrschen minus zwanzig Grad in der Eiskammer, er muß ohne Fausthandschuhe arbeiten. Das Licht der großen Lampe wird von tausend Eiskristallen zurückgeworfen. Das ist eines seiner Probleme: die diffuse Rückstrahlung des Lichts. Er geht nicht an sein Tagewerk, ohne zuvor das Hobeleisen geschliffen zu haben. Er hat ein gutes Augenmaß. Er weiß, daß er seine Sache versteht. Er könnte Amundsen beschwindeln, wenn er wollte. Er könnte einen Schlitten auf der Balkenwaage hochziehen und damit prahlen, daß er um das halbe Gewicht oder mehr leichter geworden sei. Aber er kann einen Eishügel nicht hinters Licht führen. Die Abnützung läßt sich nicht vermeiden – auf dem Weg zu einem Punkt, den noch kein Menschenfuß betreten hat. Der Schlitten muß der Beanspruchung gewachsen sein.

Deshalb denkt Bjaaland wenig an das Winterdunkel über ihm oder an das Meer unter ihm – an die Brüchigkeit einer Eisfläche, die eines Tages mit »Framheim« aufs Meer hinaustreiben kann. Es kommt vor, daß er in den Nächten wach liegt, weil ihm eine bestimmte Kufe nicht aus dem Sinn will. Sie muß so gehobelt werden, nicht so. Er geht stufenweise vor, bringt einen Probeschlitten auf fünfzig Kilogramm hinunter, dann auf dreißig, martert ihn so lange, bis er zweiundzwanzig Kilogramm wiegt. Da ist er elegant wie ein Palmweidenzweig, schlank wie eine nackte junge Frau, aufrechter als jeder Rekrut auf dem Übungsplatz, aber trotzdem geschmeidig, geschmeidig und fest. Bjaaland legt den Schlitten auf zwei Kisten und springt darauf herum. Die Kisten brechen. Bjaaland belastet die Kufen mit einem Vielfachen des Gewichts, das jeder Schlitten auf der Reise nach Süden tragen wird. Der Schlitten hält.

Da geht er ernsthaft an die Arbeit. Vorher, das war nur eine Probe. Was er jetzt macht, ist endgültig. Die Schlitten, die er jetzt hobelt, sollen auf der langen Reise verwendet werden.

Er haucht in die Hände. Da kommt Amundsen.

Das ist seine Schwäche: daß er die Kontrolle nicht lassen kann. Er ist voll der guten Worte über die Männer und ihre Tüchtigkeit, aber in seinem Inneren verbirgt er einen Argwohn, den sie in ihren einsamen Eiskammern wahrnehmen. Bjaaland ist der Belastung am besten gewachsen. Er hat etwas von der Unnahbarkeit des heimatlichen Fichtenwaldes an sich. Er ist bärenstark, mit kräftig gebauten Schultern, wortkarg, aus ihm kann man nicht klug werden. Amundsen, in weichen Pelzpantoffeln, schleicht weiter.

In einem der Eisgänge, wo Amundsen allein ist, kann es vorkommen, daß er zu springen beginnt, auf und nieder. Er will nicht, daß die Männer das sehen. Sie dürfen nicht anfangen, sich über das, was er tut, zu wundern. Das könnte einen Keim der Unruhe in sie senken. Eines Nachts kann diese Unruhe bei einem losbrechen, der sich plötzlich im Eis gefangen fühlt. Über ihm ist der Sturm, rings um ihn die große Öde. Kein Weg führt von hier fort. Aber schlimmer als das: Bricht das Eis auf? Treiben wir hinaus? Wir haben das Lager hier aufgeschlagen, um dem Pol hundert Kilometer näher zu kommen.

Und dann der Schrei, wild, heftig, zügellos.

Amundsen hat diesen Schrei schon früher gehört. Keiner darf deshalb sehen, daß er springt.

Es ist dumm, zu springen. Wenn das Eis bricht, dann ohne Vorwarnung. Und doch senkt sich nach einem solchen Sprung etwas wie dumpfer Friede auf Amundsen herab. Es ist ihm, als sei er wie auf Fels gesprungen. Er durchschaut den Selbstbetrug, leistet sich sogar ein Grinsen. Trotzdem fühlt er sich sicherer – für eine Weile.

Soll er hinausgehen und lauschen, ob er das Meer hört?

Keiner darf es erfahren.

Hier sitzt Stubberud und hobelt. Er soll die Proviantkisten leichter machen. Sie sind aus Brettern mit vielen Querhölzern zusammengenagelt. Die Kisten gehören zu den schwachen Punkten der Ausrüstung. Jetzt sind sie zu schwer. Der Mann, der »Framheim« gebaut, niedergerissen und hier wieder aufgestellt hat, hobelt angestrengt, ohne Phantasie, mit der Geschicklichkeit des Fachmanns. Millimeter um Millimeter widerspenstigen Holzes wird weggeschabt. Die Kisten halten.

In einer Kammer im Eis sitzt ein Mann an der Nähmaschine und führt Änderungen an Zelten und Kleidung durch. Das ist Oscar Wisting. Er ist Mädchen für alles und derjenige, der Amundsen am nächsten steht. Vielleicht ist Wisting der einzige, den Amundsen seinen Freund nennen kann: ein Mann mit zu geringen Führereigenschaften und deshalb der perfekte Gefolgsmann. Er heizt mit einem Petroleumkocher. Das schmelzende Eis wird an den Rändern eines Zelts, das er über sich aufgespannt hat, mit Schalen aufgefangen.

In einer anderen Kammer im Eis steht Hjalmar Johansen. Er ist mit der Verpackung des Proviants beschäftigt. Hierin, wie in allem, ist er ein Meister. Er findet den kleinsten Leerraum, weiß die Dinge so zu verstauen, daß sie nicht rütteln, sich nicht lockern können, daß sie den geringsten Platz einnehmen. Aber er beherrscht auch die Kunst, alles so zu legen, daß es leicht hervorgeholt werden kann, ohne das System zu zerstören, ohne daß es zu einem Problem würde, das Ding an seinen Platz zurückzulegen. Das ist sein Fingerspitzengenie.

Amundsen kommt in lautlosen Pantoffeln zu ihm hereingeschlichen.

Zwei eigentümliche Menschen stehen einander gegenüber. In Gegenwart anderer fällt es ihnen leichter, miteinander zu sprechen, Distanz zu wahren, ohne unhöflich zu sein. In Johansens Worten schwingt stets ein Unterton von Ironie mit, Amundsen ist ihm gegenüber kurz angebunden, läßt ihn fühlen, daß er der Vorgesetzte ist und über ihr Verhältnis bestimmt. Aber wenn sie allein sind, kann dieses Verhältnis gefährlich werden. Beide sind außergewöhnliche Menschen. Als solche können sie hassen – aber auch fühlen, daß sie mehr verbindet als die anderen. Sie könnten einander wohl in gegenseitigem Respekt begegnen. Aber wagt der eine, das den anderen wissen zu lassen? Kann Amundsen den ersten Schritt tun? Wenn sein Untergebener es ablehnt, sein Freund zu werden? Kann Johansen – er hat für die Expedition einen Kontrakt unterschrieben, der seine Persönlichkeit auslöscht – Amundsen entgegenkommen und vielleicht abgewiesen werden? Die Polaröde hat nicht Raum für eine Niederlage. Du hast eine Front abgesteckt. Du darfst dein Gesicht nicht verlieren.

Nicht ein Laut von den Schneestürmen über ihnen ist hier unten zu hören.

Nicht ein Wort hier herinnen – nur das rasche Atmen zweier Männer.

»Klappt alles?«

Amundsen verfügt über wenig Phantasie. Originelle Formulierungen zu ersinnen, die einen anderen beschwichtigen könnten, ist seine Sache nicht.

»Warum sollte es nicht klappen?«

»Ja, ja – selbstverständlich! Ich weiß, Sie können das.«

»Warum sollte ich nicht?«

»Ja, ja, ich weiß, Sie können das besser als jeder andere.«

Da schleicht er hier herum und will sagen, daß ich eigentlich keinen Schlitten packen kann? Ich? Ich habe so viele Schlitten gepackt. Wenn ich jetzt sage: Nansen hat es mir beigebracht – da lüge ich, er hat es mir keineswegs beigebracht, er hat es von mir gelernt. Aber sage ich es trotzdem, dann ist es für Amundsen wie ein Tritt in den Magen, dann geht er hinaus, damit berühre ich seinen wunden, stolzen, empfindlichen Punkt: seinen Neid Nansen gegenüber.

Aber es ist gar nicht nötig, das zu sagen.

Er denkt gerade darüber nach.

Keine Antwort, wenn er jetzt bald wieder zu reden beginnt. Warum reden alle Menschen hier unten im Eis? Können sie nicht schweigen?

»Wie schwer sind die Lasten jetzt?«

Keine Antwort.

»Ich sagte: Wie schwer sind die Lasten? Was wiegt das Paket mit Pemmikan?«

Keine Antwort.

Dreh ihm den Rücken zu. Laß ihn in seinen Pelzpantoffeln hinaustrappen. Er braucht sie, um nicht gehört zu werden.

Da geht Amundsen, versucht seine Würde zu wahren, ist tief gekränkt.

Summt der Mann, der zurückbleibt?

Nein. Er geht zur Eiswand und schlägt mit den Fäusten dagegen. Monate und Jahre werden vergehen, ehe du wieder allein sein kannst – wirklich allein, tief in einem norwegischen Wald oder inmitten eines Menschenschwarms auf dem Marktplatz.

Weinst du in der Eiskammer?

An manchen Tagen kommt etwas Tierisches über die Männer.

Es gibt genug zu essen, einfache, gute Kost. Aber wenn das Essensignal ertönt, kann es vorkommen, daß sie fallen lassen, was sie in den Händen halten, und zu rennen beginnen. Andere tun so, als ob sie nichts hörten. Sie hoffen, daß die anderen schon fertig sind, wenn sie selbst erscheinen. Es ist gefährlich, einem Mann unabsichtlich auf die Fersen zu treten. Er kann sich umdrehen, wütend, zunächst ohne etwas zu sagen, dann holt er tief Luft, räuspert sich, ballt die Fäuste und brüllt: »Kannst du nicht mit deinen dreckigen Beinen von meiner Ferse wegbleiben?« Sie geraten unaufhörlich aneinander.

Tag für Tag mit denselben widerlichen, dummen Menschen zusammensitzen. Immer das gleiche Essen.

Miserabler Kaffee.

Fett, das auf den Tellern stockt.

Messer, die nicht sauber sind.

Und mittendrin Amundsen – höflich, wenn nötig scharf, unbegabt für echte Freundlichkeit. Starrt er mich an?

Starren sie mich an, alle miteinander?

Der Teufel soll euch holen.

Woche um Woche hier auf »Framheim«…

Aber sie tragen auch ein Pendel in sich, das leicht ins Gegenteil schwingen kann. Der kleinste Anlaß für ein Fest läßt sie strahlen wie Kinder. Ein Versuch, Kuchen zu backen, nicht besonders geglückt, aber immerhin – mit zwei armseligen Kerzen, weil sie sich nicht mehr leisten können, Seehundfleisch, gebraten, bis es wie altes Leder reißt, auf der feinen Schüssel serviert, rundherum Bohnen, eine Dose voll, dazu Messer, die gut schneiden und schlecht geputzt sind. Und Schnaps. Sie haben Schnaps mit, rühren ihn aber fast nie an. Amundsen weiß – und sie wissen es ebenfalls –, daß Schnaps hier herunten so wirkt wie Flüche von der Kanzel. Wohldosiert und bei besonderen Gelegenheiten angewandt, können sie Leben in die Gemeinde bringen und die Zuhörer aufwecken. Aber es ist der Ruin für einen Pfarrer, wenn er zur Unzeit flucht.

Deshalb kommt der Schnaps nur selten auf den Tisch, löst aber große Freude aus. Keiner haßt den anderen – warum sollte er auch?

Welch ein Glück, das schlechte Wetter!

So haben wir es herinnen besser!

Wenn der Winter nur lang dauert!

Aber jetzt kommt er wieder mit dieser Geschichte. Er hat eine einzige, und hör nur, wie er sie erzählt, langsam, damit er uns unsere Zeit stiehlt. Er hört sich gern reden.

Höre ich mich gern reden? Aber was tust du?

Hast du nur eine Geschichte? Kennst du nicht wenigstens zwei?

Aber du weißt gar keine. Du weißt nur ein Wort über das Wetter. Du sagst unablässig: »Windig ist's.«

»Ja, aber wenn's doch windig ist?«

»Genug, ihr da drüben, kommt her, schenkt euch ein!«

Ach Gott, das hat geschmeckt.

Haben wir's nicht gut, Leute, zwei halbleere Flaschen und eine unberührte.

Hehe, unberührt, wie eine Jungfrau.

Erzähl die Geschichte.

Die hab ich doch schon erzählt.

Erzähl sie. Schaut her – wir haben eine Unberührte!

Wenn der Winter nur lang dauert.

Das Gerücht kommt auf, daß einer von ihnen Branntwein stiehlt. Keiner weiß, wer den Verdacht als erster ausgesprochen hat, der ihrer eigenen Begierde nach mehr Trinkbarem entspringt. Daraus wächst der Argwohn und konzentriert sich auf einen der Männer. Aber noch weiß er nicht, daß er verdächtigt wird. Zwei stecken die Köpfe zusammen – sie hätten beide gern einen Schnaps. Sie einigen sich darauf, daß der dort drüben gern Schnaps trinkt. Sollen sie zu Amundsen gehen? Da sehen sie eines Tages, daß Amundsen das Flaschenlager überprüft und mit Lindström konferiert. Nur einer hat den Schlüssel zum Lager: Amundsen. Braucht Lindström, der Koch, etwas, muß er zu ihm. Aber einen Schlüssel kann man nachmachen.

Es ist klar, daß er einen Schlüssel zufeilen kann.

Sag, was du willst, aber er ist geschickt – und das nützt er eben aus, wenn er Lust hat.

Hast du gesehen, wie unsicher er gestern auf den Beinen war?

Das will ich nicht sagen, aber er hat das Gesicht weggedreht – und ist schnell hinausgelaufen. Er ist lang weggeblieben. Ich glaube, er hat sich Hundedreck auf die Finger geschmiert.

»Verstehst du nicht? Du bringst einen Geruch weg, wenn du ihn mit einem anderen überdeckst.«

Neun Mann schlafen zusammen in einem Raum. In den oberen Betten ist es zu warm, in den unteren zu kalt. Im Lauf des Winters wird es immer schwieriger, Schlaf zu finden. Die Nächte können lang werden. Lieg da und horch – denn es muß in den Nächten sein, daß er sich auf den Dachboden schleicht. Dort ist das Lager. Es wird nicht leicht für ihn sein. Aber er ist geschickt. Es ist stockdunkel herinnen.

Draußen der Wind.

Der verdammte Wind da draußen. Man kann unmöglich hören, ob ein Mann über die Dielenbretter schleicht.

Hundegeheul. Ausgerechnet jetzt!

Ist da einer, der so tut, als schliefe er? Ist da vielleicht ein glucksendes Geräusch?

Schläft Amundsen? Hat er das Glucksen nicht gehört?

Sturm über dem Polarland, über der Hütte im Eis, über einem rußigen Ofenrohr, das aus dem Schnee ragt. Drei Hunde heulen. Bald antworten die anderen Hunde.

Nicht ein Mann schläft.

Der Ton am Frühstückstisch ist bitter. Schneesturm, man kann nicht hinaus.

Einer beginnt mit dem Kaffeerest in seiner Tasse zu schwappen und sagt: »Hört einmal… Das war so…« Sieht sich um. Wagt den nicht anzusehen, den er verdächtigt. Stille rund um den Tisch.

»Verdammt«, sagt einer.

Noch ist der Winter lang.

Er geht in die große Stille hinaus. Das war sein Trost und seine Medizin auch damals, als er mit der *Belgica* hier unten war. Die Kälte beißt im Hals und in den Nasenlöchern. Die Schier gleiten nicht ordentlich. Er steckt nur die Schuhspitzen in die Bindungen und stolpert an den Hundezelten vorbei. Dort drinnen ist es still. Ein Südlicht flammt auf und wirft rote Funken auf seine Pelzfäustlinge, so daß sie wie zwei kleine rote Boote vor ihm schwimmen. Das Polarland ist erleuchtet – eine Sekunde lang. Dann erstirbt das Licht, fließt in einem blauen Strom unter dem Horizont im Norden fort und spannt einen grünen Bogen über den ganzen Himmel. Er geht, ohne zu denken.

Dann ordnen sich, wie immer, seine Gedanken, streifen zuerst

Cook, den Mann, der im Kampf um den Nordpol als Schwindler dagestanden hat – und es wohl auch war. Kann dein eigenes Schicksal dem seinen gleichen? Wenn du von hier zurückkommst, ohne Erfolg gehabt zu haben, dann hast du sie hinters Licht geführt. Diejenigen, die dir Geld gegeben haben, das Storting, die Presse, die ganze Welt, Nansen und England. Da wirst du es schon zu hören bekommen. Aber wenn du als Sieger zurückkommst?

Er spürt zum erstenmal eine Faust, die sich um das Herz zusammenkrampft und nicht loslassen will. Das macht ihm angst. Das gibt ihm auch einen winzigkleinen Trost: Wenn es so endet – daß das Herz stehenbleibt? Da können sie über mich sagen, was sie wollen.

Nansen hält die Grabrede, der König ist anwesend.

Zeitungen mit schwarzem Rand.

Er spielt eine Weile mit diesem Gedanken, und er gefällt ihm. Die Kälte scheint nicht mehr so beißend. Du mußt entweder siegen oder sterben.

Siegen oder sterben ... Du mußt siegen oder sterben ...

Aber Scott hat Motorschlitten, über die du nichts weißt. Die Engländer an Bord der *Terra Nova* haben mit diesen Schlitten geprahlt. Um mich zu erschrecken? Oder haben sie die Wahrheit gesagt?

Er läßt die Schier langsam gleiten, jetzt geht es den Hügel hinauf, der hinter »Framheim« liegt. Das Südlicht flammt auf.

Tag für Tag hat er überlegt, was auf dem Weg nach Süden geschehen soll.

Er kennt jeden der hundertzehn Hunde genau, hat jeden Mann im geheimen studiert, jeden Schlitten gehoben, jede Leine überprüft, jede Kiste untersucht, für jede Tagesreise Tabellen aufgestellt, hat alles auswendig gelernt – und die Notizen verbrannt, damit sie nicht in die falschen Hände fallen. Er erinnert sich und weiß alles, spürt, daß der Körper das Unglaubliche leisten kann.

Er kommt zurück zu den Hundezelten, schnallt die Schier ab und entschließt sich, ins Zelt der Hündinnen zu gehen. Einige von ihnen haben geworfen.

Die Hunde erkennen ihn am Geruch und begrüßen ihn. Er entzündet die Lampe, die in der Mitte des großen Zelts hängt.

Eine der Hündinnen hat fünf Welpen. Plötzlich, während er da steht, frißt die Hündin ein Junges auf. Ehe er sich's versieht, ist der Welpe zwischen ihren Zähnen verschwunden. Das geht so schnell, daß er es nicht verhindern kann.

Da ist er nahe daran zu erbrechen. Die braunen Hundeaugen scheinen plötzlich gelb. Sie starren ihn an, voll Haß – oder Hohn. Will da eine Tiermutter ihre Nachkommen vor der Mühsal bewahren, die sie selbst hat durchmachen müssen – durch die Peitsche wilder Männer, die blind sind in ihrer Gier nach Ehre? Ist es das? Oder ist es eine groteske Form von Humor, die Verachtung des Hundes, auf diese Weise zum Ausdruck gebracht? Er blickt in die Hundeaugen und hat zum erstenmal Angst, daß die Hündin ihm an die Gurgel springt.

Amundsen weicht einen Schritt zurück, stolpert über einen anderen Hund, ist sofort wieder auf den Beinen. Wenn er zurückweicht, können sie über ihn herfallen wie ein Rudel hungriger Wölfe. Er hält einen Schistock in der Faust, hebt ihn …

Dann verläßt er das Zelt der Hündinnen.

Das Unberechenbare ist es, was er fürchtet. Den Abgrund, den man im Schneegestöber nicht sehen kann, den Willen, der aus einer Tiefe kommt, die man nicht messen kann, und der dem seinen trotzt. Und dem Unberechenbaren war er hier begegnet.

Am Morgen war er zu Wisting gegangen und hatte gesagt: »Was weißt du über Motorschlitten?«

»Über Motorschlitten? Ich? Nichts.«

»Ja, aber du mußt doch etwas wissen, du bist nicht hierhergefahren, ohne dir eine Meinung über Motorschlitten zu bilden. Die Engländer haben Motorschlitten, das weißt du.«

»Ich hab nicht darüber nachgedacht.«

142

»So ist das also mit euch! Nicht nachgedacht! Aber ich werde nachdenken! Sag, was du über Motorschlitten weißt!«

Er hatte Wisting an der Pelzjacke gepackt und versucht, ihn zu schütteln. Der Mann ist schwer, er steht in großen Stiefeln fest auf dem Eisboden.

Dann sagte Wisting langsam: »Ich glaube, die verrechnen sich.«

»Das glaubst du?«

»Ja.«

»Wo hast du das her?«

»Ich hab darüber nachgedacht. Sie ziehen ohne rechte Erfahrung los. Haben sie nicht Schilehrer mit? Sie hätten Schi fahren lernen sollen, bevor sie hierhergekommen sind. Gibt es einen Grund, anzunehmen, sie wüßten mehr über Motorschlitten?«

»Nein!«

»Na also. Das taugt nichts, solche Geräte im Eis. Männer, Schier und Hunde.«

»Ja, ja. Männer, Schier und Hunde!«

Nach diesem Gespräch hatte Amundsen Ruhe gefunden – für eine Stunde oder zwei. Aber die Gedanken kommen zurück: Was wissen wir über Motorschlitten?

Sie haben ein Seil von den Hundezelten hinunter nach »Framheim« gespannt. Wenn Fütterungszeit ist und der Schneesturm wütet, muß es etwas geben, woran sie sich festhalten können, damit sie sich nicht verirren. Amundsen verschließt die Zelttür, macht sich fertig zum Rückweg.

Mit einem Mal ist der Sturm über ihm. Er kommt ohne Warnung, wie ein Sack, der plötzlich zerreißt.

Amundsen verliert einen Schi, auch das Seil findet er nicht mehr.

Er sitzt im Schnee, wendet dem Sturm den Rücken zu, krümmt sich zusammen, denkt ruhig, jetzt siehst du nichts, und wenn du in die falsche Richtung kriechst, bist du erledigt. Ist der Wind nicht zuerst von links gekommen? Du mußt ihn rechts haben, dann findest du das Seil.

Aber wenn der Wind gedreht hat? Er dreht oft, oder er schlägt in einem Wirbel zu, hat keine Richtung. Kannst du nicht genausogut hier sitzen und dich einschneien lassen? Du überlebst wohl acht, zehn Stunden. Vielleicht einen Tag und eine Nacht. Dann kannst du dich ausgraben.

Oder die anderen graben dich aus.

Wenn du lebst, und sie finden dich drei Meter von einem Seil entfernt, wirst du viel von deinem Gesicht verloren haben – das dann gefroren sein wird.

Du mußt das Seil jetzt finden.

Aber geh nicht im Kreis.

Du siehst nicht einen Fuß weit, aber du weißt, daß sich der Wind oft plötzlich legt, dann kannst du dein Leben retten, wenn du rasch bist. Aber der Wind legt sich nicht.

Amundsen faßt einen Entschluß. Wenn der Wind eine konstante Richtung beibehält, dann ist das Seil dort. Und »Framheim« dort.

Er hat nun den Wind im Gesicht, sinkt mit einem Fuß ein, steht plötzlich bis zu den halben Oberschenkeln im Schnee, sinkt tiefer – in einen Leerraum, steht bis zum Bauch im Schnee. Ringsum wütet der Sturm. Da schreit er.

Der Schrei wird zerrissen, verweht, zurückgeworfen, und erreicht ihn wieder wie eine heisere Klage. Ist das sein eigener Ruf, auf dem Weg zum Pol von einem Windstoß umgedreht und zu ihm zurückgejagt?

Amundsen beginnt zu waten, langsam, streckt die Hände in das Dunkel aus, um nach dem Seil zu suchen. Er begreift, daß es trotz allem besser ist, in einer Richtung weiterzugehen, ruft noch einmal und läßt es dann sein, will keine Kräfte vergeuden.

Plötzlich sieht er vor sich den Fuß eines Menschen, dann den ganzen Mann, der sich an einem Seil festhält. Es ist Johansen. Er ist von »Framheim« zu den Hundezelten unterwegs, um nach Amundsen zu suchen.

Sie kehren nach »Framheim« zurück, Amundsen bürstet sich ab, reibt sich das gefrorene Gesicht, dankt Johansen und lacht: Es war kalt draußen. Ist daheim nicht Mittsommer? Ich hatte das Seil verloren. Aber ich hätte es wohl wiedergefunden.

»Ja, hätten Sie das?« fragt Johansen.

Keiner antwortet.

Eine Weile später sitzt Amundsen im Dampfbad: ein kleines Zelt steht auf einem Lattenrost, darunter zwei Petroleumkocher. Die Hitze steigt auf, das schmelzende Eis wird gesammelt und mündet in einer Wanne.

Hier ist der Mann allein, hier ist die Zeit etwas, das dahinschwindet, ohne bittere Spuren zu hinterlassen. Hier kannst du denken – und vergeben.

Amundsen schläft halb in der Wärme, denkt an Johansen – und mag ihn.

An diesem Abend feiern sie ein Fest in »Framheim«. Gibt es jemanden, der mehr trinkt als die anderen? Nein, nein! Daheim ist Mittsommerabend. Hier ist Weihnachtsabend.

Rauhe Männer singen »Stille Nacht«.

Wir haben es gut hier!

SCOTT

Captain Robert Falcon Scott schläft in der Nacht gern mit einem alten Uniformmantel. Der hat einige rote Streifen und ist nicht ohne Würde, wenn er tagsüber an einem Nagel hängt. Daneben hat Scott ein paar Bilder von Frau und Sohn befestigt. Der Schreibtisch besteht aus ein paar alten Kisten, über die er ein Wachstuch gebreitet hat. Eine Bibel liegt auf dem Tisch, ein paar Bücher, Papier und Federhalter. Scott ist ein Mann mit einfachen Gewohnheiten. Er faltet die Hände über der Brust, ehe er einschläft, schnarcht mit der diskreten Würde eines Offiziers. Er mag unfeine Laute nicht – die von den umliegenden Räumen dennoch zu ihm hereindringen. Er

145

ist penibel im Gebrauch des Rasiermessers, vergißt nie, die Zähne zu putzen, hat aber kein übertriebenes Interesse an der Bedeutung des Hackenzusammenschlagens. Er versteht sich auf die Kunst des Maßhaltens.

Es gibt keinen Stuhl im Raum, deshalb müssen diejenigen, die hereinkommen, aufrecht vor Scott stehen bleiben. Der Raum ist klein, zwischen den Besuchern und Scott gibt es keinen Abstand. Er selbst sitzt auf der Bettkante. Es würde den Bruch einer militärischen Regel bedeuten, einen Untergebenen einzuladen, sich auf sein Bett zu setzen. Das ist eines seiner Probleme in den ersten Wochen der Überwinterung auf Kap Evans: Wie kann man korrekte Ordnung und Abstand halten und trotzdem die erwünschte Freundlichkeit zeigen?

Er spricht niemals über Amundsen.

Die Hütte ist im Verhältnis zwei zu drei quergeteilt. Der kleinere Raum ist der Mannschaft und den Unteroffizieren zugewiesen. Sie sind in der Überzahl. Zwischen den beiden Räumen gibt es keinen Kontakt. Das Essen ist im großen und ganzen das gleiche. Der Raum der Offiziere wird von einem Eßtisch beherrscht. Wenn alle sich an ihren Plätzen aufgestellt haben, kommt Scott herein, setzt sich, nach ihm die anderen. Das Essen wird von einem Kellner in weißer Jacke serviert. Draußen tobt der Schneesturm.

Scott greift zu Messer und Gabel.

Die Offiziere greifen zu Messer und Gabel.

Die Mahlzeit kann beginnen.

Das Gespräch ist munter und frei, aber unter Kontrolle – schweigt Scott, schweigen auch die anderen oder sprechen leise. Eine seltsame Schar von Männern sitzt um den Tisch. Viele von ihnen sind große Begabungen auf ihrem Gebiet: Ärzte, Zoologen und Geologen, die ausgewählt wurden, um hier auf dem Südpolarland einen wissenschaftlichen Einsatz zu leisten. Außerdem verlangt das Empire, daß sie den letzten Fleck auf dem Erdball erobern sollen, der noch von keines Menschen Fuß betreten wurde.

Scott spricht nicht von Amundsen.

Da er nicht von ihm spricht, tun es die anderen auch nicht – aber eine stumme, zitternde, fast gefährliche Verwunderung breitet sich aus, von Mann zu Mann. Nach dem ersten Schock, den die Nachricht, daß die Norweger in der Walbucht an Land gegangen waren, ausgelöst hatte, sagt Scott kein Wort mehr über Amundsen.

Jeden Sonntag hält Scott Gottesdienst. Da versammelt sich die Mannschaft im Raum der Offiziere. Keiner darf fehlen. Alle falten die Hände. Manche Finger haben Frostschäden. Eine Begegnung mit Gott, das ist befohlene Frömmigkeit, hier genauso wie daheim in England. Scott liest das Bibelwort mit klarer, schöner Stimme. Draußen tobt der Schneesturm.

Auch an den Abenden spricht Scott nicht von Amundsen.

Die Männer beginnen hinter seinem Rücken zu tuscheln. Er weiß es wohl. Will er nicht? fragen sie einander, wenn sie sich über den Schneeschaufeln aufrichten oder Heu für die Ponys herausziehen, die mit glanzlosem Fell herumstehen und in schlechter Verfassung sind. Will er den Kampf nicht aufnehmen? Wir sollen ja den Pol als erste erreichen. Das Empire verlangt es. Deshalb haben wir Geld für die Ausrüstung einer Expedition bekommen.

Der Unteroffizier Edgar Evans hat auch an Scotts erster Expedition hierher teilgenommen. Scott hat Evans liebgewonnen. Es ist die Zuneigung des Offiziers zu einem Untergebenen, nicht unähnlich der des Bauern zu einem Pferd. Evans ist zu allem fähig. Er hat Kräfte wie ein Ochse und ist folgsam wie ein dressierter Hund, führt sich brav auf – wenn der Chef in der Nähe ist. In den Slums aufgewachsen, ist er der Marine dankbar, die ihm aus den Slums herausgeholfen hat. Er ist der vollkommene Mann für den vollkommenen Chef. Aber wie wird er sein, wenn sich der Chef als nicht vollkommen erweist?

Evans sagt. »Will er den Kampf nicht aufnehmen?« Und er fragt einen Kameraden: »Kriegen wir unser Geld, wenn der Chef nicht der erste am Pol ist?«

»Unser Geld?«

»Wenn er bankrott geht, weil er nicht der erste ist?«

Immer öfter heißt es unter den Offizieren und der Mannschaft: »Will er den Kampf nicht aufnehmen? Er redet davon, daß wir unserem wissenschaftlichen Plan folgen werden. Weiß er nicht, was England will? Die Wissenschaft interessiert nur wenige. Das Empire fordert, daß wir den Pol erobern.«

Oates, der Multimillionär mit Indienerfahrung, arrogant und wortkarg, mit einer seltsamen Auffassung von Humor, wiederholt eines Tages unter Gelächter: »Will er den Kampf nicht aufnehmen?«

An der Expedition nimmt ein russischer Pferdeknecht namens Anton teil. Anton ist kleinwüchsig, fast ein Zwerg, stämmig gebaut, er füttert die Ponys und mistet bei ihnen aus – eine Arbeit, an der der Kavallerieoffizier Oates keinen Gefallen findet. Anton kann kaum Englisch – es ist allen ein Rätsel, wie er bei der Expedition gelandet ist –, aber er ist klug. Er wendet sich zu Oates und feixt: »Scott nicht Kampf aufnehmen?«

Doktor Wilson, der wissenschaftliche Leiter der Expedition, verhält sich Scott gegenüber absolut loyal. Nicht ein Wort des Protests, keine unziemlichen Klagen, kein Vorschlag über die Änderung von Plänen. Als Wissenschaftler – er ist Zoologe – ist Wilson damit zufrieden, daß Scott an seinem ursprünglichen Plan festhält, auch nachdem Amundsen ins Bild gekommen ist. Aber er hat Sinn für Humor. Lächelnd denkt er: Scott will den Kampf nicht aufnehmen …?

Teddy Evans hatte die *Terra Nova* auf dem Weg von Neuseeland im Sturm gerettet. Sein Mut kennt keine Grenzen. Er ist extrem ehrgeizig, klug, von Ideen überströmend und nicht immer durch die Gabe belastet, die Wirkung seiner Handlungen zu berechnen. Die Kunst des Maßhaltens ist nicht Teil seines Wesens. Er war davon ausgegangen, Scott würde von dem Moment an, da er erfahren hatte, daß Amundsen in der Walbucht war und versuchen wollte, früher als sie zum Pol zu kommen, seine Pläne ändern und forcieren. Nicht mehr ein vorsichtiges, etappenweises Vorrücken nach Süden, sondern ein mächtiger Vorstoß – in der einen, einzigen Absicht, als erster am Ziel zu sein, koste es, was es wolle.

Aber Scott will nicht.

Evans will. Er will, wenn nötig, auch den Chef zwingen – aber als Offizier weiß er, daß das unmöglich ist. Das eiserne Gesetz der Marine gilt auch auf dem Südpolarland. Das Problem für Evans besteht daher darin, zu beeinflussen, nicht umzustürzen, seinen Willen dem des Chefs einzupflanzen und dort einen Funken in ihm zu zünden, wo Asche zu sein scheint.

Evans versteht nicht. Will Scott den Kampf nicht aufnehmen?

Eines Tages wird Evans geholt. »Der Chef möchte, daß Sie sofort zu ihm kommen.«

Evans ist sicher, daß Scott jetzt einen anderen, besseren und rascheren Plan mit seinen Offizieren besprechen will. Es ist eng im Raum. Evans schlägt die Hacken leicht zusammen, richtet sich auf und bleibt so dicht vor Scott stehen, daß er auf ihn hinunterschauen muß. Scott sitzt auf der Bettkante. Nach dem Reglement kann er seinen Ersten Offizier nicht bitten, neben ihm Platz zu nehmen.

»Lieber Evans, ich habe dich gebeten zu kommen, weil ich gern etwas mit dir gemeinsam überlegen will.«

»Sir.«

»Ich will, daß die Polmannschaft soweit als möglich aus Männern aller Waffengattungen zusammengestellt wird. Wir selbst gehören zwar der Marine an, die uns naturgemäß am nächsten steht, aber wird England nicht wünschen, daß auch die Armee vertreten ist?«

Da schweigt Evans.

Auch auf Kap Evans kriechen Männer mit dem Kopf voran in ihre Schlafsäcke, um so weit wie möglich von ihren Gefährten entfernt zu sein. Weg von den Menschen – die sie mit ihrem unerträglichen Geschwätz umgeben, ihren Schnarchlauten, ihrem Spucken und

149

ihren dummen Geschichten, Rauch aus sauren Pfeifen, Witzen, die alle schon einmal gehört haben. Männer gehen hinaus und übergeben sich. Das Erbrochene gefriert zu Eis. Andere Männer stolpern darüber, hassen den Schuldigen, verwünschen ihn, hassen alle Welt, nehmen das tiefgefrorene, steinharte Erbrochene in die Hand, schmeißen es an die Hüttenwand – und rennen. Keiner darf erfahren, was sie getan haben.

Die Männer sind manchmal am Rand des Wahnsinns. In den Nächten stehlen sie sich fort, der Gedanke an Selbstmord ist ihr einziger Trost. Der Mut verläßt sie – verläßt Männer, deren Mut ein Weltreich gerühmt hat. Männer wollen Branntwein stehlen, finden Saft, trinken Saft, der Saft färbt ab, der Einbruch ist aufgedeckt, Scott befiehlt sie zu sich. Er überlegt: Ein Arrestlokal kann sich als notwendig erweisen. Aber wir haben keinen Platz im Haus. Eine Eiskammer ausgraben? Der Eingesperrte würde dort erfrieren. Das wäre eine unmenschliche Strafe. Außerdem, vergiß nicht die Konsequenzen, die näher zu analysieren wären. Dürfen wir nicht hoffen, daß ein Verweis unter vier Augen genügt? Und, wenn nötig, ein Tadel in Anwesenheit aller?

Schneesturm, Tag und Nacht. Krieche in deine Höhle, versuche zu schlafen. Aber wer kann tage- und nächtelang schlafen? Da ist militärische Disziplin eine gute Hilfe.

Alle stehen, bis der Chef sich gesetzt hat. Gedämpfte, korrekte Unterhaltung bei Tisch.

Gottesdienst.

Gymnastik jeden Morgen.

Eines Tages sollen ein paar Kisten ins Haus gebracht werden.

Man hatte sie draußen vergessen, keiner weiß, was sie enthalten, die Ausrüstung ist über Schneehaufen verstreut, aber langsam kommen die Dinge unter Kontrolle. Es stellt sich heraus, daß die Kisten an Land gebracht worden waren, als die *Terra Nova* nach dem Zusammentreffen Campbells mit Amundsen hierher zurückgekommen und Scott auf der Depottour nach Süden war. Die Kisten

150

enthalten einige Karten, vielleicht sind sie wichtig, vielleicht nicht. Der Schneesturm wütet schon den dritten Tag. Ein kleiner schwacher Lichtschimmer mitten am Tag, nur so hell, daß du gerade den Mann neben dir erkennen kannst. Da flattert ein Papier auf.

Eine Hand streckt sich nach dem Papier aus – es ist ein Brief. Beißende Kälte. Die Hand erstarrt. Der Brief wird davongeweht.

Es ist wohl nur ein Gruß von Campbell, aber immerhin – wenn Scott davon erfährt und Evans, der Erste Offizier, der jetzt kommt und die Stimme wie so oft zu einem Gebrüll erhebt? Die Männer beginnen zu suchen. Einer von ihnen tritt auf etwas, will sich niederbeugen und es aufheben, plötzlich kommt ein Windstoß, und der Brief ist wieder verschwunden.

Am nächsten Morgen wird eine größere Suchaktion gestartet. Noch hat man Scott nicht informiert. Aber Evans schwört, daß der Brief gefunden werden wird – wenn es ein Brief war. Er kann eine wichtige Nachricht von Campbell enthalten. Evans verflucht Campbell, der jetzt auf Neuseeland ist. Gibt es keine bessere Methode, einen Brief abzuliefern, als ihn zusammen mit ein paar Karten in eine Kiste zu legen?

Männer schaufeln, Männer fluchen, aber was hilft das alles, der Schneesturm schließt sie in einem einzigen Tosen ein.

Am folgenden Morgen herrscht Schönwetter.

Die Ponys werden hinausgebracht, damit sie Bewegung machen.

Evans kommandiert: »Der Brief muß gefunden werden.«

Scott weiß jetzt Bescheid.

Alle Mann graben und suchen. Da sagt einer von ihnen zu Evans: »Sir.«

»Ja.«

»Ein Pony hat irgend etwas im Maul.«

Es zeigt sich, daß dieses Etwas ein Brief ist.

Er wird in letzter Sekunde gerettet.

Der Brief ist an Leutnant Evans adressiert, den zweiten Mann der Expedition.

Campbell schreibt, daß er während seiner Begegnung mit Roald Amundsen in der Walbucht Beobachtungen angestellt habe. Der Norweger wirke hart und tüchtig. Seine Männer seien schweigsam und verstünden sich darauf, ein Hundegespann zu lenken. Die Schier wirkten wie ein Teil ihres Körpers. Schlimmer als das: Die Norweger hätten eine Reihe großer Zelte für die Hunde errichtet. Daraus müsse man den Schluß ziehen, daß Amundsen vorhabe, zeitig im Frühjahr zu starten, und die Hunde vor der Kälte schütze, indem er sie im Zelt schlafen lasse. Mit diesem Plan habe Amundsen große Chancen, den Pol als erster zu erreichen.

Das ist ein bitterer Tropfen für Evans, der den Brief liest. Sein Kopf steckt voll explosiver Ideen, jeder Schwierigkeit begegnet er sofort mit Gegenmaßnahmen. Die Nachricht über Amundsens Hundezelt bringt ihn auf den Gedanken, daß sie selbst Zelte als Übernachtungsort für die Ponys verwenden könnten. Im Lauf weniger Stunden skizziert er einen neuen und kühnen Angriffsplan. Wenn sie den in die Tat umsetzen, können die Norweger im Wettlauf um den Pol geschlagen werden.

Scotts Plan besteht im langsamen Vorrücken dreier Gruppen, die miteinander Schritt halten, aber unabhängig voneinander organisiert sind: eine Gruppe mit Hunden, eine mit Ponys und eine mit Motorschlitten als Zugkraft. Wenn sie den Beadmoore-Gletscher erreicht haben, den großen, unmenschlich harten Aufstieg zum Polplateau, sollen nur fünf Mann weitergehen – zu Fuß zum Pol.

Evans umreißt nun einen Plan, der auf einem frühen Start im Frühling aufbaut. Eine Gruppe mit Ponys, Hunden und Zelten soll bis zum Beadmoore-Gletscher vorrücken, dort das Lager aufschlagen und den Aufstieg vorbereiten, noch ehe der Winter vorbei ist. Dann soll der Poltrupp vom Winterquartier aufbrechen, ausgeruht, und dem abgesteckten Weg folgen, beim Aufstieg zum Beadmoore-Gletscher Verstärkung erhalten und für das letzte Stück bis zum Pol startklar sein, wenn hier unten der Sommer beginnt.

Aber es gibt einen Punkt in Evans' Plänen, in dem die strengen

Regeln der Marine schwerer zu überwinden sind als die Stürme auf dem Südpolarland. Campbell ist ein Untergebener. Er hat an einen anderen Untergebenen in einer Art und Weise geschrieben, die Kritik am Chef und seinem Plan bedeutet. Eine solche Kritik hätte eventuell an den Chef persönlich gerichtet werden dürfen. Ein höfliches Ersuchen, er möge seine wirklich hervorragenden Pläne doch nochmals überdenken und eventuell zur Kenntnis nehmen, daß einer seiner Männer eine andere Auffassung von einzelnen Details des Angriffsplans habe. Der Brief eines Untergebenen an einen anderen mußte als ein Schreiben privater Natur betrachtet werden. Als Leutnant der Marine hatte Evans kein Recht, dem Leiter einer britischen Expedition einen seiner privaten Briefe zur Kenntnis zu bringen, solange der Leiter nicht persönlich den Wunsch danach äußerte.

Evans konnte anderseits Scott seinen Plan nicht vorlegen, ohne zu verraten, woher er seine Informationen hatte. Er konnte den eigentlichen Ausgangspunkt der Überlegungen nicht ausklammern, ohne Scott hinters Licht zu führen. Aber wenn er ihn hinters Licht führte, würde das bedeuten, daß er vor ein Kriegsgericht gestellt werden konnte. Das war ein Problemkomplex, der Evans einige Tage lang Kopfschmerzen bereitete, während er gleichzeitig seinen eigenen Plan durchdachte, ihn gegen jenen Scotts abwog, alle Vorteile des seinen sah und etwas von seinem Respekt vor Scott verlor, ohne sich das anmerken zu lassen.

Er erwog, zu Doktor Wilson zu gehen und ihm seinen Plan vorzulegen. Das hatte Vor- und Nachteile. Wilson war ein kluger Mann, menschlich und mild, hatte die Gabe zuzuhören, ob ihn eine Sache interessierte oder nicht. Er würde wohl den großen schönen Kopf in den Nacken werfen, zufrieden nicken, sich in fast allen Punkten mit Campbell einig erklären, Evans' Plan loben – und sagen: Das müssen wir Scott wissen lassen. Aber was dann mit Scott?

Er würde feststellen müssen, daß nicht nur Campbell, sondern auch Evans hinter seinem Rücken gehandelt hatte, indem er zuerst zu Wilson und erst dann zu Scott gegangen war. Es sah aus, als ob der ganze alternative Plan für die Eroberung des Pols durch die Briten auf Grund des Marinereglements zunichte werden könnte. Aber Evans war nicht gesonnen, sich aufhalten zu lassen.

Er kam zu dem Schluß, daß die einzige Vorgangsweise, die Scott billigen würde, darin bestand, alle Karten auf den Tisch zu legen. Die Übergabe von Campbells Brief, mit dem korrekten Ersuchen, Scott möge ihn lesen – militärischer Ton mit leichtem Unterstreichen des Umstands, daß Campbell in größter Zeitnot gewesen sein mußte, als er den Brief schrieb, weil die *Terra Nova* segelklar gemacht werden mußte, deshalb die grob formwidrigen Aspekte des Schreibens. Aber der Brief enthält einen wesentlichen Punkt, auf den Ihr Augenmerk zu richten, Sir, ich Ihnen anheimstellen möchte. Ich persönlich habe, trotz mangelnder Erfahrung mit Polfahrten, etwas ausgearbeitet, was ich halb im Spaß einen alternativen Plan für die Bezwingung des Pols nenne.

Evans geht also zu Scott.

Er schlägt die Hacken zusammen, aber nicht zu hart – es irritiert Scott, wenn das mit zu großer Kraft getan wird, es erinnert ihn an die unangenehmen Seiten seiner Funktion –, aber es muß trotzdem getan werden, weil Scott der Leiter der Expedition ist und die Konsequenzen genau durchdacht hat, falls er zuließe, daß ein Bestandteil des militärischen Reglements eliminiert wird.

Wenig Platz hier, in Scotts kleinem Zimmer.

Scott sitzt auf der Bettkante.

Dort kann Evans nicht sitzen. Er überreicht den Brief, erklärt kurz und schlicht, bleibt stehen, da er nicht gebeten wird zu gehen.

Scott liest langsam.

Scott liest nochmals und langsamer, die Kunst, sich unbeeindruckt zu zeigen, hat er voll und ganz erlernt. Nicht ein Zucken im Gesicht.

Auch Evans zeigt keine sichtbare Bewegung, als er leicht entspannt dort steht, korrekt, einen halben Meter von Scotts gebeugten

Schultern entfernt und so nahe bei einem alten, an einem Nagel hängenden Uniformmantel, daß ihn der eine Ärmel am Ohr reibt.

Scott hat zu Ende gelesen. Blickt auf.

Die beiden starren einander an.

Zwei starke Männer begegnen einander in diesem Blick – der Leiter der Expedition und sein Stellvertreter, der die *Terra Nova* im Sturm gerettet hat. Das wissen beide. Der eine hat große Erfahrung von seiner vorigen Reise hierher, der andere ist Seemann – und nur das –, aber mit einem unbändigen Willen, einer Phantasie, an der es Scott fehlt, einer Härte, die für ihn, Evans, natürlich ist und die Scott bestenfalls nachahmen kann, wenn auch nur mit einem flauen Gefühl im Magen.

Das Empire wird das Seine fordern, Amundsen wird den Pol fordern. Der Angriff der Norweger kann nur mit einem Gegenangriff beantwortet werden. Aber kann der Chef den Plan seines zweiten Mannes gutheißen – vorsichtig so lange daran basteln, bis es sein eigener wird, seinen Stempel darauf drücken, die Verantwortung übernehmen, eventuell den Ruhm ernten? Scott ist nicht der Mann, der mit ausgebreiteten Armen rufen kann: »Du hast die Lösung gefunden!« Das kann der Kommandant eines Schlachtschiffs nicht tun, ohne ein Reglement zu verletzen.

Deshalb sitzt er dort. Ein Feuer glimmt in ihm. Eifersucht liegt ihm nicht fern. Zuerst muß er Zeit gewinnen. Das rasche Abziehen entspricht nicht seiner Natur. Seine Stärke liegt in der Bedächtigkeit und Hartnäckigkeit. Sie kann wie mangelnde Handlungsfähigkeit wirken.

Mag er Evans seit jenem Tag nicht, an dem sein Erster Offizier eine Findigkeit und einen Mut an den Tag legte, die im Empire zu einer Legende werden sollten?

Da steht er wieder – fast herausfordernd, mit einer selbstverständlichen Kühnheit, einem fertigen Plan, mit funkelnden Augen, der Mann, der Männer führen, sie vielleicht auch opfern kann, den Sieg für sich erringt, indem er andere opfert. Aber Scott muß die Entscheidung treffen.

Hier ist Scott der Überlegene. Hinter seiner Pflicht, eine Entscheidung zu treffen, kann er auch seine Schwäche verbergen. Ahnt er, daß Evans des Hasses fähig ist? Er selbst neigt zur Resignation.

»Mein lieber Evans«, beginnt er, und der Tonfall sagt Evans alles, was er wissen wollte. »Mein lieber Evans, Campbells guter Wille steht außer Zweifel und der deine genauso. Aber der Brief und die Auffassung, die du von der Sache hast, werden meine Pläne nicht ändern. Dies ist eine wissenschaftliche Expedition. Wir machen weiter, als ob die Norweger nicht existierten. Ich habe dafür unserem guten Wilson erlaubt, aufzubrechen und Eier zu sammeln. Danke, Evans.«

Wilson soll Eier der Kaiserpinguine sammeln. Das wird von großem Interesse sein.

Die Kaiserpinguine legen ihre Eier bei Kap Crozier, das haben frühere Expeditionen festgestellt. Aber die Eier hat bis jetzt noch niemand gesehen. Man kann sie nur im Winter holen, wenn sie von den Kaiserpinguinen ausgebrütet werden.

Kap Crozier gehört zu den der Witterung am meisten ausgesetzten Punkten auf der Landkarte, eine Hölle – selbst im Vergleich zu den Verhältnissen auf dem Südpolarland. Und dorthin will Wilson. Er ist Zoologe und in all seiner Klugheit mit Scheuklappen versehen. Um das Ei eines Kaiserpinguins in Händen halten zu können, ist er bereit, sein Leben einzusetzen. Insofern hat er klüger gewählt als seine Gefährten auf der Reise nach Süden, die nur nach einem streben: ihr Leben einzusetzen, um eines Tages auf einem Punkt der Landkarte – Pol genannt – zu stehen, von dem sich herausstellen wird, daß er allen anderen Punkten hier unten gleicht.

Wilson bekommt den Marineleutnant Henry Bowers mit, einen Mann mit ungewöhnlich großer Nase und einem Profil, das keiner vergißt, der es einmal gesehen hat. Er ist kein Spezialist, aber er kann alles. In ihm ist etwas von der Unbeeinflußbarkeit des Steins und die merkwürdige, tief verwurzelte Begabung, in Nebel und Schneetreiben den Weg zu finden.

Die beiden werden von dem jungen Zoologiestudenten Cherry-Garrard begleitet, einem schönen jungen Mann. Er wirkt schwächlich, ist es aber nicht. Allerdings hält er sich nicht gern in der Kälte auf – keine sehr glückliche Ausgangsposition für einen Polfahrer.

Scott hat wohl seine Hintergedanken, als er die drei losschickt. Gelingt ihnen die Reise mitten im Winter, wird es vielleicht auch gelingen, früher nach Süden aufzubrechen, als sein ursprünglicher Plan vorsieht. Das Gelände zwischen Kap Evans und Kap Crozier ist wild und gefährlich: hohe Berge und Spalten, Pässe, in die sich der Wind hineinpreßt, wo er mit noch größerer Kraft weht als draußen auf den offenen Hochflächen.

Der Treibschnee ist wie Sand. Die drei Männer ziehen die Schlitten mit Seilen, die sie über die Schultern gelegt haben. Zuerst herrscht mittlere Temperatur, rund minus vierzig Grad, aber dann fällt sie bis auf minus dreiundsechzig Grad. Die Schlafsäcke sind steifgefroren und lassen sich nicht ausbreiten, wenn die Männer ins Zelt kriechen. Ein Mann, dessen Kleider feucht geworden sind, weil der Schnee durch die Körperwärme schmilzt, riskiert es, wenn er das Zelt verläßt, zu einem Bogen gekrümmt stehenzubleiben, da die Feuchtigkeit sofort wieder gefriert und die Kleider sich nicht geradebiegen lassen.

Aber sie erreichen Kap Crozier. Sie bauen eine Steinhütte in einem Paß unter dem Mount Terror. Von dort aus gehen sie zu den Brutplätzen. Die Story von Edward Wilson, der bei Schneesturm und sechzig Kältegraden zwölf Pinguineier sammelt, sie verpackt und vorsichtig mit sich trägt, um sie später studieren zu können – sie gehört zu den schönsten in der Geschichte der Wissenschaft.

Da bricht ein Orkan los. Ihr Zelt, das zusammengefaltet vor der Hütte liegt, wird davongeweht. Als die Nacht kommt, reißt sich die Zeltplane, die sie als Dach über die Hütte gespannt hatten, los und fliegt im Sturm davon. Das bedeutet den Tod.

Sie haben zwei Tage lang nichts gegessen. Als sich der Orkan endlich legt, gelingt es ihnen, den Petroleumkocher zu entzünden. Sie sitzen zwischen den Steinwänden im Schnee und essen.

Wenn sie das Zelt nicht finden, müssen sie sterben. Sie stecken also drei Kurse aus und machen sich einzeln auf den Weg, in die Richtung, in die der Orkan geweht hat. Sie haben einige wenige Stunden zur Verfügung, bevor das Nachtdunkel wieder über sie hereinbricht.

Da stolpert einer über das Zelt. Es liegt unter dem Schnee. Ein Stein war durch einen Windstoß losgerissen worden und auf das Zelt gefallen.

Sie kommen zurück nach Kap Evans ins Winterquartier, nach fünf Wochen Abwesenheit.

Wilson hat die Eier gerettet.

Scott sitzt bei Wilson, der so wie die beiden anderen mit Erfrierungen im Bett liegt.

»Lieber Bill, ich bin voll der Bewunderung für dich und deine Leistungen. Ich freue mich, daß es dir gelungen ist, die Eier mitzubringen. Es besteht kein Zweifel, daß deine Expedition voll und ganz geglückt ist. Ich weiß, wie sehr ihr gelitten habt, aber die Ausbeute entschädigt dafür. Trotzdem, lieber Freund, müssen wir in einem Punkt ganz klar sehen. Deine Expedition hat gezeigt, daß es nicht möglich ist, noch vor Ende des Winters nach Süden aufzubrechen. Es würde uns Hunde und Pferde kosten, vermutlich auch Menschenleben. Das können wir uns nicht leisten. Die Hunde sollen noch für andere Expeditionen verwendet werden, die ich hier plane. Auch mit den Pferden können wir kein unnötiges Risiko eingehen. Unsere Expedition bleibt also weiterhin, was sie immer sein sollte, eine wissenschaftliche Expedition, und wir folgen unserem ursprünglichen Plan. Dafür werden wir kritisiert werden. Es gehört mit zu unserer Aufgabe, Kritik ertragen zu können.« Wilson nickt. »Aber ich glaube, lieber Freund, daß wir eines Tages die Zusammensetzung der Polmannschaft besprechen müssen, damit möglichst alle Waffengattungen darin vertreten sind.« Wilson gibt nochmals seiner Dankbarkeit Ausdruck. Evans ist nicht anwesend. Der Winter vergeht. Bald kommt der Frühling.

Fiktives Gespräch

»Ich bin Ihnen sehr dankbar, Amundsen, daß Sie mir die Freude machen, zu einer privaten Besprechung zu kommen. Sie wissen, daß ich niemanden so hochachte wie Sie, sowohl was Ihre reiche Erfahrung mit den Polargebieten betrifft als auch hinsichtlich Ihrer Persönlichkeit.«

»Das ist allzu freundlich von Ihnen, Scott. Ich kann darauf nur entgegnen: Wenn die Freude jemals auf meiner Seite war, dann in diesem Fall.«

»Ich würde vorschlagen, Amundsen, daß wir beide versuchen, zu einem tieferen Verständnis unserer Situation – und unserer eigenen Person – zu gelangen.«

»Ganz Ihrer Meinung, Scott. Es kann vorkommen, daß ich im stillen Kämmerlein die bittersten Wahrheiten über mich selbst sehe und ausspreche. Auch Wahrheiten über andere.«

»Ich habe versucht, Sie telefonisch zu erreichen, als ich in Christiania war!«

»Ich habe den Hörer nicht abgenommen. Ich stand neben dem Apparat und wußte, daß Sie es waren, der anrief. Ich war zu feige. Ich hätte bei einer persönlichen Begegnung nicht verschweigen können, daß ich mich zu diesem Zeitpunkt entschlossen hatte, hier unten Ihr Konkurrent zu werden. Es wäre mit Recht als Unehrlichkeit ausgelegt worden. Anderseits konnte ich Ihnen zu einem so frühen Zeitpunkt nicht die Wahrheit sagen. Das hätte die Schockwirkung verringert, die ich erreichen wollte. Außerdem – und das ist, glaube ich, wichtig: Ich hätte Schwierigkeiten mit meiner Re-

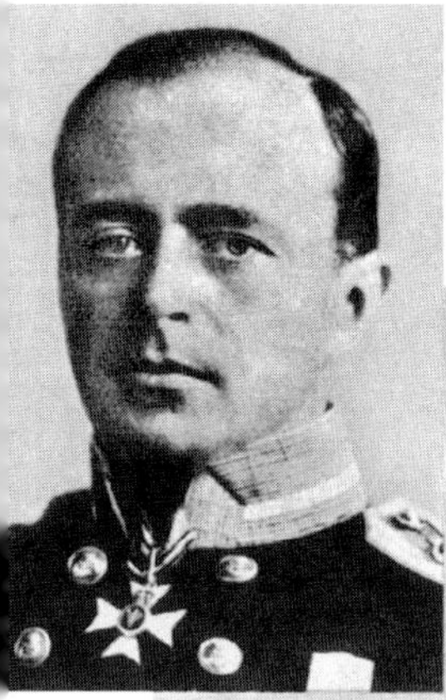

8 Captain Scott

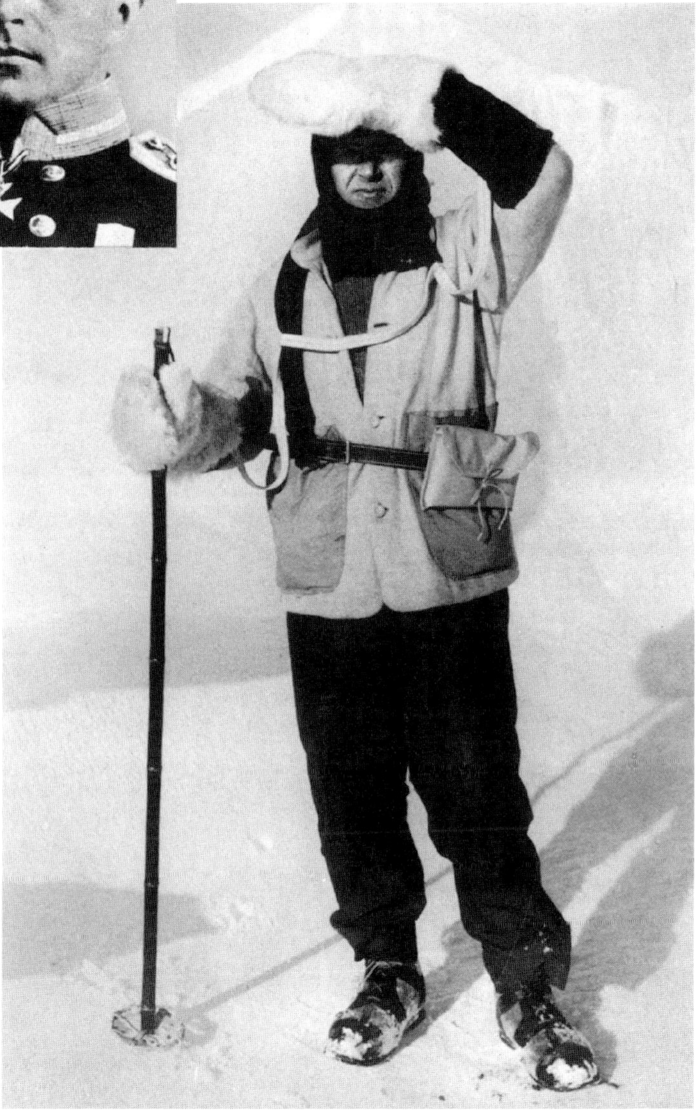

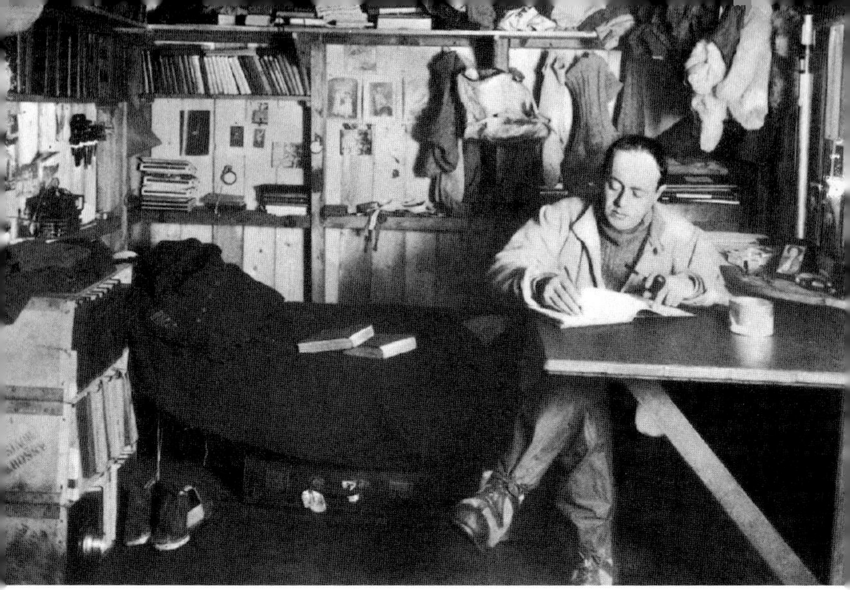

9 Scott im Winterquartier

10 Rast vor der Eisbarriere

11 *Links:* Norwegens Flagge weht auf dem Südpol

12 *Unten:* Amundsen fotografiert auf dem Südpol

13   Wilson, Scott, Oates (stehend), Bowers, Evans (sitzend)

14   Relikte von Scotts Expedition werden in London ausgestellt

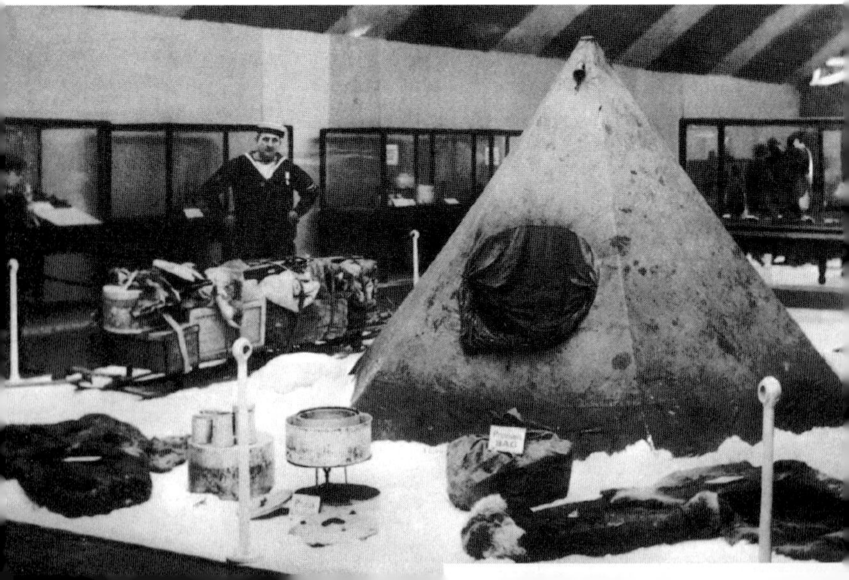

gierung bekommen. Sie wissen ja, daß auf Grund der Abhängigkeit Norwegens von England norwegische Behörden hätten verlangen können, daß ich nicht als Ihr Konkurrent auftrete.«

»Ich weiß, daß ich jetzt meine Schwäche enthülle, Amundsen. Aber ich wünschte, Ihre Behörden hätten Sie aufgehalten. Nicht, weil ich glaube, daß das berechtigt gewesen wäre. Aber Sie, mit Ihrem grenzenlosen Ehrgeiz, der Sie nicht einmal an einer Verheimlichung hindert, die ich als unehrlich betrachte – Sie werden wohl verstehen, daß der Ehrgeiz auch für mich eine Qual ist.«

»Ich verstehe Sie voll und ganz, Scott! Solange wir von Wünschen reden, könnte auch ich welche äußern. Zum Beispiel: die Motorschlitten. Ich wünsche sie zum Teufel.«

»In diesem Punkt teile ich Ihre Wünsche oft. Mit dem ersten ist es schon vorbei. Er ist durch das Eis gebrochen und auf Grund gesunken.«

»Ich habe das Bedürfnis, Scott, genau Rechenschaft über meine Motive abzulegen. Ich bin kein Wissenschaftler. Ich strebe nur nach dem Rekord. Ich will, daß es heißt: Amundsen war der erste. Und obwohl ich meine Zweifel habe, was Cook und Peary betrifft, so würde doch über einer eventuellen Eroberung des Nordpols durch mich immer ein Schatten liegen: Er war nicht der erste! Das zwang mich, in den Kampf um den Südpol einzugreifen, der für Sie ja das primäre Ziel ist. Belügen Sie nicht jedermann und auch sich selbst, wenn Sie behaupten, der Pol sei nur ein untergeordnetes Ziel Ihrer Expedition? Sie wagen nicht einzuräumen, daß es der Pol ist, den Sie erreichen wollen – und den Sie als erster erreichen wollen. Sie meinen, das sei unfein. Außerdem sind Sie ein wenig feige, Scott. Nicht, was äußere Gefahren betrifft – ich glaube, Ihr Pflichtgefühl kann Sie dazu bringen, das Äußerste zu wagen, wenn es sich ergeben sollte. Aber wagen Sie vorzutreten und etwas auf sich zu nehmen, das nach Schande schmeckt? Ich wage es. Ich kann sagen: Ich habe ein einziges Ziel: das Ziel, als erster zum Pol zu kommen.«

»Und deshalb glaube ich, daß Sie der erste sein werden, Amundsen! Sie haben die nötige Schamlosigkeit und Tollkühnheit, die ich allerdings für dumm halte, aber auch für ungeheuer effektiv. Sie wissen sehr genau, daß Shackleton gesehen hat, daß das Eis der Walbucht driftet. Das ist erst ein paar Winter her. Aber ausgerechnet dort haben Sie Ihr Winterlager aufgeschlagen.«

»Es war logisch, daß ich dieses Risiko eingegangen bin, Scott. Ich muß buchstäblich siegen oder sterben. Nach der kleinen Unehrlichkeit, die ich Ihnen gegenüber zugegeben habe, kann ich meine Ehre nur retten, indem ich siege. In der Walbucht bin ich dem Pol um hundert Kilometer näher gekommen.«

»Das wird sich als ausreichend erweisen.«

»Sie sind ein Pessimist, Scott.«

»Ja. Ich glaube, das kommt davon, daß ich innerlich reicher bin als Sie – ja, verzeihen Sie, aber wir haben einander versprochen, offen zu sein.«

»Gern! Sprechen Sie weiter, Scott.«

»Dieser innere Reichtum kann ein Minuspunkt für einen Mann sein, der in verzweifelten Situationen andere Männer führen soll. Ein General, der Befehl gibt, daß die Kanonen eine Stadt beschießen, darf nicht zu viele Skrupel haben, wenn er seine Mitmenschen tötet. Wenn er ein Imperium im Rücken hat, hilft ihm das dabei. Aber er muß dem einfachen Menschentypus angehören, der an das Recht des Imperiums glaubt. Dann kann er an das seine glauben. Sie sind ein solcher Mann, auch wenn Sie kein Imperium im Rücken haben. Ich habe es, bin aber nicht der Mann dafür.«

»Wer das Ziel will, muß auch die Mittel wollen – das ist meine Meinung. Warum ziehen Sie eigentlich aus, den Pol zu erobern, Scott, wenn Sie nicht alles andere zur Seite schieben und versuchen, ihn als erster zu erreichen?«

»Haben Sie jemals ein Ei in der Hand gehabt, Amundsen?«

»Ich verstehe nicht.«

»Sie haben die beneidenswerte Eigenschaft, daß Sie nicht immer verstehen. Mein Freund Wilson ist von Kap Crozier mit zwölf Eiern der Kaiserpinguine zurückgekehrt, Eiern, die bisher noch kein Mensch gesehen hat. Jetzt werden sie unter dem Mikroskop studiert. Der Mensch wird in seinem Wissen um einen ganz kleinen Schritt vorrücken. Es macht mir Freude, das feststellen zu können.«

»Das freut auch mich, Scott. Aber ich muß Ihnen von neuem mangelnde Konsequenz vorwerfen. Was wollen Sie eigentlich? Ich finde, es wäre lächerlich, wenn es von mir heißen sollte: Er wollte zum Pol, aber das ist ihm nicht gelungen. Dafür kam er mit einem Kilo Eier heim.«

»Die niemand vorher gesehen hatte.«

»Und die niemand hätte sehen müssen.«

»Ich räume gern ein, daß Sie eine Reihe von Eigenschaften besitzen, Amundsen, die mir fehlen. Aber sind Sie eigentlich innerlich so ruhig, wie Sie nach außen hin wirken? Neigen Sie nicht etwa zur Hysterie?«

»Ja, ich glaube, das kommt der Wahrheit ziemlich nahe. Das kann damit zusammenhängen, daß ich niemals das gelebt habe, was ich ein natürliches Leben nennen würde. Zum Beispiel interessieren mich Frauen nicht. Ich verberge diesen Mangel an Interesse selbstverständlich, so gut es geht. Ich habe mich gefragt: Zieht es mich zu anderen Männern hin? Möglich. Aber ich bin zu klug und außerdem zu feige. Diese strenge Askese verstärkt noch meinen Ehrgeiz. Ich halte tiefe Kräfte unter Kontrolle – und deshalb ist die Hysterie nicht weit entfernt.«

»Kommt es vor, daß Sie die Selbstbeherrschung verlieren?«

»Ab und zu, wenn etwas nicht so läuft, wie ich es will, Kleinigkeiten. Zum Beispiel: Wenn ein Hundegespann aus dem Kurs ausbricht – nicht einmal, das meistere ich schon, sondern immer wieder. Da werde ich nicht nur wütend, sondern schreie und tobe. Meine Männer dürfen das nicht sehen. Ich krümme mich zusammen und beiße in einen Fäustling, um die Hysterie zu verbergen. Da habe ich keine Gefühle, wenn ich einen Hund prügle.«

»Ich habe Gefühle.«

»Ich weiß. Glauben Sie mir – ich wünschte, auch ich hätte welche.«

»Wird diese Hysterie nicht gefährlich werden, wenn sie ausbricht, sobald alles auf dem Spiel steht?«

»Zweifellos. Einer der Faktoren, die meine Unruhe und damit die Möglichkeit hysterischer Ausbrüche verstärken, ist das Wissen darum, daß Hysterie etwas ist, das Ihnen fernliegt.«

»Darin haben Sie, glaube ich, recht. Dafür bin ich – um über meine Schwächen zu sprechen – ein Mann ohne Phantasie. Die Jahre bei der Marine haben diesen Mangel verstärkt. Die Marine muß ihr Reglement haben. Wissen Sie, daß meine Männer die Hacken zusammenschlagen, wenn sie in die kleine Kammer kommen, die gleichzeitig mein Schlafzimmer und mein Büro ist?«

»Wir schlafen im selben Raum. Das ist eine Intimität, die ich hasse. Aber ich lache mit meinen Männern. Das ist eine meiner starken Seiten.«

»Sie haben zweifellos viele starke Seiten, Amundsen, aber ich muß trotzdem sagen, daß ich Sie nicht mag.«

»Ich weiß es. Das seltsame ist: Ich glaube, es gereicht mir zum Vorteil. Daß Sie mich nicht mögen, erfüllt mich mit Haß und treibt mich vorwärts. Aber dieser Widerwille in Ihnen wirkt lähmend auf Ihren Charakter, weil Sie ihn als etwas Unwürdiges empfinden.«

»Hat einer Ihrer Männer Ihren Hang zur Hysterie entdeckt?«

»Einer. Der tüchtigste und gefährlichste von allen. Er war Nansens Mann, bevor er der meine wurde.«

»Der gefährlichste, sagen Sie?«

»Weil er der einzige ist, der Führerqualitäten hat. Die anderen habe ich selbst gewählt. Es sind praktische Männer, glänzende Schiläufer, sie ertragen Kälte, ertragen alles. Aber sie sind unbedeutend. Es war mein Wunsch, daß es so sein sollte. Keiner durfte daran zweifeln, daß ich der Leiter war. Aber Nansen empfahl seinen Mann. Ich hatte keine andere Wahl.«

»War Nansen nicht Ihr Wohltäter und Freund?«

»Nach außen hin. Aber innerlich war er wohl im Zweifel über

seine eigenen Möglichkeiten, in seinem Alter eine Expedition nach Süden durchzustehen. Deshalb war es leichter für ihn, mir die *Fram* zu überlassen und gleichzeitig etwas von meinem Ruhm zu stehlen, indem er daran erinnerte, daß die Pläne für eine Expedition zum Südpol von ihm ausgearbeitet worden waren, während er sich im Nördlichen Polarmeer befand. Das war nicht schlecht ausgedacht. Mir Hjalmar Johansen aufzudrängen war ein übler Streich. Er ist viel zu selbständig, um mein Untergebener zu sein.«

»Und er hat Ihren Hang zur Hysterie bemerkt?«

»Er hat ihn geahnt. Und wenn die Hysterie eines Tages ausbricht und ich die Herrschaft über die Ereignisse verliere, wird das in seiner Gegenwart geschehen.«

»Zur Freundschaft sind Sie nicht besonders begabt, Amundsen.«

»Eigentlich habe ich nur einen Freund, mich selbst. Und meinen Bruder Leon. Aber ich wage zu sagen, daß ein Bruder, der mir so viele Dienste erwiesen, der so tief in meine ehrgeizige Seele geblickt hat, mit dem ich so offen diskutiert habe und der deshalb meine ganze Unredlichkeit, zum Beispiel Ihnen gegenüber, kennt – daß ein solcher Bruder nicht immer mein Bruder wird bleiben können. Ich glaube, daß es zu einem Bruch zwischen uns kommen wird.«

»Ich bin stolz darauf, sagen zu können, daß ich meine ganze Familie erhalten habe, als mein Vater und mein Bruder starben.«

»Dieser Stolz ist berechtigt. Aber hat sich nicht Ihr Pflichtgefühl dadurch so entwickelt, daß Sie kaum unmoralisch handeln können, auch wenn dies zur Erreichung eines Ziels notwendig wäre, Scott?«

»Sir?«

»Sind Sie ganz ehrlich, wenn Sie sich als einen Mann ohne moralische Fehler hinstellen?«

»Das bin ich nicht. Zum Beispiel: Ich habe an mir bemerkt, daß ich immer stärker zu Neidgefühlen neige. Als Evans, mein Erster Offizier, die *Terra Nova* durch sein mutiges Verhalten während eines Sturms rettete, habe ich ihn aus ganzem Herzen beneidet. Verstehen Sie: Eine solche Tat wird ewig in Erinnerung bleiben. Ein

Mann rettet eine Mannschaft und ein Schiff. Das war vielleicht mein innerstes Motiv, als ich seinen persönlichen Plan zur Eroberung des Südpols zurückwies.«

»Meiner Meinung nach hat Evans' Plan Aussicht auf Erfolg, Scott. Ein rasches und kühnes Vorrücken ist notwendig, um meine Männer und mich zu bezwingen.«

»Ich weiß das. Aber es bedeutet auch, daß wir Tiere und Menschenleben aufs Spiel setzen. Das ist nicht leicht für eine Natur wie die meine. Außerdem, soll ich mit Hilfe eines Plans, der nicht von mir stammt, als – eventueller – Sieger im Kampf um den Pol dastehen? Wäre dann nicht er der Sieger?«

»Ich glaube, Sie werden zugrunde gehen, Scott.«

»Das glaube ich selbst. Aber ich weiß, daß ich als ehrlicher Mann sterben werde und stolz.«

»Und ich weiß, wenn ich umkomme, wird der Tod mich mit einem Glanz umgeben, der alle meine negativen Eigenschaften überdecken wird.«

»Deshalb haben Sie genaugenommen nichts gegen den Tod?«

»Am liebsten möchte ich als Sieger leben. Als Verlierer will ich sterben. Ich glaube, wenn ich zum Pol käme und Ihre Fahne dort fände, dann würde ich mein letztes Spiel spielen: Ich würde meine Männer auf dem Rückweg geleiten, mein Tagebuch führen, durch das die Nachwelt von meiner Größe erfahren soll, und dann würde ich eines Nachts, wenn alle schlafen, eine Spalte im Eis suchen.«

»Wenn ich Ihre Fahne auf dem Pol fände – und genaugenommen glaube ich, daß das mein Schicksal sein wird –, würde auch ich meine Männer zurückführen. Ich würde es als meine Pflicht erachten, zu überleben. Aber wenn ich sterbe, wird man mich, das glaube ich, groß nennen – und es wird die Wahrheit sein.«

»Das waren stolze Worte, Scott. Und Sie haben das Recht, sie auszusprechen. Aber sagen Sie mir eines: die Wahrheit über die Motorschlitten.«

»Begreiflich, daß Sie in diesem Punkt unruhig sind, Amundsen.

Aber ich sehe mich außerstande, Ihnen genauere Auskünfte zu geben. Wann brechen Sie auf, Amundsen?«

»Auch ich bin leider außerstande, Ihnen weitere Auskünfte zu geben. Aber ich wünsche Ihnen und Ihren Männern alles Gute, Scott! Ich kenne Ihr Ziel. Und Sie kennen das meine.«

»Leben Sie wohl, Amundsen.«

»Leben Sie wohl.«

Frühling

Amundsen ist schlecht gelaunt. Die Männer am Frühstückstisch können sehen, daß seine Hände zittern.

Er steht jeden Morgen um halb vier Uhr auf. Es ist August, der Frühling nahe. Aber er ist träge, noch kommen die Schneestürme vom Meer herein wie bissige alte Weiber. Alles sollte nun startbereit sein. Die Schlitten sind fertig beladen, das Riemenzeug der Hunde ist überprüft, jedes Kleidungsstück genau kontrolliert. Aber immer wieder wird da und dort eine schwache Stelle entdeckt und in Ordnung gebracht, da und dort eine Kleinigkeit geändert.

Sie sitzen am Frühstückstisch und sehen, daß Amundsens Hände zittern.

Die Männer haben oft über die Motorschlitten der Engländer gesprochen, aber kaum einer glaubt daran. Amundsen wird böse, wenn das Wort Motor fällt, darum schweigen sie in seiner Gegenwart lieber über dieses Thema und lenken das Gespräch auf die Hunde. Davon haben sie hundert Stück. Neunzig sind für die große Reise nach Süden ausersehen. Die Hunde strotzen jetzt vor Kraft. Sie kämpfen und beißen einander in die Ohren, da sie wissen, daß es dem Opfer nicht gelingt, sich dort zu lecken. Die Kälte läßt die Wunde anschwellen, die Ohren entzünden sich. Aber ist ein Hund einmal gebissen worden, kommen die anderen, stellen sich an und warten geduldig, bis sie an der Reihe sind und den Kranken lecken dürfen. Auch der Übeltäter, der gebissen hat, steht dort und harrt geduldig aus, um sein Verbrechen mit einer weichen, feuchten Zungenspitze büßen zu dürfen. Das Thermometer zeigte minus fünfundvierzig Grad.

Es muß auf dreißig Grad steigen, bevor sie aufbrechen können. Die Schneestürme müssen ausgetobt haben. Hjalmar hat es gesagt, ohne daran zu erinnern, wobei er früher mitgemacht hat. Helmer, der schon unter nördlichen Himmelsstrichen mit Hunden gefahren und vielleicht derjenige ist, der am meisten von Hunden und ihren Reaktionen versteht, warnt vor einem zu frühen Start. Aber etwas sagt ihnen, daß Amundsen, wenn einer jetzt das Wort Motorschlitten erwähnt hätte, ihm an die Gurgel gesprungen wäre. Er gleicht einem bösen, kräftigen Hund an der Leine – einem Hund, der knurrt, die Zähne leuchten weiß in einem bösen Maul.

Es macht die Männer unruhig, daß Amundsen immer verdrießlicher und zorniger wird, jetzt, da sie mehr als je zuvor einen Anführer brauchen, der ein freundliches Wort für sie übrig hat. Jeder einzelne von ihnen muß sich mit seinen eigenen Ängsten quälen. Die letzten Briefe nach Hause sollen geschrieben werden. Selbst wenn die Männer nicht vom Pol zurückkehren, wird doch wenigstens die *Fram* hierherkommen, um Post zu holen.

Mit dem Schistock sind sie geschickter als im Umgang mit der Feder. Die Tinte war während des Winters einige Male eingefroren und wieder aufgetaut. Es fällt ihnen schwer, ihre Gefühle in Worte zu fassen. Sie kritzeln ein paar krumme Buchstaben.

Minus fünfundvierzig Grad. Ein Schneesturm nach dem anderen, und es ist schon Anfang September.

Endlich, am siebenten September, hat sich die Wetterlage gebessert. Sie einigen sich darauf, am nächsten Tag loszumarschieren. Alles ist bereit. Die Hunde toben vor Kraft. Eine der Hündinnen ist läufig.

Amundsen schläft nicht viel in dieser Nacht. Zeitig im Morgengrauen weckt er die anderen.

Das Thermometer zeigt gut dreißig Grad. Ein kalter Wind weht von Norden, den werden sie im Rücken haben. Die letzten Vorbereitungen brauchen ihre Zeit. Es ist schon spät am Morgen, als alle versammelt sind. Acht Mann sollen fort. Der neunte, der Koch Lindström, bleibt allein zurück.

Sie stehen bei den Schlitten, aufgeregt, keiner erträgt das Warten. Lindström kommt mit dampfendem Kaffee. Da reißen Helmer Hanssens Hunde aus, mit einer Last von vierhundert Kilogramm. Er ist nicht imstande, die Tiere aufzuhalten.

Vielleicht macht die läufige Hündin die Rüden wild, die überschüssigen Kräfte liegen wie eine Marter unter dem Pelz und jagen die Tiere fort. Helmer rennt ihnen nach. Er ist ein guter Schiläufer, aber das Hundegespann verschwindet dennoch in einer Schneewolke.

Nebel kriecht vom Meer herein.

Da läuft auch Wistings Hundegespann davon. Er wirft sich über den Schlitten, die Hunde rennen weiter, Wisting wird mitgeschleift, Schnee gerät zwischen Kleidung und Hals, taut rasch infolge der Körperwärme. Die Hunde ziehen den umgestürzten Schlitten. Sie plagen sich ab, kommen nicht an das Tempo heran, das Helmers Gespann hat, laufen aber weiter, obwohl Peitschenhiebe auf sie heruntersausen. Wisting muß loslassen. Wütend, mißmutig, mit einer winzigen Träne im Augenwinkel, macht er sich daran, in der Spur hinter ihnen her zu waten. Irgendwo werden die Hunde stehenbleiben müssen, dann kann er sie einholen.

Die übrigen Männer haben jetzt die Hunde auseinandergetrieben und festgebunden. Zwei Männer kommen nebeneinander zu stehen, während der Nebel vom Meer hereinkriecht und bittere Kälte mitbringt: Hjalmar Johansen und Amundsen. Sie gehen auf und ab und trampeln im Schnee, um die Füße warmzuhalten. Wenn sie die Spur verlassen, müssen sie in losem Schnee waten. Dazu hat keiner von ihnen Lust. Es ist so eng in der Spur, daß sie bei jeder Begegnung aneinanderstreifen.

Amundsen weiß, was der andere denkt: Es ist zu früh ...

Johansen führt den Gedanken noch weiter: Ich hätte diese Expedition genausogut leiten können wie er...

In seinem Inneren verbirgt er die Unzufriedenheit darüber, daß er sich nicht ermannt hat, zu werden, was er hätte werden können: Leiter einer eigenen Expedition. Du hast zu gern gefeiert, hast die Freuden des Augenblicks gewählt. Der, der jetzt dein Chef ist, war ehrgeizig genug zu wachen, während du schliefst.

Bei Johansen schlägt sich die Enttäuschung in Bemerkungen nieder, die den anderen an einem wunden Punkt treffen. Wie jetzt: »Ein Motorschlitten rennt wenigstens nicht davon...«

Da kommt ein Pinguin dahergewandert. Das ist ein Frühlingszeichen. Die beiden Männer bleiben stehen und starren mit offenem Mund. Ein junger Vogel, er grüßt nach rechts, grüßt nach links, geht zwischen ihnen durch, dreht sich um und nickt Lebewohl. Dann verschwindet er im Nebel.

Amundsen und Johansen sehen einander einen Augenblick an, dann streift Amundsen einen Fausthandschuh ab, sucht die Uhr hervor und sagt unwirsch: »Die Leute sind eine Stunde weg gewesen.«

In solchen Situationen finden sie einander. Auch Johansen greift nach seiner Uhr, blinzelt und stellt fest, daß Amundsen recht hat. Beide meinen, daß sie selbst die Hunde in kürzerer Zeit hätten einholen können.

Endlich sind alle wieder vereint. Sie brechen nach Süden auf.

Die Temperatur ist jetzt innerhalb einer Stunde um fünf Grad gesunken. Der Nebel treibt in großen Schwaden über den Schnee. Manchmal reißt er für kurze Zeit auf und läßt ferne Gebirge im Westen erkennen, dann fließt er wieder zusammen. Die Spuren der Depottouren sind nicht mehr zu sehen, aber sie finden die Fahnen und haben keine Schwierigkeit, den Kurs zu halten. Die Hunde sind ausgelassen und wild, sie preschen nach Süden.

Aber da beginnt eine der Hündinnen auf den Hinterbeinen zu tanzen. Sie verwickelt sich in den Riemen des Geschirrs, kommt nicht los, bleibt wie ein Bündel im Schnee liegen. Die anderen Hunde schleppen sie mit. Wisting wird geholt, damit er sie befreit. Das Gespann dahinter muß stehenbleiben, der Mann davor bekommt einen zu großen Vorsprung. Als die Hündin frei ist, beginnt sie wieder auf den Hinterbeinen zu tanzen. Da ruft Amundsen, der als letzter fährt: »Jemand kommt uns nach!«

Die Hündin Camilla hat auf »Framheim« drei Welpen, die bei Lindström bleiben sollten. Sie sind offensichtlich entkommen und folgen ihnen nun in der Spur.

Der Nebel hebt sich und scheint zum Meer zurückzutreiben, die Temperatur sinkt. Der Atem bleibt weiß vor dem Mund stehen. Die Aussicht ist jetzt gut. Und hintennach in der Spur drei kleine dunkle Knäuel, die laufen und laufen. Schwaches Gekläff erreicht die Männer – und die Hündin. Das eine Gespann setzt zum Weiterlaufen an.

Wirf dich über den Schlitten, stürze ihn um, eine Kufe sinkt im losen Schnee ein, versuche, die Fuhre querzustellen. Dann können die Hunde nicht davonlaufen. Der Vordermann ruft und will eine Erklärung haben. Der Hintermann fährt in dein Gespann hinein. Und dann Flüche und Schreie, Hundegeheul – und dahinter die große Stille, weiß, seltsam und krank.

Die Welpen holen sie ein. Da schlagen die Männer ihr erstes Lager auf dem Marsch nach Süden auf. Sie sind zu acht und haben zwei Zelte mit. Amundsen wird Chef des einen, Johansen Chef des anderen Zelts sein. Beide wissen: Wenn Männer hungrig werden – und das Essen ist knapp –, muß auch zwischen vieren in einem Zelt strenge Justiz herrschen. Die Temperatur ist auf minus fünfundvierzig Grad gesunken. Über dem Schnee liegt ein merkwürdiges Licht. Der feuchte Atem von vier Männern läßt die Innenseite der Zeltplane naß werden. Die Feuchtigkeit gefriert. Überall glitzern Eisperlen.

Die Hunde haben sich jetzt beruhigt. Sie graben sich in den Schnee ein. Noch ist da und dort Gebell zu hören, aber bald ist es draußen ganz still. Die Welpen liegen bei ihrer Mutter und trinken. Morgen müssen sie sterben.

Das wissen alle. Sie können nicht mit drei Welpen im Gefolge zum Pol ziehen. Heute hatten sie sich in den Riemen des Geschirrs verfangen und Verwicklungen im Gespann verursacht. Sie versuchten die Riemen anzunagen, während sie frei und glücklich nebenhersprangen. Hjalmar Johansen ist unruhig, weil die Hunde zu so einem frühen Zeitpunkt die Welpen vermutlich nicht werden fressen wollen. Sie sind noch nicht hungrig genug. Die Welpen sind deshalb überflüssig. Er spürt auch einen anderen, dumpfen, bitteren Schmerz bei dem Gedanken, daß er es sein wird, der sie erschlagen muß. Keiner will, aber einer muß es tun. Er ist der härteste.

Die Temperatur sinkt.

Als der Morgen kommt, hat es minus fünfzig Grad.

Amundsen hatte gehofft, daß die Temperatur von der Barriere landeinwärts steigen würde. Shackletons Erfahrungen hatten diesen Schluß zugelassen. Hier ist es umgekehrt. Das von den Atemzügen der vier Männer feuchte Pelzzeug ist im Lauf der Nacht steif geworden. Nun ist es, als krieche man in ein hartes Futteral, das von der Körperwärme erst aufgetaut werden muß, ehe man sich ordentlich bewegen kann. Die Wärme kommt vom eigenen Körper, und der Körper soll bei minus fünfzig Grad arbeiten. Die Hunde müssen mit Fußtritten aufgejagt werden. Die kleinen Welpen tummeln sich im Schnee und beißen einander in den Schwanz.

Sie dürfen leben, auch heute noch. Es ist zu kalt, als daß die Männer einen klaren Gedanken fassen konnten.

Als der Zug sich südwärts bewegt, neunzig Hunde und acht Männer, legt sich der gefrorene Atem wie eine Hülle um sie. Es ist, als folge ihnen ein großes Nebelpolster, während ringsum heiteres Wetter herrscht. Mitten in diesem Nebel beginnt ihr Atem zu knirschen. Es ist ein seltsamer, unheimlicher Laut. Warmer Atem trifft auf Luft, die von kleinen, gefrorenen Tropfen ihres letzten Atemzugs starrt. Die Hunde legen sich hin. Sie müssen geschlagen werden, damit sie aufstehen. Drei kleine Welpen laufen noch immer in der Spur nach.

Nach sechzehn Viertelmeilen schlagen sie das Lager auf. Da geht Johansen ans Werk.

Aber der dritte Welpe reißt aus und läuft in der Spur heimwärts. Johansen wirft die beiden toten Welpen in den Schnee. Die Hunde sind noch nicht hungrig genug, um einen Artgenossen zu fressen.

In der Nacht reißt sich Camilla los und ist am Morgen verschwunden. Es hat minus zweiundfünfzig Grad. Sie wissen, welchen Weg die Hündin genommen hat.

Prestrud und Bjaaland machen sich auf den Rückweg, die beiden allein. Sie haben kein Zelt und keinen Proviant; kommt der Sturm, werden sie auch keine Spur haben. Sie sind zwei Mann, ihr Atem knistert bei minus fünfzig Grad. Die Schier gleiten nicht recht. Sie spüren, wie der Körper vom Schweiß naß wird, und wissen, wenn sie stehenbleiben, friert der Schweiß am Körper und macht die Kleider so steif, daß es schwierig ist, sich zu bücken und die Schibindung zu kontrollieren.

Sie finden die Hündin, sie liegt im Schnee neben dem Welpen. Er ist erfroren.

Sie will nicht mit ihnen zurückgehen.

Da erschießen sie die Hündin und machen kehrt.

An diesem Tag frieren die Kompasse ein. Zuerst beginnt die Nadel von Amundsens Kompaß hängenzubleiben. Sie will sich nicht zurückdrehen. Gleich danach ruft Wisting: »Mein Kompaß ist eingefroren!« Da wissen sie, daß sie ohne Hilfsmittel in einem unbekannten Land vorwärtskommen müssen.

Noch haben sie die Möglichkeit, das Depot auf dem 80. Breitengrad zu finden, das sie im vergangenen Herbst angelegt hatten. Dort können sie die Schlitten abladen und in ihren eigenen Spuren zurück nach »Framheim« gehen. Aber nur einer kann diese Entscheidung treffen.

Amundsen gibt seinen Befehl, kurz, scharf: »Wenn wir das Depot gefunden haben, drehen wir sofort um.« Am Abend im Zelt holt er eine Flasche Genever hervor. Sonst hat er nie Alkohol auf den Touren erlaubt. Der Genever ist gefroren. Die Flasche zerspringt, als sie versuchen, sie aufzutauen. Amundsen sammelt die Glasscherben ein, ohne zu verraten, wie deprimiert er ist – und wirft den gefrorenen Genever aus dem Zelt.

In dieser Nacht beginnen die Hunde zu niesen. Neunzig Hunde sitzen im Kreis um die Zelte und niesen und niesen. Nicht ein Mann kann schlafen. Es hat minus fünfundfünfzig Grad. Am Tag danach finden sie das Depot und laden die Schlitten ab. Der Rückmarsch kann beginnen.

Amundsen weiß, es ist seine Schuld, daß sie zu früh aufgebrochen sind. Aber er hat nicht die Größe, das zuzugeben. Er bringt es nicht fertig, zu sagen: »Du hast recht behalten, Hjalmar.«

Drei Hunde brechen in ihren Gurten zusammen und lassen sich auch durch Peitschenhiebe nicht auf die Beine bringen. Der eine ist tot, die beiden anderen haben keine Kräfte mehr. Die Männer müssen das eine Gespann auflösen und ein paar Hunde oben auf der Fuhre sitzen lassen. Andere dürfen den Schlitten auf dem Heimweg frei nachlaufen.

Minus sechsundfünfzig Grad. Der kalte Wind schlägt ihnen ins Gesicht.

Die Schlitten sind für die Hunde jetzt leichter zu ziehen, aber keiner weiß, ob sie lebend nach »Framheim« zurückkommen.

Dann beginnen die Uhren einzufrieren, als erste die Uhr Johansens, obwohl sie in Wolle verpackt ist, zwischen dem Rentierfellwams und der Unterwäsche. Er holt sie mit klammen Fingern heraus, hebt sie im schwindenden Licht über dem Plateau hoch, ein paar Sterne stehen am Himmel, ein schwacher Hoffnungsstrahl geht von ihnen aus. Johansen schüttelt die Uhr. Sie ist eingefroren.

Da ruft er in seiner Not – und die anderen antworten, ein Mann nach dem anderen. Alle acht haben ihre Uhren herausgeholt, die

Fausthandschuhe abgestreift, dem Wind den Rücken gekehrt. Die Uhren sind eingefroren. Jetzt steht die Zeit still.

Da heult ein Hund. In diesem Augenblick zerreißen die Wolken über ihnen, ein wildes Sternengeglitzer blüht auf, eine Minute lang – dann fließt der feuchte, kalte Nebel wieder über ihnen zusammen und deckt alles zu. Der Schnee »setzt sich«, wie sie das nennen. Große Schneebretter senken sich auf eine Unterlage aus älterem Schnee. Das kann mit einem Krachen in der Dunkelheit vor sich gehen, aber auch mit einem unterdrückten Seufzer. Es klingt wie der resignierende Seufzer eines Sterbenden, der den Tod nahen fühlt.

Da heulen die Hunde. Einer der Männer schreit. Er ist von Nebel eingehüllt, und dann kracht es plötzlich rings um ihn, während der Boden unter seinen Füßen einen halben Meter tiefer sinkt.

Es hat jetzt minus sechzig Grad. Solange sie nur an Wangen und Nase Erfrierungen bekommen, ist das kein Hindernis für die Fortbewegung. Wovor ihnen sterbensbang ist, das sind Erfrierungen an den Füßen. Gehen die Zehen drauf, ist es schlimm. Geht eine Ferse drauf, ist es für den Schiläufer außerordentlich schwierig voranzukommen.

Einer von Prestruds Hunden fällt tot um. Er stürzt zu Boden, bleibt liegen und ist kalt, bevor der Mann hinter dem Schlitten bei ihm ist und die Gurten löst. Wenn Prestrud bei Kräften gewesen wäre, hätte er den Hund jetzt zerteilen und den anderen zum Fraße hinwerfen müssen. Aber als er das Gespann anhält, rollt sich ein Hund nach dem anderen zusammen. Die meisten winseln, sie stecken die Schnauze in den Schnee und können nicht mehr.

Sie müssen Prestruds Gespann auflösen, ein paar Hunde dürfen hintennach trotten; gelingt es ihnen mitzukommen, können sie noch gerettet werden. Wenn nicht, wird die Dunkelheit und die große Weiße, die Stille, die Todeskälte hier auf der Barriere sie für immer behalten. Prestrud geht auf Schiern hinter Hjalmar Johansens Gespann. Die beiden sind die letzten des Trupps.

Es ist jetzt Tag, eine Lichthaube hängt über ihnen. Aber die Uhren stehen, und die Männer können sich nur auf ihre eigenen Spuren verlassen. Wird die Spur zugeweht, sind sie verloren. Die Kompaßnadeln sind von der Kälte festgeklebt und lassen sich nicht bewegen.

Auch Amundsens Gespann ist jetzt aufgelöst. Da geschieht etwas, das er später zu verheimlichen suchte und das erst viele Jahre später bekannt wurde, als man Hjalmar Johansens Tagebücher nach einem halben Menschenalter in einem Hotelkeller in Christiania fand. Da kam die Wahrheit über Amundsens Flucht an den Tag. Auch Olav Bjaaland hatte knappe Notizen gemacht. Sie enthüllen etwas von derselben Wahrheit.

Aber wissen wir eigentlich, was mit ihm geschah?

Amundsen bricht aus. Er sitzt auf Wistings Schlitten, mit den tüchtigsten Hunden im Gespann. Plötzlich beschleunigen sie das Tempo. Das nächste Gespann versucht zu folgen, bleibt aber bald zurück. Im Lauf einer halben Stunde hat sich das Gefolge im Frostnebel aufgelöst. Zwischen den Gespannen gibt es keinen Kontakt mehr.

Amundsen bleibt verschwunden. Der Kapitän hat das sinkende Schiff verlassen.

Hat er in Panik gehandelt – was aber sein Tun nicht entschuldigt – oder, noch schlimmer, hat er sich von der Vorstellung leiten lassen, daß jetzt alles auf dem Spiel steht und nur die Stärkeren überleben werden?

Die Überlebenden sollen um den Pol kämpfen und ihn vor Scott zu erreichen suchen.

Mit seinem eiskalten Verstand hat er vielleicht klarer als die anderen erkannt, worin die Aufgabe eigentlich bestand – aber er kann auch Angst gehabt haben.

Diese Annahme dürfte am ehesten zutreffen, denn Amundsen hat später jede Angst geleugnet. Sein ganzes Verhältnis zu Männern, das der Welt zugewandte Gesicht, die Glorie um den großen Mann verlangt das. Aber er kann nicht eigentlich Angst vor dem Tod gehabt haben, auch wenn die Furcht vor dem langsamen Kältetod

ihn mehr erschreckt haben muß als der Gedanke an einen plötz-
lichen, jähen, vielleicht einen gewollten Tod. Er hat Angst davor
gehabt, unter eben diesen Umständen zu sterben – während der
Rückkehr, mitten in der Niederlage, ehe ihm noch die Möglichkeit
gegeben wurde, einen neuen Versuch zu unternehmen. Die Angst
hat ihn gepackt. Er flüchtet.

Was nützt es, nach Amundsen zu rufen, was nützt es, den anderen zu winken! Es hat auch keinen Sinn, die Hunde anzutreiben. Die
Grenze ist erreicht.

Die Hunde trotten dahin. Hjalmar Johansen weiß, daß er ihnen
erlauben muß, die Geschwindigkeit beizubehalten, für die ihre Kräfte
ausreichen. Sonst würde das ganze Gespann zusammenbrechen.

Hinter Johansen schlurft Prestrud auf Schiern. Plötzlich stöhnt
er: »Hjalmar!«

»Ja?«

»Ich hab mir eine Ferse gefroren!«

Prestrud hinkt, noch kann er den Fuß bewegen, aber jetzt sollte
er auf den Schlitten gelegt werden und den Fuß schonen, damit der
Stiefel ihn nicht wundreibt. Die Hunde bringen jedoch nicht mehr
die Kraft auf, den Mann zu ziehen.

Kraft genug, schneller als der Mann hinter ihnen zu laufen,
haben sie immer noch. Sie rennen davon. Es hat nicht viel Sinn,
wenn der Fahrer das Tempo reguliert. Entweder halten die Hunde
die Geschwindigkeit, die ihnen paßt, oder sie bleiben stehen und legen sich in den Schnee. Da braucht es alle Kraft und Brutalität, um
sie wieder in die Höhe und auf Trab zu bringen.

Noch hat der Schiläufer Kontakt mit dem Hundefahrer vor ihm.
Aber jedesmal, wenn er den Stock einsetzt, reibt sich der Stiefel an
der Ferse. Fängt es jetzt nicht mit der anderen Ferse genauso an?
Prestrud versucht zu rufen. Der Mann vor ihm antwortet. Aber keiner kann den Inhalt der Rufe des anderen deuten.

In Hjalmar Johansen beginnt Zorn aufzusteigen. Zunächst will er
glauben, daß die Männer vorne die Hunde nicht stoppen konnten,

daß sie gemeint haben, die Hunde sollten die ihnen natürliche Geschwindigkeit einhalten dürfen, und daß sie dann auf die später Kommenden warten würden. Aber niemand wartet. Die bittere Wahrheit beginnt ihm zu dämmern: Sie sind davongelaufen. Es hat minus sechzig Grad, und wir sind ohne Zelt.

Ja, sie haben kein Zelt auf dem Schlitten. Sie haben auch kein Kochgeschirr. Mit gesunden, ausgeruhten Hunden hätten sie »Framheim« in zwölf Stunden erreichen können – mit sicheren Kompassen und guten Uhren. Nun haben sie weder das eine noch das andere.

Er versucht die Hunde zurückzuhalten, vergebens. Sie stecken die Schnauzen in den Schnee und ziehen, sie wissen, daß sie auf dem Heimweg sind, begreifen mit ihrem feinen Verstand, daß Hoffnung für sie besteht, wenn sie das Letzte aus sich herausholen.

Prestrud bleibt in der Spur zurück. Er stöhnt vor Schmerz. Keiner hört es.

Johansen gelingt es, die Hunde zum Stehen zu bringen, indem er den Schlitten umstürzt. Da hört er das unnatürliche Keuchen eines Hundes. Als er zu ihm hinkommt, ist er tot.

Er spannt ihn aus, wirft ihn zur Seite, will schreien, kann aber nicht, merkt jetzt, daß er der einzige auf der Welt ist – nur er. Die Menschen sind meilenweit weg, ein Schiläufer ist irgendwo hinter ihm, waren nicht auch vorne welche, die verschwunden sind? Aber nicht ein Laut. Dunkelheit fällt ein. Das ist die letzte, tiefe Stille. Stille, die in den Ohren singt. Er beugt den Kopf und lauscht an seinem Handgelenk. Es ist, als wäre auch der Puls gefroren.

Da kommt Prestrud. Er kann sich noch vorwärtsschleppen, aber beide Füße sind jetzt gefühllos. Er ruht sich, auf die Schistöcke gestützt, aus und sagt leise: »Geh du nur weiter. Ich komme nach.«

»Nein.«

»Aber ich kann mit den Hunden nicht Schritt halten.«

Wieder beginnen sie zu gehen, in nördlicher Richtung. Es ist völlig dunkel geworden, sie können die Spur gerade noch wahrnehmen. Ab und zu treiben Nebelfelder und Wolken über ihnen dahin.

Der Halbmond steht schräg über dem Südpolarland. Jetzt können sie die Landschaft ringsum erkennen: sacht abfallende Schneehänge, Eishügel und eine blaue Spur, die ihr einziger Kontakt mit einer menschlichen Welt ist. Wieder fällt der Nebel ein.

Prestrud bleibt von neuem zurück. Johansen muß weiterfahren, dann die Hunde anhalten, sie ausruhen lassen und auf Prestrud warten. Das Warten dauert von Mal zu Mal länger. Es fällt ihm ein, daß die da vorn vielleicht um Mitternacht anhalten, das Zelt aufschlagen, den Petroleumkocher in Gang setzen und ein paar Mann zurückschicken werden, ihnen entgegen.

Aber keiner kommt ihnen entgegen.

Da sieht er etwas Dunkles vor sich in der Spur.

Er spornt die Hunde an, die Witterung aufnehmen und schneller laufen. Aber sie treffen nicht auf Menschen, sondern auf vier Hunde, die hier zurückgelassen wurden. Als er weiterfährt, richten sie sich schwankend auf und folgen in der Spur nach.

Dann muß er auf Prestrud warten.

Noch ist der Mann imstande weiterzustolpern. Johansen wälzt ihn auf den Schlitten hinauf, zieht eines der Überkleider aus, breitet es über ihn. Aber schlafen ist gefährlich. Noch schlimmer ist es, daß die Hunde jetzt die Fuhre nicht mehr ziehen können. Prestrud muß wieder absteigen. Er fällt in den Schnee, richtet sich wankend auf. Die kleine Gruppe beginnt nordwärts zu trotten.

Im Lauf der Nacht holt Johansen einen anderen Mann aus der Gruppe ein. Hassel ist verbittert – böse auf die Männer, die ihm davongefahren sind, und böse auf die, welche noch folgen. Johansen sagt, daß sie auf Prestrud warten müssen. Hassel und Johansen finden sich in der Kritik an Amundsen. Was für eine merkwürdige Art zu reisen, bei sechzig Grad Kälte, in der Dunkelheit, mit eingefrorenen Uhren und ohne Kompaß.

Hassel will nicht länger warten. Da sichert sich Johansen das Zelt, das Hassel auf seinem Schlitten hat. Hassel verläßt Johansen und zieht allein in der Spur nach Norden weiter. Zwei Stunden lang wartet Johansen, bis Prestrud kommt, der starr vor Kälte ist und nicht sprechen kann, aber mit einem Nicken andeutet, daß er noch einmal versuchen will, das Letzte aus sich herauszuholen.

Als die Nacht in den Morgen übergeht, finden sie den Abstieg vom Inlandeis zum Meereis. Das Gebiet ist von Spalten durchzogen. Prestrud fällt in eine Spalte, aber sie ist seicht, und Johansen kann ihn im Dunkeln herausziehen. Er schlüpft aus den Fausthandschuhen, knüpft zwei Hunderiemen aneinander, bindet sie um Prestrud und zieht den steifgefrorenen Kameraden aus der Spalte. Die Hunde haben sich in den Gurten verfangen. Es ist zu dunkel, um sie auszuspannen. Er muß die Gurten aufschneiden, verliert das Messer, findet es wieder, verletzt sich, merkt, daß das Blut noch von einer Art milden Wärme ist.

Die Hunde sind jetzt frei. Wenn die beiden Männer den Schlitten mitnehmen wollen, muß Johansen ihn selbst ziehen. Prestrud darf sich daraufsetzen, aber keinesfalls einschlafen. Die Hunde, die noch am Leben sind, zotteln hinter ihnen her. Ein paar bleiben in der Spur liegen.

Es kann nicht mehr weit bis »Framheim« sein. Kein Mensch ist zu sehen. Die Spur hat einen schwach dunklen Farbton, der sie vom Schnee ringsum unterscheidet.

Johansen weiß, das kann das Ende sein. Immer wieder geht er zu Prestrud hin und schüttelt ihn. Prestrud knurrt, aber er steht schwankend auf, bewegt die Füße, geht langsam hinter dem Schlitten, den Johansen zieht, fällt immer wieder hin. Er ist nicht umzubringen, hat einen zähen Willen.

Einem Hund gelingt es, auf den Schlitten zu springen. Johansen läßt ihn sitzen. Der Riese im Eis zieht einen seiner Hunde heim.

Da kommen sie von der Spur ab. In ein paar Stunden wird es hell, aber in ein paar Minuten hat sie vielleicht die letzte Körperwärme verlassen. Wenn sie nicht bald ein Dach über dem Kopf haben, müssen sie sterben. Da hören sie weit weg einen Hund bellen.

Johansen wankt allein voraus, sucht sich einen Weg, dann folgt er seiner eigenen Spur zurück, nimmt das Seil des Schlittens, auf dem Prestrud sitzt, über die Schultern. Dann folgt er der Spur in Schnee und Dunkelheit.

Er ist nicht unsterblich. Später wird er sich das Leben nehmen. Aber er rettet in dieser Nacht sein Leben und das Prestruds.

Sie finden »Framheim«.

Torkeln hinein.

Der Koch Lindström ist wach und bringt heißen Kaffee. »Pst«, sagt er, »der Chef schläft.«

Am Frühstückstisch bricht der Streit los. Die Männer sitzen Schulter an Schulter, ein Wollpullover reibt sich knisternd am anderen, sie schlürfen heißen Kaffee und ärgern sich über die Geräusche, die der andere mit seiner Tasse macht. Die meisten haben in der Nacht wenig geschlafen, manche überhaupt nicht.

Johansen hat Amundsen nicht gegrüßt. Plötzlich wendet er sich ihm zu. Die beiden fixieren einander lange. Amundsen zittert vor Unruhe, dann stellt er die Tasse hart auf den Tisch und sagt: »Womit habt ihr heute nacht die Zeit vertrödelt?« Schweigen. Hundegeheul. Der Mann, an den die Frage gerichtet ist, läßt sich Zeit, ehe er antwortet. Jetzt sind die Blicke aller auf ihn gerichtet.

Johansen aber starrt Amundsen an. Denkt er an damals, als er auf dem Rücken lag und ein Eisbär über ihm stand, ein Eisbär, dessen Hals er mit der Faust umklammert hielt, bis Nansen schießen konnte?

»Das war«, sagt Johansen, »eine merkwürdige Art zu reisen, bei sechzig Grad Kälte ...«

Da fährt Amundsen auf, der Hocker fällt polternd um, sie sehen, wie seine Hand nach der Tasse greift, als wolle er sie wegschleudern, aber er findet sie nicht.

Johansen wiederholt: »Das war eine merkwürdige Art zu reisen. Für Prestrud und mich ist es um Leben und Tod gegangen. Ich verlange eine Erklärung.«

Johansen ist kein schlechter Menschenkenner, und Jahre im Eis haben seinen Verstand geschärft. Aber in einem Punkt hat er die Aufgabe nicht bewältigt. Er kennt Amundsens Ehrgeiz, den Unwillen, den er bei der Begegnung mit Ebenbürtigen empfindet, erfaßt aber nicht, wie krankhaft seine Selbsteinschätzung ist.

Johansens Worte treffen, sitzen wie Pfeile im Fleisch: »Ein solches Verhalten ist eines Expeditionsleiters unwürdig.«

Da ruft Prestrud: »Mir tut das Bein weh!«

Dieses Ablenkungsmanöver kommt zu spät, kann nicht verhindern, was nun geschieht. Möglicherweise wurde Johansens Schicksal dadurch besiegelt, daß Prestrud nicht rechtzeitig eingriff. Sie sehen Amundsen erbleichen. Er wirkt älter, als er ist. Er hat grobe Arbeitshände und Fett in den Furchen der Haut, er ist unrasiert, seine Augen sind von der Kälte der Fahrt nach Süden rot gerändert. Sein Profil könnte eine ganze Räuberschar schrecken. Johansen schreckt es nicht.

Er steht auf. »Ich wiederhole, ein solches Verhalten ist eines Expeditionsleiters unwürdig.«

Dann flucht Johansen. Er zeigt keine Begabung in dieser Kunst, ist eher langsam im Denken und ohne Phantasie. Aber der Fluch kommt von Herzen.

Amundsen beginnt zu stottern. Das haben sie nie vorher erlebt. Er speit vulgäre Worte, von denen keiner geahnt hätte, daß er sie über die Lippen bringen könnte. Amundsen ist prüde. Wenn die anderen gewagte Geschichten erzählen, muß er sich zum Lachen zwingen. Seine eigenen Beiträge in einer solchen Situation sind trocken wie Wüstensand. Jetzt steht er da und spuckt Worte, die ihm niemand zugetraut hätte.

Johansen kann nicht mehr zurück. Er beginnt langsam zu erklären, erinnert daran, daß Prestrud und er zurückblieben, die Hunde tot umfielen. »Wo seid ihr anderen gewesen? Wir hatten kein Zelt. Wir hatten keinen Petroleumkocher. Es ist um Leben und Tod gegangen. Prestrud hat sich beide Fersen gefroren. Ich verlange eine Erklärung.«

Prestrud ruft: »Ich hab mir beide Fersen gefroren!«

Amundsen schreit: »Auch Stubberud und Hassel haben sich die Fersen gefroren. Oder nicht?«

»Ja! Ja!«

Die Männer wissen, daß er die Wahrheit sagt, aber sie wissen auch, daß er lügt. Jetzt, da ein ehrliches Wort mehr als je zuvor ein Beweis für seine Menschlichkeit und seine Führungsqualitäten hätte sein können, weicht er der Wahrheit aus und zieht es vor, eine halbe Wahrheit auszusprechen, die eine Lüge ist. Hassel und Stubberud haben sich die Füße gefroren. Aber hat Amundsen sich die Füße gefroren? Warum war er der erste, der heimwärts jagte?

Johansen hätte jetzt schweigen können. Er tut es nicht. Er hat das Recht des ruhigen Menschen, seinem Zorn die Zügel schießen zu lassen, wenn er ihn befällt. Und wieder begeht er den gleichen Fehler: Er unterschätzt die Grenzenlosigkeit im Drang seines Gegners, der Größte zu sein.

Er fragt mit eisiger Stimme: »Wer war eigentlich als erster zu Hause – du oder die anderen?«

Jetzt werden gleich die Kaffeetassen fliegen.

Stubberud hat bisher geschwiegen. Der Mann, der wenig gesprochen, aber »Framheim« gebaut hat, stellt einen Fuß auf den Tisch, zwischen Pfannkuchen und ranzige Butter, und schreit: »Schaut her!«

Ein nackter Fuß, eine Ferse wie eine Kohlrübe, blau, krank und schmerzend. Auch Prestrud hebt ohne ein Wort seinen Fuß hoch, zieht ihn vorsichtig aus dem Pantoffel, zeigt ihn vor. Sein Fuß sieht noch schlimmer aus.

Das hilft. Sie beginnen jetzt ihre Füße zu verarzten, packen sie in kalte Tücher ein, wickeln die Tücher rasch wieder herunter und meinen zu wissen, daß sie jetzt warme Umschläge auflegen und dann die Füße mit Borwasser waschen müssen.

»Ins Bett mit euch!« sagt Amundsen.

»Ja, ins Bett!« kommandiert Johansen. Das ist eine kluge Replik, ein diskretes Verhandlungsangebot, ein Wink über die Schützengräben hinweg – von Männern, die dabei sind, sich einzugraben.

Wisting glaubt zu wissen, daß Leute mit gefrorenen Fersen diese hochlagern sollen. Da richten sie für jeden wunden Fuß eine Wiege ein und befestigen sie mit Nägeln an der Decke der Hütte. Amundsen holt den Hammer. Johansen schlägt die Nägel ein.

Dann trennen sie sich. Draußen tobt der Schneesturm. In der Hütte ist wenig Platz. Alle ahnen, daß die kommenden Stunden für das weitere Geschehen entscheidend sein können. Laß jeden Mann seinen einsamen Platz aufsuchen: in einem Hundezelt, in einer Eisgrube unter »Framheim«, im Winkel einer schmutzigen Küche. Keiner darf die anderen stören.

Amundsen findet seine Art von Einsamkeit: eine kleine Kammer im Eis, wo sie nie lange sitzen, auf Grund der Kälte geruchfrei, der Sitz ist mit Seehundfell belegt. Andere, die kommen, sehen, daß besetzt ist, und gehen. Er bleibt lange dort.

Jetzt kann er in Ruhe das Geschehene durchdenken. Angst hat er nicht – oder doch? Er hat Angst davor, sich selbst zu entlarven, aber den Mut, den Willen und die Fähigkeit, das zu verhindern. Einem Mann gegenüber nachzugeben, der seine Größe in Zweifel zieht, ist etwas, das er nicht gelernt hat. Die Kunst der Taktik beherrscht er instinktiv: Halbe Wahrheiten zu erzählen ist Teil seines Wesens. Es gibt jetzt zwei Wege, die er einschlagen kann. Eine großzügige Seele hätte einen anderen wählen können. Er wählt in all seiner Beengtheit – und tut es mit Meisterschaft.

Mittag.

Es ist jetzt mehr Platz am Tisch. Die drei Männer mit den gefrorenen Füßen, Hassel, Stubberud und Prestrud, liegen mit großen Schmerzen im Bett. Das Essen wird ihnen gebracht. Es gibt Erbsensuppe und Seehundsteak.

Amundsen räuspert sich.

Das ist der Augenblick: Er ist der Leiter und muß eingreifen. Alle legen Messer und Gabel hin. Acht Gesichter wenden sich ihm zu.

Amundsen sagt: »Ich habe meine Meinung geändert.«

Das haben sie nicht von ihm erwartet. Die Meinung ändern, das muß bedeuten, daß er seine eigenen Fehler zugibt.

Er fährt fort: »Ich habe die Pläne für die Fahrt zum Pol geändert. Acht Leute sind zuviel. Fünf genügen. Die übrigen drei sollen nach Osten und das King-Edward-Land erforschen.«

Diese drei sind Prestrud, Stubberud und Johansen.

Das ist ein Stoß ins Herz, eine private Rache. Also war die Wahrheit so schwer zu ertragen, und jetzt spuckt er mich aus, weil ich den Mut hatte zu reden.

Johansen sagt: »Wenn ich mich weigere?«

Jetzt hätte er sie auf seine Seite bringen können, wenn er gewollt hätte. Ihre ausweichenden Augen übersehen, vortreten und auf den Tisch schlagen, den Kontrakt hervorholen und zerreißen. Die anderen wären seinem Beispiel gefolgt – vielleicht.

Aber Amundsen erweist sich in gerade dieser Situation als Chef. Das hat er vorausgesehen. Er ruft: »Bjaaland! Komm mit!«

Die beiden gehen miteinander in die Küche. Die anderen hören nicht, was dort gesprochen wird.

Dann kommt Bjaaland zurück. Amundsen ruft: »Wisting!«

Wisting geht in die Küche hinaus.

Bjaaland sagt unglücklich: »Ich muß schweigen.«

Ein Mann nach dem anderen geht hinaus. Ein Mann nach dem anderen kommt zurück. Zuletzt ist Johansen an der Reihe.

Amundsen überreicht ihm einen Brief. Es ist ein schriftlicher Befehl. Johansen ist von der Teilnahme an der Fahrt zum Pol entbunden. Er soll statt dessen mit Prestrud nach Osten – unter der Führung Prestruds.

Johansen ist Soldat von Beruf. Zornig zu werden ist sein Recht, einen schriftlichen Befehl zu verweigern, der auf der Grundlage eines von ihm unterschriebenen Kontrakts korrekt abgefaßt wurde, ist etwas anderes. Er schweigt.

Es kommen jetzt Tage und Wochen auf »Framheim«, die die neun niemals vergessen werden. Draußen wechseln Schneestürme mit starker Kälte ab. An einzelnen Tagen treiben Nebel und feuchte Kälte vom Ross-Meer herein. Das ist der nahende Frühling.

Sind die Engländer schon unterwegs?

Funktionieren die Motorschlitten?

Die neun versuchen einander auszuweichen. Früher haben sie immer miteinander gegessen, jetzt stibitzen sie ein wenig Essen bei Lindström in der Küche und kommen nicht zum Mittagstisch. Die kaputten Hunderiemen der ersten Tour werden repariert. Sieben Mann schleichen um Johansen herum, sie wollen ihm ihr Mitgefühl zeigen. Sie bereuen, fühlen sich als Verräter. Aber er ist nicht der Mann, der sich so leicht versöhnen ließe.

Amundsen ist höflich zu Johansen, korrekt. Sie sitzen noch immer Seite an Seite, wenn sie an der Ausrüstung arbeiten. Es kommt vor, daß sie gemeinsam essen.

Falls der eine hofft, daß der andere nachgeben und sein Wort zurücknehmen wird, so ist das vergeblich.

Die drei mit den gefrorenen Fersen liegen meistens zu Bett. Langsam wächst eine neue Haut unter der alten. Prestrud blättert in einem Arztbuch und sagt eines Abends: »Da steht etwas über Erfrierungen. Das ist ja gar nicht richtig, was wir gemacht haben...«

Da springt Amundsen auf und schreit, packt etwas und wirft es an die Wand. Es ist eine Ahle, sie steckt in der Wand, er reißt sie heraus, seine Hände zittern, als er sie auf den Tisch legt. »Du wirst es wohl noch erwarten können!« brüllt er. »Wenn ich gesagt habe, deine Ferse heilt zu, dann heilt sie!«

»Aber heilt sie schnell genug?« fragt Prestrud.

Johansen sagt leise, aber wohlberechnet: »Wir wissen ja nicht, ob die Motorschlitten funktionieren.«

Da läuft Amundsen hinaus.

Noch immer ziehen Schneestürme über das Polarland, die Tage vergehen, alles ist bereit für den neuen Start. Es ist eng, schmutzig und unheimlich in »Framheim«.

Endlich kommt der Tag, an dem die fünf aufbrechen – Amundsen, Wisting, Hassel, Bjaaland und Hanssen.

Sie schütteln einander die Hand und wünschen gute Reise.

Amundsen und Johansen stehen sich gegenüber. Es ist ein schöner Tag über dem Polarland.

Auch sie geben einander die Hand.

Johansen sagt: »Ich wünsche Ihnen alles Gute für die Reise zum Pol.«

Amundsen dankt und wünscht das gleiche für die Fahrt nach Osten.

SCOTT

Die Expedition, die nach Süden aufbricht, ist militärisch organisiert. Der erste Trupp bekommt den Startbefehl am 24. Oktober 1911. Er besteht aus zwei Motorschlitten mit Anhängern und vier Mann. Der Leiter ist Edward Evans. Als Mannschaft hat er sich Day, Lashly und Hooper zuteilen lassen. Die Motoren müssen mit Lötlampen gestartet werden. Das Aufwärmen nimmt mehr als eine Stunde in Anspruch und muß mit größter Vorsicht durchgeführt werden, damit die Lager nicht springen. Aber dann laufen die Motoren mit rasch aufeinanderfolgenden Knallen. Der Maschinist zittert – denn es kann jederzeit etwas kaputtgehen, und dann müssen die Teile bei Kälte und Schneesturm zerlegt werden.

Es gibt große Abschiedsszenen, als der erste Trupp aufbricht. Scott steht an der Hüttenwand im McMurdo-Sund und verfolgt die Schlitten mit dem Fernglas. Am ersten Tag legen sie fünfzehnhundert Meter zurück. Die Maschinisten laufen nebenher und drücken mit eiskalten Fingerspitzen auf den Gasknopf, um ihn in der richtigen Stellung zu halten. Wenn der Mann ausgleitet, springt der Knopf heraus, und der Motor stirbt mit einem Stöhnen ab. Oder die Gasregulierung bleibt hängen. Der Schlitten schießt mit wachsender Geschwindigkeit davon, der Mann hinterher, hier ist ein Eishügel, im letzten Moment wirft sich der Mann fluchend über den Schlitten – erwischt das Steuerrad, lenkt den Schlitten außen herum, der Anhänger kippt um, die Raupen rutschen im Schnee. Der Motor läuft heiß. Es bleibt nichts anderes übrig, als ihn abzustellen. Dann muß der Anhänger wieder aufgerichtet, der Motor gestartet werden – jetzt ist er warm und der Mann auch.

Die Steigung vom Meereis zum Landeis bedeutet die erste große Prüfung für die Motorschlitten. Dieses Hindernis nehmen sie sehr gut. Es scheint, als machten sie ihre Sache besser, wenn die Schwierigkeiten wachsen – und Scott, der sie noch mit dem Fernglas verfolgen kann, fühlt, wie seine Zuversicht wiederkehrt. Das Empire hat Hunderttausende Pfund in die Schlitten investiert, die die Expedition mitführt. Er selbst ist nicht ganz von ihrem Nutzen überzeugt, und wenn, dann nur auf längere Sicht. Aber er glaubt nicht, daß er es sein wird, den der Einsatz von Motorschlitten zum Sieg führt. Wieder ist er der Bescheidene – und in einem Grad Realist, daß es ihn behindert. Immer macht er sich Sorgen, aber jetzt hält er das Fernglas vor die Augen und fühlt, daß einmal das Glück mit ihm ist.

Ein paar Tage später macht sich der zweite, der Haupttrupp, auf den Weg. Er wird von Scott selbst geleitet. Die Schlitten werden von Ponys gezogen, die nach einem harten Winter jetzt in guter Form sind.

Scott liebt Ponys, weil sie einander nicht fressen können. Er wird körperlich krank, wenn ein Hund einen Artgenossen frißt. Er weiß auch, daß hungrige Männer im Eis ihre eigenen Hunde gegessen haben. Ein Pony ist ein liebenswürdiges Tier. Es hat etwas Englisches in seinem Betragen. Es kann wohl am Riemen seines eigenen Geschirrs nagen, aber es frißt nicht alles aus Prinzip, wie ein Hund. Und ein Pony kann man streicheln, ohne sich bücken zu müssen. Ein Hund ist kein natürliches Zugtier. Er soll entweder für die Jagd verwendet werden oder am Kamin liegen. Wilson und Scott hatten über die Verwendung von Pferden und Hunden diskutiert und halb im Spaß die besten Argumente zugunsten des Pferdes gefunden. Scott hatte sich dennoch entschlossen, Hunde mitzunehmen, um auch in diesem Punkt Gerechtigkeit walten zu lassen. Aber weder er noch die anderen glaubten so recht an die Hunde.

Dann startet der dritte Trupp nach einer Wartezeit von einigen Tagen. Der Hundespezialist Meares führt diesen Trupp an. Sein Helfer ist der Russe Demetri. Jeder fährt mit seinem Gespann. Sie haben leicht geladen und sollen nach dem Plan ein schnelles Tempo einhalten.

Die große Expedition dringt über das Polarland vor. Männer mit kräftigen Profilen, harten Fäusten, reicher Erfahrung, ein Anführer, der unentwegt von Sorgen erfüllt ist – nicht so sehr auf Grund der Frage, ob er der erste am Pol sein wird, obwohl er auch daran interessiert ist –, sondern von Sorgen, die jeden einzelnen seiner Männer und seine eigene Unzulänglichkeit betreffen. Am Abend, wenn er über dem Tagebuch sitzt, nimmt er dieses Problem erneut auf, um es zu durchleuchten. Er kommt immer zum gleichen Resultat: Vielleicht reicht meine Tüchtigkeit für eben diese Gruppe. Aber ich bin trotzdem nicht tüchtig genug.

Der Vortrupp mit den beiden Motorschlitten sucht sich seinen Weg zwischen Eishügeln und tiefen Spalten. Edward Evans, der Mann, der früher starten wollte, um den Wettlauf mit Amundsen zu gewinnen, treibt die Schlitten und seine drei Männer vorwärts. Die Motoren laufen heiß und müssen abgestellt werden, damit die Lager nicht springen. Die Abkühlung darf nicht zu schnell und auch nicht zu langsam vor sich gehen, deshalb wickeln die Männer Wolldecken um die Motoren. Aber die Wolldecken werden vom Wind davongeweht. Also festbinden. Das Tau ist vereist. Das Tau ist steif. Leg dich bäuchlings auf die Wolldecke, die auf dem glühendheißen Motor liegt. Die Decke brennt. Springe ab, fluche, balle die Fäuste im Wind, geh auf deinen Nachbarn los, spuck in den Schnee und sag: »Das ist alles Amundsens Schuld!«

Weiter nach Süden.

Der erste Trupp soll mit oder ohne Motoren 81° 30′ südlicher Breite erreichen und dort auf die nächste Mannschaft warten. Das ist ein militärischer Befehl – und Evans schwört, daß niemand ihn und seine Männer einholen soll. Er holt aus den Schlitten und den Männern das Äußerste heraus. Wirf eine leere Petroleumkanne in die Spur. Einen Fetzen Papier. Alles geht gut! Und dann weiter.

Der Motor läuft heiß. Die Wolldecke drüber.

Dahinter kommt Trupp zwei mit den Ponys. Hier ist Edgar Evans, der Unteroffizier, der Mann, der ein Meister in allen praktischen Arbeiten ist – Eisenspitzen schmieden, bei starker Kälte Zaumzeug reparieren, bei Sturm den Petroleumkocher in Gang setzen, alles kann er. Er ist der Unteroffizier, auf dem die Macht des Empire beruht. Sein Denken soll dazu ausreichen, einen Befehl von einem Offizier zu einem gemeinen Soldaten weiterzuleiten. Aber der Fehler bei Edgar Evans liegt darin, daß keiner weiß, was er denkt. Keiner ahnt, daß eine einzige Frage in ihm nagt und nagt: Bekomme ich mein Geld, wenn Scott nicht der erste am Pol ist?

Edgar Evans ist der Mann des Trupps, den Scott am meisten bewundert. Er gibt seiner Bewunderung oft und gern Ausdruck. Immer als Offizier dem Untergebenen gegenüber, freundlich, ein wenig von oben herab, nicht hochmütig, mit der Feststellung: Das Attest, das ich dir ausstelle, sei dir vergönnt.

Die Ponys beginnen auf den Hinterbeinen zu stehen. Oates weiß keine Erklärung dafür. Scott holt Auskünfte immer bei demjenigen Mann des Trupps ein, der das Problem am besten kennt. Aber jetzt kann Oates keine Antwort geben.

Es strengt den Fahrer an, wenn ein Pony, das erschöpft aussieht und den Kopf hängen läßt, plötzlich auf den Hinterbeinen steht. Der Fahrer dahinter muß stoppen. Der Fahrer vorn hört das Spektakel, kommt aus dem Rhythmus, es dauert nur wenige Minuten, bis die ganze Karawane zum Stehen kommt. Es gibt viele derartige Episoden, und es sind die vielen kleinen Plagen des täglichen Kampfes, die den Marsch verzögern. Sie liegen drei Tagesreisen hinter dem Plan, den Scott für die Fahrt erstellt hat.

Das Wetter ist nicht allzu schlecht. Aber Wilson wird schneeblind. Er hält sich am Schlitten fest und watet hinterdrein, hat große Schmerzen, sagt: »Das ist nicht so schlimm, aber es wäre fein, wenn ich sehen könnte. Ich würde so gern an den Abenden im Schlafsack Tagebuch führen.« Das ist ein matter Witz. Er weiß, daß die Schmerzen nach ein paar Tagen schwinden und er wieder sehen wird. Wenn er sich in einem dunklen Raum und bei völliger Ruhe hätte aufhalten können, wäre alles sofort besser geworden. Aber es sind tausend Kilometer bis zum Pol und tausend zurück. Der Tag ist gut – oder schlecht, klar, mit einem hohen Himmel über dem Eisland und einer Sonne, die ihre starken Strahlen heruntersendet.

Hinter den Ponys, dicht auf den Fersen, folgen die Hunde. Sie wittern Fleisch und rennen wild in der Spur. Sie sind hier, damit bewiesen wird, daß sie überflüssig sind. Meares ist ein wenig bitter. Als Hundefahrer wird er den Befehl zur Umkehr erhalten, bevor sie den Pol erreichen. Aber er wäre lieber mitgekommen.

Alle wissen, daß der Trupp, der den Polpunkt zu erreichen versuchen soll, nur aus fünf Männern bestehen wird. Einer von ihnen wird Scott sein. Und die anderen vier?

Sie wissen nicht, daß das auch Scotts große Qual ist. Die moralische Seite des Problems beschäftigt ihn am meisten. Wie soll ich die Männer gerecht beurteilen, so daß ich mir selbst sagen kann: Ich habe die richtigen gewählt. Nur dann kann ich mit gutem Gewissen dem Rest den Befehl geben: Ihr müßt umkehren. Er beobachtet sie im geheimen. Der und jener ist auf Schiern unbrauchbar. Der und jener stellt sich ungeschickt an, wenn er einen Schlitten beladen soll. Mit wem ist am besten auszukommen? Wer hat die Charakterstärke, die es ihm möglich macht, die ganz großen Belastungen ertragen zu können?

Sie finden eine leere Petroleumkanne. Einen Zettel unter dem Deckel. Alles in Ordnung.

Die gute Laune im Ponylager steigt, aber auch bei den Männern, die mit den Hundegespannen hinterherjagen. Wenn sich die Motorschlitten bewähren, wird der Weg zum Pol leichter werden.

Sie sind nun vier Tage hinter ihrem Zeitplan zurück.

Sie entdecken ein neues Petroleumfäßchen vor sich, dunkel und schön liegt es im Schnee. Wilson mit seinen wunden Augen schiebt den Schleier zur Seite, den er vor dem Gesicht hat, um den Anblick von etwas Schwarzem zu genießen. Das ist wohl ein weiterer Gruß und die Nachricht, daß alles gutgeht. Scott reißt das Papier los: Ein Zylinder ist gesprungen.

Das ist eine gewaltige Enttäuschung.

Sein erster klarer Gedanke ist: Die Motoren sind gleich konstruiert. Wenn der eine kaputtgegangen ist, wird das auch mit dem anderen passieren. Jetzt bekommen sie den zurückgelassenen Motorschlitten ins Blickfeld, ein kleines Stück vor ihnen liegt er, ein havariertes Schiff im Schnee. Evans und seine Männer haben die Ausrüstung auf den anderen Schlitten verladen und sind weitergezogen.

Es ist jetzt Scotts Aufgabe als Leiter der Expedition, seine Enttäuschung nicht zu zeigen, sie jedenfalls unter Kontrolle zu halten, damit sie sich nicht auf die Männer überträgt und eine zusätzliche Belastung für sie wird. Das kann er meisterhaft, er hat diese ihm angeborene Gabe, die Teil seiner moralischen Kraft ist, bei der Marine vervollkommnet. Er klopft seinem Freund Wilson auf den Rücken und lacht. »Jetzt kriegst du noch mehr Dunkles zu sehen! Schau, wie schwarz der Motor vom Fett und vom Öl ist!« Er geht auf Schiern zum Trupp mit den Hunden zurück, um die Männer persönlich zu benachrichtigen. Das wird es ihnen leichter machen, die Enttäuschung zu ertragen. Die Ponymannschaft hat jetzt das Lager aufgeschlagen.

Sie brechen zeitig am nächsten Morgen auf.

Bald sehen sie einen neuen Kanister im Schnee. Scott bleibt stehen und sagt, bevor er den Zettel liest, zu den neben ihm Stehenden: »Ich glaube, wir dürfen das nicht so schwernehmen.«

Der letzte Motorschlitten hat zu streiken begonnen.

Einen Kilometer weiter finden sie ihn.

Aber Evans und seine Männer haben nun die Schlittenriemen über ihre eigenen Schultern gelegt und gehen zu Fuß weiter. Sie wollen unbedingt die Breite von 81° 30' erreichen.

Keinem, absolut keinem soll es gelingen, sie einzuholen. Da bricht ein heftiger Schneesturm los.

Sie kriechen in die Zelte. Die Ponys stehen draußen, zittern in Schnee und Wind. Die Nässe frißt sich in ihr Fell hinein. Die Männer haben versucht, rund um die Tiere einen Schneewall zu errichten, aber das hilft wenig gegen einen Sturm, der alle Grenzen verwischt und einen Mann umwirft, wenn er nichts hat, woran er sich festhalten kann. Die Hunde lassen sich einschneien. Sie sind für dieses Leben geboren. In den Zelten liegen die Männer in den Schlafsäcken: Wilson, dessen Augen sich erholt haben, Scott mit sorgenvoller Miene, die Pfeife angesteckt, Bleistift und Tagebuch griffbereit. Sie können nicht alle gleichzeitig schlafen. Ein paar müssen Wache halten, denn der Sturm könnte die Zeltschnüre zerreißen. Sie wissen nicht, daß einige Kilometer weiter Evans noch immer seine Leute vorwärtsjagt.

Keiner, keiner soll ihn und seine Männer einholen. Hat er nicht die *Terra Nova* gerettet? Wollte er nicht schon im Winter starten, um die Chancen, daß sie den Pol vor Amundsen erreichen, zu vergrößern? Scott hat ihn abgewiesen, ohne seinen Plan ernsthaft zu erwägen. Und nun sind beide Motorschlitten zusammengebrochen, vier Mann müssen sie ziehen. Rings um sie wütet der Sturm. Evans hat entschieden, daß sie das Lager nicht vor dem Abend aufschlagen.

Als sich der Sturm legt, ist der Haupttrupp fünf Tage hinter dem Zeitplan zurück.

Scott sagt zu Oates: »Ist es zu verantworten, daß wir die Pferde härter antreiben, damit wir ein wenig von der verlorenen Zeit einbringen? Ich will, daß wir dieses Problem gemeinsam durchspre-

chen. Wir sollten bedenken, daß wir zum Winterquartier zurück-
müssen, bevor die Herbststürme einsetzen, und Amundsen nicht in
unsere Überlegungen einbeziehen.«

»Meiner Meinung nach, Sir, können wir die Pferde etwas härter
antreiben.«

»Dann wollen wir es also tun, auch wenn es für uns alle eine Qual
ist, Tiere zu martern.«

Die Hunde haben jetzt die Ponys eingeholt. Gemeinsam ziehen der
zweite und der dritte Trupp weiter nach Süden. Auf der Breite von
81° 30′ finden sie Edward Evans und seine drei Männer. Sie haben
einen mächtigen Schneewall gebaut, um sich während der sechs
Tage, die sie gewartet haben, die Zeit zu vertreiben. Evans hat aus
sich und den anderen das Äußerste herausgeholt, er hat die Kräfte
der Männer und seine eigenen erschöpft, hat sich die Füße gefroren,
hat die Ausrüstung verschlissen – alles, um nicht von denen eingeholt zu werden, die nach ihm kamen. Die Begegnung zwischen ihm
und Scott ist nicht eben freundlich.

Auf der einen Seite der Leiter der Expedition: starr in seiner Auffassung, langsames Vorrücken, Kräfte sparen, wir wollen zum Pol,
aber nach dem Plan, den ich sorgfältig ausgearbeitet habe. Auf der
anderen Seite der Held von der *Terra Nova*, fest entschlossen, alles
im Kampf gegen Amundsen einzusetzen, und sollte es das eigene
Leben sein. Er hat jetzt bewiesen, daß es möglich ist, mit größerer
Geschwindigkeit zum Pol vorzustoßen, als Scott es für klug hält.

Einmal waren sie Freunde. Nach außen hin sind sie es immer
noch. Die Worte zwischen ihnen fallen nun etwas hastiger, mit
einem hitzigen Unterton, der sie die Kälte ringsum vergessen läßt.
Beide sind Offiziere. Der Untergeordnete weiß, welche Pflichten er
dem Leiter der Expedition gegenüber hat. Aber sie bewundern einander nicht mehr.

Es gibt eine Möglichkeit, das Mißbehagen zu dämpfen: sich weiter in den Süden vorzukämpfen. Während sie im Nebel stehen – und

von allen Seiten das Rufen der Männer und das Heulen der Hunde zu ihnen dringt, Zelte errichtet werden, ein Petroleumkocher summt, Evans alles unterdrückt, was er sich gedacht und was zu sagen er sich entschlossen hat –, klart es plötzlich über dem Polarland auf.

Es ist ein berückendes Erlebnis. Innerhalb weniger Minuten ist der Nebel verschwunden, die Sonne brennt auf den Schnee, die Schatten werden tief. Ein Hund hebt den Kopf und heult dem Licht entgegen. Die Menschenstimmen ersterben.

Da sehen sie die Gebirge – genau im Süden, auf ihrem Kurs zum Pol. Sie müssen die Berghänge hinauf. Sie werden ihre ganze Persönlichkeit einsetzen – oder zugrunde gehen. Sie sind jetzt auf der Barriere. Sie müssen zum Plateau hinauf. Es ist ein Höhenunterschied von zweitausend Metern oder mehr – durch enge Klüfte, über tiefe Spalten, in einem rauhen Ödland, das vor ihnen nur Shackleton durchquert hat. Dies ist ihr Weg. Da schmilzt der Unwille, den Scott seinem Ersten Offizier gegenüber empfindet, und Evans wendet sich mit einem entschuldigenden Lächeln zu Scott.

Aber dann kommt das Unwetter. Sie wissen von Scotts früherer Fahrt hier herunter, daß von einer Minute zur anderen der Sturm in Schönwetter, das Schönwetter in Nebel umschlagen kann. So ist es auch jetzt. Eine Nebelwand hängt im Norden, nähert sich. Sie haben die Zelte aufgestellt. Noch umgibt sie die Sonne wie ein kühler, schöner, freundlicher Teppich. Die Männer lachen. Die Hunde fressen. Aber die Nebelwand kriecht näher und näher und hüllt das erste Zelt ein. Die Wand ist so dicht, daß der Rest des Trupps in grellem Licht steht und den Mann fünfzig Meter weiter nicht sieht. Es ist, als würde ein Vorhang rund um sie zusammengezogen. Mit Verwunderung und Mißbehagen merken sie, daß die Temperatur zu steigen beginnt. Sie hatten nicht vorausgeahnt, daß die Temperatur auf über null Grad steigen und die Kälte in Wärme umschlagen könnte. Genau das geschieht jetzt.

Die Männer kriechen in die Zelte. Die Zeltplane ist an der Innenseite bereift, ein Eisperlenmuster, das von fremdartiger Schönheit sein kann, wenn ein Streichholz entzündet wird oder die kleine blaue Petroleumlampe das Zelt in eine Märchengrotte verwandelt. Aber jetzt beginnen die Eisperlen aufzutauen.

In den Schlafsäcken hatten sie nachts etwas wie Frieden verspüren können. Ein Mann im Eis schläft die Nacht selten durch. Er wacht auf und friert, reibt die Füße aneinander, schlummert wieder ein, findet im Traum, der kommt und geht, Ruhe. Es kann ihm verhältnismäßig gutgehen, denn das ist der beste Teil des Tages. Aber jetzt beginnt es von der Zeltplane zu tropfen.

Als der erste Tropfen sich löst und auf den Schlafsack fällt, verstehen sie nicht, was hier vorgeht. Plötzlich beginnen die Hunde draußen zu heulen – sie sitzen im nassen Schnee und heulen verdrossen in das Nebeltreiben hinein.

Scott liegt halb auf der Seite, um im Tagebuch zu vermerken, was sich an diesem Tag ereignet hat. Da fällt ein Tropfen auf das Papier. Scott schreibt heute mit Tinte, was an vielen Tagen der Kälte wegen unmöglich gewesen war. Der Tropfen trifft das Wort, das er soeben niedergeschrieben hat – mit seiner kräftigen, ein wenig wackligen Schrift, das Wort zerfließt und wird zu einem häßlichen blauen Fleck.

Wenn sie wenigstens hätten aufstehen können! Dann wären die vom Zelt herabfallenden Tropfen nicht eine solche Plage gewesen. Aber sie müssen hier liegen, während es im Inneren des Zeltes immer stärker und stärker tropft. Sie ziehen die Pelzmützen über den Kopf. Ein paar kriechen ganz in die Säcke hinein und binden sie zu. Das ist das letzte gute Mittel, wenn sie nachts zu sehr frieren. Aber jetzt sickert klamme Feuchtigkeit in die Säcke hinein, und sie frösteln an dem einzigen Ort, wo es ihnen früher gelungen war, die Wärme zu halten.

Einer sagt: »Gehen wir hinaus.«

Aber draußen fällt jetzt der Schnee in dichten weißen Flocken, geht in Regen über, wird wieder zu Schnee, legt sich in einer pappigen Schicht über Schlitten, Hunde und Ponys.

Die Zelte sind wie kleine weiße Pyramiden, der Schnee rutscht am Zelttuch nicht ab, sondern taut durch die von innen kommende Wärme auf. Drinnen tropft es und tropft es.

Die Nacht währt endlos. Der Morgen kommt, keiner hat geschlafen. Oates ist mehrmals draußen gewesen, um nach den Ponys zu sehen. Sie stehen traurig da und lassen die Köpfe hängen, es ist, als würde die Kraft aus ihnen heraustropfen wie der geschmolzene Schnee aus ihrem Fell. Da erhebt sich plötzlich ein Pferd auf die Hinterbeine, schreit hinaus in die graue, undurchdringliche Welt und bricht dann zusammen. Oates sucht nach einem trockenen Heubüschel, um es damit abzureiben. Aber jetzt ist alles durchnäßt. Er will ein Kleidungsstück ausziehen – aber alle Kleider sind naß. Zitternd vor Kälte steht er im Schneetreiben und trocknet ein zusammengesunkenes Pferd mit der Innenseite einer Wolljacke.

Der Tag vergeht. Eine neue Nacht kommt.

Sie hatten der Tatsache, daß sie auf den Hochflächen, die sich zum Pol hin erstreckten, unter Umständen erfrieren konnten, gefaßt ins Auge gesehen. Aber sie hatten nicht geahnt, daß es auch die Möglichkeit gab, bei Tauwetter umzukommen.

Am nächsten Tag versammelt Scott die Männer zum Gottesdienst in seinem Zelt. Nicht alle haben drinnen Platz. Manche stehen zusammengekrümmt in der Zeltöffnung, manche liegen in den Schlafsäcken, andere knien. Draußen und drinnen ist es gleich kalt und gleich naß. Scott betet mit pastoraler Stimme das Vaterunser. Der Gottesdienst ist zu Ende.

Das Tauwetter dauert fort.

Die Hunde sind irgendwo im Schneematsch verschwunden. Bei starker Kälte graben sie sich im Schnee ein, lassen nur eine kleine Öffnung für die Atemluft frei und scheinen sich dabei wohl zu fühlen. Jetzt aber sind sie durchnäßt und frieren. Den Ponys geht es noch viel schlimmer. Unaufhörlich, Stunde um Stunde, mühen sich die Männer ab, sie mit Heu trockenzureiben. Zwei weitere Pferde sind im Schnee zusammengebrochen.

Da klart es auf. Das Schönwetter kommt genauso schnell wie das Unwetter. Die Männer kriechen aus den Zelten, ziehen die nassen Kleider aus, helfen den Pferden aufzustehen. Die ersten Hundeschnauzen lugen aus dem Schnee. Alle schauen nach Süden und sehen die Hochflächen im Schnee. Aber da – es ist ein Anblick, den sie nie vergessen – in blauer Luft, weit weg, ragen zwei steile Berggipfel auf, heben sich wie mächtige weiße Säulen vom Himmel ab. Der Einschnitt dazwischen muß die »Pforte« Shackletons sein. Durch diesen Einschnitt müssen sie hindurch.

Sie graben sich aus dem nassen Schnee, brechen die Zelte ab. Es ist noch nicht möglich, irgend etwas zu trocknen. Die Kälte kommt, sie merken, daß die nassen Kleider steif werden, daß die Zeltleinwand kleine, feine Risse bekommt, als sie sie zusammenrollen. Es gilt Bewegung zu machen. Es gilt auch, Hunde und Pferde in Bewegung zu bringen. Nur Bewegung kann sie vor dem Kältetod retten, wenn die Temperatur weiterhin sinkt.

Und die Temperatur sinkt tatsächlich. Aber in ihnen stecken jetzt aufgesparte Kräfte und heimlicher Ingrimm. Sie werden dem Pol beweisen, daß sie unbeugsam sind.

Wieder ist der große Zug unterwegs. Pferde ziehen Schlitten, tief sinken die Hufe ein. Hunde ziehen, versinken bis zum Bauch im Neuschnee, finden keinen Halt mit den Pfoten, ein Mann muß vorausgehen, um den Weg zu bahnen. Der Schlitten kippt um, der Mann muß zurück und ihn wieder aufrichten.

Die Hunde ziehen. Nebel fällt ein. Sie sehen die feuchten Schwaden über ein unendlich weißes, gefrorenes Land treiben, aber dann verschwinden sie wieder.

Sie haben mit der Besteigung der Berghänge begonnen. Die Sonne scheint, sie sehen die Spalten, können sie umgehen. Aber wenige hundert Meter hinter ihnen kriecht der Nebel und damit das Tauwetter näher – und treibt wieder fort. Es ist, als sollten sie daran erinnert werden, daß sie hier am Südpol nicht die Herren sind.

Meter um Meter aufwärts. An einzelnen Stellen gehen die Bergwände in sacht ansteigende Hänge über. Die Männer vorn können Atem schöpfen und auf die Nachkommenden hinunterschauen. Oft gibt es jedoch steile Überhänge in den Bergwänden, sie müssen dann abladen und die Ausrüstung hinaufheben oder sich auf langen Umwegen einen neuen Kurs suchen, sich mit Steigeisen festkrallen, die Pferde stützen, damit sie nicht ausrutschen. Sie wissen, daß kein Pferd weiter als bis hierher gelangen kann. Und hier müssen die Pferde auch dem Plan gemäß sterben. Die Hunde werden sie noch ein Stück begleiten und dann zum Winterquartier zurückkehren.

Scott hat den endgültigen Beschluß über das Schlachten der Pferde hinausgeschoben. Er hätte schon gestern den Befehl erteilen sollen. Aber davor graut ihn am meisten. Oder doch nicht am meisten? Viel schwerer wiegt: Wer von den Männern soll umkehren, und wer soll ihn weiter bis zum Pol begleiten?

Er steht mit dem Rücken zu Oates und sagt wie nebenbei: »Heute abend muß es geschehen …«

Oates weiß, was er meint.

Scott macht sich auf, um die Route für den nächsten Tag zu studieren. Oates wirft ein Keks in den Schnee. Ein Pony senkt den Kopf und schnappt danach, da bekommt es eine Kugel in den Hals.

Die Hunde riechen Blut und zerren wild an ihren Ketten.

Schüsse knallen, ein Pferd nach dem anderen sinkt in die Knie. Bald bekommen die Hunde Blut und Fleisch, die große Mahlzeit, nach der sie gelechzt hatten und die sie so dringend brauchen. Einige der Männer bringen es fertig, ein Pferdesteak zu essen, andere nicht.

Nun kehrt auch Scott zurück.

Die Zelte sind unter dem Felsen aufgeschlagen, es ist Nacht, der Neumond steht über dem Lager. Eine gute, milde Temperatur, zwanzig Grad minus, fast warm ist es im Zelt, die Männer schlafen, die Hunde sind schwer von all dem Fleisch und stöhnen vor Zufriedenheit.

Scott schläft nicht.

Am folgenden Tag klettern sie weiter hinauf. Wilson skizziert die

Berge. Die Hunde kommen beim Aufstieg besser zurecht, als man angenommen hatte. Edward Evans nähert sich Scott fast unmerklich. Er gibt ihm zu verstehen, daß er seine Leistung in jedem Punkt gutheißt, auch wenn er insgeheim ein wenig dagegen opponiert hat. Evans will für sein Leben gern mit zum Pol.

Scott beantwortet diese Höflichkeit mit Höflichkeit. Aber noch fällt kein Wort darüber, wen er zum Pol mitnehmen will.

Der andere Evans im Gefolge, der Unteroffizier Edgar Evans, ist stärker als sein Vorgesetzter gleichen Namens. Wortkarg, ohne Widerspruch, für alles zu brauchen.

Er will ebenfalls mit zum Pol.

Er sieht zu seinem Namensbruder hinüber und grinst.

Scott hat Bauchschmerzen. Immer wieder muß er eine einsame Stelle hinter einem Eishügel aufsuchen. Er mag die anderen nicht zuschauen lassen, hält an seiner Würde fest. Die Kräfte rinnen aus ihm heraus. Er kauert sich nieder und überlegt: Wen soll ich mitnehmen?

Ein kalter Wind kommt von Norden her, es herrschen minus fünfunddreißig Grad, feiner Schnee wirbelt in Scotts Hose. Der Schnee schmilzt, wenn er sich wieder anzieht.

Wo ist Amundsen jetzt?

Konkurrierst du nicht doch mit Amundsen?

Die Bauchschmerzen bessern sich während der Nacht.

Am nächsten Tag sollen die Hunde nach Hause geschickt werden.

Scott sagt Meares, dem Hundeführer, Bescheid. Meares ist Zivilist. Er protestiert laut und heftig: »Aber es ist doch offenkundig, Sir, daß die Hunde noch von Nutzen sein können, ja vielleicht sogar bis zum Pol aushalten. Sind wir darauf aus, Amundsen zu schlagen, oder nicht?«

»Mein Plan, lieber Meares, sieht vor, die Hunde für andere Expeditionen zu verwenden, wenn wir zum zweitenmal überwintern. Sie müssen deshalb von hier aus zurückgeschickt werden. Danke für deine wertvolle Hilfe. Du gehst heute zusammen mit Demetri zurück.«

Kein Wort mehr.

Aber wieder bekommt Scott Bauchschmerzen.

Sie arbeiten sich jetzt langsam über die Steigung zum Polplateau hinauf. Die Männer ziehen ihre Schlitten selbst, oft müssen sich alle acht zusammentun, um ein Fahrzeug hinaufzubringen. Das bedeutet, daß sie einen Schlitten oben lassen, zurückgehen und den nächsten holen müssen. Der Weg wird doppelt so lang.

Scott versucht herauszufinden, ob es wirkungsvoller ist, wenn er mit den Männern scherzt, oder ob er lieber schweigen, verdrossen dreinschauen, weder freundlich noch unfreundlich zu ihnen sein soll. Ist der Versuch, den anderen seine gute Laune einzuimpfen, eine Erleichterung oder nur eine Belastung für sie?

Eines Nachts liegt er wach in seinem Schlafsack und denkt darüber nach. Er kommt zu keinem Resultat. Er würde das so gern mit Wilson besprechen. Wenn sie nach England zurückkommen – und er glaubt fest daran –, wird er Wilson treffen und diese Frage eingehend mit ihm erörtern: Ist der Versuch eines Menschen, einem anderen seine gute Laune einzuimpfen, eine Erleichterung oder eine Belastung?

Draußen scheint jetzt Tag und Nacht die Sonne, erwärmt das Zelt in den Nächten. Das Licht überflutet sie, es gibt keinen dunklen Fleck, keinen Punkt, auf dem die Augen ruhen könnten. Der Horizont fließt mit Schnee und Weite zusammen. Weiße Gipfel, die keines Menschen Fuß je besteigen wird, heben sich vom blauen Himmel ab und lassen die Gedanken in die Ferne schweifen.

Tut er recht daran oder nicht, den anderen zu verheimlichen, wen er zum Pol mitnehmen will?

Aber er hat die Männer noch nicht ausgewählt. Das ist ein Umstand, der ihn peinigt. Er ertappt sich dabei, daß er sich vor seiner Arbeit drückt – sie besteht darin, daß er genauso wie die anderen die Schlitten zieht. Er wird immer zerstreuter und fällt in eine Spalte. Eine halbe Stunde lang hängt er am Seil und im Gurt, baumelt dort, weiß, das hast du schon einmal mitgemacht, du überlebst wohl auch diesmal. Die Männer haben den Schlitten im Schnee verankert. Sie machen einander gegenseitig fest und ziehen Scott hinauf.

Aber er weiß noch immer nicht, wen er zum Pol mitnehmen will. Er versucht, sich eine Meinung über die Männer zu bilden. Er weiß, daß er stark gebunden ist. Er ist nicht ein so großer Mann, daß er sagen könnte: Ich selbst bin der Aufgabe nicht gewachsen. Ich überlasse die Führung dir, mein Freund Evans! Er fragt sich, ob er auf Grund seines Alters – er ist jetzt dreiundvierzig – ungeeignet ist, am letzten großen Vorstoß zum Pol teilzunehmen. Werden die Kräfte für den Rückweg reichen? Aber er durchschaut auch, daß diese Erwägung Spiegelfechterei ist.

Er hat sich bereits selbst ausgewählt. Er wird die Mannschaft anführen, die den Polpunkt bezwingen soll, auch wenn er zu dem Schluß gelangen sollte, daß seine eigenen Kräfte sich nicht mit denen der anderen messen können.

Bis jetzt hat er sich nicht als schwächer erwiesen – oder doch?

Er muß auch Wilson mithaben. Wilson ist sein einziger Freund, das Zelt ist öde ohne Wilson. Wilson weiß alles, erträgt alles, findet alles, was andere verlieren, kann über alles schweigen und ist der einzige, der das Recht hat, alles zu sagen. Eine Stunde während des Marsches ohne ein paar Worte mit Wilson ist eine verlorene Stunde. Deshalb muß Wilson mit. Er muß mit – selbst wenn sich erweisen sollte, daß seine Kräfte an die der anderen nicht heranreichen.

Außerdem muß er den Unteroffizier Edgar Evans mithaben. Evans kann jedes praktische Problem lösen, eine Schibindung bei großer Kälte reparieren, ein steifgefrorenes Zelt aufstellen. Evans kann am Abend, während die anderen in den Schlafsäcken liegen, einen Fausthandschuh zusammennähen, er ist der Hund und das Pferd, jetzt, da Hunde und Pferde entweder geschlachtet oder zum Winterquartier zurückgekehrt sind. Deshalb muß Evans mit.

Die Polmannschaft soll aus fünf Personen bestehen. Es sind also noch zwei Plätze frei. Es hat Scott oft gequält, daß die Marine bei dieser Expedition vielleicht größeren Ruhm als die anderen Waffengattungen ernten wird. Er will deshalb auch Offiziere des Heeres mitnehmen. Hier paßt Oates herein. Oates ist stark wie ein Bär.

Scott wählt ihn, schweigt aber darüber. Er hat jetzt noch einen Platz übrig.

Diesen Platz kann er seinem Ersten Offizier geben, Edward Evans, der allerdings ebenfalls Marineangehöriger ist. Scott wägt das Problem ab und kommt zu dem Schluß, daß er, so gesehen, genausogut Bowers auswählen kann, der Leutnant der Marine ist. Bowers watet zum Pol, denn er haßt Schier, er sinkt ein bis über die Unterschenkel, bis über die Knie, bis über die Oberschenkel, er verachtet Schier und geht zu Fuß weiter.

Soll Bowers mitkommen? Er ist der Mann, der dem Unteroffizier Evans am nächsten steht, unpersönlich, zugeknöpft, aber immer zur Stelle, wenn einer Hilfe braucht.

Da bleibt also kein Platz für Edward Evans?

Das ist Scotts große, schwierige Wahl. Er sagt: Ich habe mich nicht entschieden! Er sagt auch: Es ist mein Recht als Leiter der Expedition, die Besten auszuwählen, und nur sie. Er wiederholt für sich selbst eine Reihe von Selbstverständlichkeiten, um damit etwas zu tarnen, das ihm mißfällt, das er aber durchschaut: Du willst Edward Evans nicht mitnehmen!

Du weißt, wie Evans die Arme hochwerfen kann, wenn er in einer Versammlung spricht, die vorwiegend aus Frauen besteht. Das breite Lächeln, weißer als der Schnee über dem Polarland, die tiefe Stimme mit dem leichten Stakkato, der Schimmer im Auge – alles, was ihn zu einem Meister gemacht hat, als wir auszogen, um Geld zu sammeln für diese Fahrt. Frauen konnten ihm nicht widerstehen. Soll er mitkommen zum Pol?

Soll er der Sieger vom Pol sein, zurückkommen und den Journalisten den Kopf verdrehen? Ohne mir gegenüber in einem einzigen Punkt illoyal zu sein, wird es ihm gelingen, in allen Punkten illoyal zu sein. Soll er mitkommen?

Er wird zum Pol hin das Tempo steigern, immer vorn sein, zurückschauen, lächeln, der Mann sein, der mein Untergebener ist, mich aber ohne Worte daran erinnern, daß ich sein Untergebener sein sollte.

Er hat die *Terra Nova* gerettet. Er wird jeden Tropfen aus dieser Episode herausquetschen. Das verdient er: Ohne ihn wären wir jetzt Wasserleichen, die südlich von Neuseeland im Meer treiben.

Soll er mit dabei sein?

Er wird den Pol erreichen können, vielleicht sind wir dann die ersten, er wird alles daransetzen, um als erster dort zu sein. Er wird Lungen und Muskeln sprengen, wird die Sehkraft verlieren im Licht über dem Polarland, es zulassen, daß die Haut von der starken Sonne abgezogen wird, die Stürme sein Gesicht zerschneiden und jedes einzelne Glied des Körpers abfriert. Vielleicht stirbt er auf dem Rückweg.

Aber kannst du dich darauf verlassen?

Was habe ich jetzt gesagt?

Er könnte überleben?

Er ist kein Dieb. Er will mir nicht eigentlich die Ehre wegstehlen. Aber er ist ein Mann, der sich sein volles Recht nimmt, weil er der Stärkste ist, der Wildeste, Gefährlichste, der am schnellsten denkt – und vielleicht am oberflächlichsten, er ist der Mann, der eines Tages alles verlieren muß, der aber, ehe das geschieht, das meiste gewonnen haben kann.

Du hingegen hast deine Pläne und wirst sie durchführen.

Sie haben sich die Berghänge empor bis zum Plateau gekämpft. Die Hochebene liegt vor ihnen. Dort drüben ist der Pol.

Das Zelt ist aufgestellt. Die Männer kriechen hinein. Da bittet er sie, es wieder zu verlassen.

»Aber mit dir, mein Freund Evans, möchte ich gern reden.«

Scott und Evans bleiben im Zelt zurück.

Und dann schreit der eine, rauft sich die Haare, wirft sich über den Schlafsack und jammert, fährt auf und ist nahe daran, zu vergessen, daß der andere sein Vorgesetzter ist. Ein halber Meter trennt die beiden Männer. Beide sind in heftiger Bewegung. Beide haben recht. Sie können nicht kämpfen, sie stehen unter einem eisenharten Gesetz. Schlägt Evans zu, muß er in den Arrest, wenn er nach England zurückkehrt – und sollte er auch als Held vom Pol zurückkehren. Aber jetzt hat er nicht die Kraft, sich zu beherrschen. Er zischt: »Das sind keine sauberen Motive!«

Er weiß, wie er zielen muß, um zu treffen.

Scott hat jetzt zwei Möglichkeiten. Er kann mit dem Mann diskutieren, die militärische Situation erklären, als Vorgesetzter zu einem Gespräch einladen, Argument auf Argument folgen lassen, alle seine Motive enthüllen, am Schluß an das unwiderlegbare Faktum erinnern: Ich bin dein Vorgesetzter. Es ist meine Pflicht, eine Entscheidung zu treffen. Jetzt ist sie getroffen.

Entweder das, oder das Gespräch abbrechen. Kurz sagen: Du kannst das Zelt verlassen.

Der eine sitzt zusammengesunken auf dem Schlafsack, der andere findet keine Worte.

Da steht Edward Evans auf, drückt Scott die Hand und kriecht aus dem Zelt.

Am folgenden Tag kehren diejenigen um, die nicht zum Pol mitkommen sollen. Es wird ein schmerzlicher Abschied. Der Trupp, der umkehren soll, hilft noch eine halbe Stunde lang mit, die Schlitten zu schieben, dann reichen sie einander die Hand und wünschen alles Gute. Evans ist der letzte, von dem Scott sich verabschiedet. Sie stehen ein Stück von den anderen entfernt. Es ist ein schöner Tag über dem Südpolarland.

»Ich habe dich immer bewundert, Evans.«

»Sir, Sie sind der größte Offizier, den England für diese Aufgabe wählen konnte.«

Dann trennen sie sich.

Aber Evans hat nicht vergeben und seine Bitterkeit nicht vergessen. Er will jetzt in Rekordzeit zum Winterquartier zurück. Als der

206

Nebel kommt, schlägt er nicht das Lager auf, sondern zwingt die Männer zum Weitergehen. Bald kommen sie vom Kurs ab. Er führt sie in unmenschliches Terrain. Dort liegt eine Spalte neben der anderen, sie finden beinahe keinen Platz, um das Zelt aufzuschlagen. Sie können nicht einen Schritt vom Zelt weg tun, ohne zu riskieren, ins Bodenlose zu fallen. Da – sie sind jetzt in einer äußerst prekären Situation, so war es, als der Untergang der *Terra Nova* nahe war – klettert Evans allein weiter, entdeckt, daß die Spalten nicht sehr tief und auch nicht abschüssig sind, sondern eher an sanfte gefrorene Wellen erinnern. Er klettert über einen Wellenkamm nach dem anderen. Die Männer hat er hinter sich gelassen. Stürzt er jetzt, wird das sein letzter Sturz sein.

Er findet den Weg hinaus.

Da kniet er hin und weint.

Er ist aufgelöst und kraftlos, verflucht Scott. Der Sieg ist ihm verweigert worden. In seiner eigenen Spur kriecht er zurück.

Evans läßt die Männer nicht merken, daß er ein Verlierer ist. Und doch hätte er es mehr als jeder andere verdient zu siegen. Er führt die Männer über Spalten, über Abgründe weiter bis auf festes Eis.

Aber dann bekommt er Skorbut, bevor sie beim Winterquartier angelangt sind. Die Zähne fallen ihm aus dem Mund. Blut fließt aus allen Körperöffnungen. Zeitweise ist er von Sinnen, stürzt aus dem Zelt hinaus und ruft, daß er zu Scott zurück will, der auf dem Weg zum Pol ist. Die Männer müssen ihn ins Zelt zerren. Sie hüllen ihn in Decken, ein Mann macht sich auf den Weg zum Winterquartier im McMurdo-Sund und holt Dr. Atkinson, den Arzt. Edward Evans kommt mit dem Leben davon.

Weit im Süden wandern fünf Männer zum Pol. Der Führer ist schweigsamer als je zuvor. Ab und zu sieht er zu Wilson hin und lächelt matt, als bitte er um Entschuldigung für etwas, was er nicht beim Namen nennen will. Ein Sturm folgt auf den anderen. Jeden Tag verlieren sie Stunden, und jede Woche verlieren sie Tage. Nachts schlafen sie wenig.

In diesem Zeitraum, da der Druck auf Scott stärker geworden ist und die Kräfte nicht mehr die gleichen sind wie damals, als er den McMurdo-Sund verließ, kennzeichnet ein innigerer, wärmerer Ton seine Tagebücher. Er wächst mit der Gefahr, findet Worte von stolzer Haltung, als er den Untergang ahnt.

Endlich erleben sie ein paar schöne Tage auf dem Hochplateau und kommen rasch weiter nach Süden. Sie haben den Punkt passiert, an dem Shackleton umkehren mußte. Das Gelände ist jetzt ohne Schwierigkeiten, die Schneebahn gut. Morgen oder übermorgen gehört ihnen der Pol.

Jetzt ist keiner von ihnen schneeblind.

Bowers aber sieht am besten. Er bleibt stehen und starrt auf einen Punkt östlich von ihrem Kurs.

Der Pol

Bjaaland fährt als erster. Es geht einen leicht geneigten Abhang hinunter. Das Wetter ist gut, diesig, fast mild, um zwanzig Grad, mit einer leichten Brise aus Nordwest. Die Hunde sind noch nicht trainiert, kommen aber mit jeder Stunde besser in Form. Sie haben jetzt keinen Vorläufer, die Hunde halten ein zu schnelles Tempo. Amundsen springt als letzter auf die Schier und hat seine liebe Not, mit den anderen Schritt zu halten. Bjaaland hat eine Schwäche: Es zieht ihn stets ein wenig nach rechts. Sie können sehen, wie er sich konzentriert, um den richtigen Kurs zu halten. Fast unmerklich lenkt er die Hundeschnauzen und die Schispitzen leicht nach links, damit sie nicht nach rechts ausscheren. Aber nach wenigen Minuten schon ruft der Mann hinter ihm: »Du ziehst nach rechts!« Das wiederholt sich immer wieder.

Das Gelände bietet vorläufig noch keine Schwierigkeiten. Sie kennen es von den Depottouren im vergangenen Herbst und wissen, daß diese Schwierigkeiten weiter vorn auf sie warten. Trotzdem phantasieren sie davon, daß sie vielleicht den großen Weg nach Süden finden können – über leicht geneigte Abhänge und Halden, zwischen unbekannten Bergen, geradewegs zum Pol. Aber das ist nur ein Tagtraum.

Plötzlich bricht eine Kufe von Bjaalands Schlitten durch den Schnee, der Schlitten kippt um und beginnt langsam zu sinken.

Ein Hund heult, das Heulen endet abrupt.

209

Helmer Hanssen, der hinter Bjaaland fährt, bremst rasch ab. Der Schlitten sinkt immer tiefer. Bjaaland hat blitzschnell die Schier abgelegt. Jetzt packt er einen Hund am Geschirr und hilft ziehen. Aber der Schlitten sinkt. Bjaaland zieht den einen Fausthandschuh mit den Zähnen von den Fingern und schleudert ihn weg, dann den anderen, hat nun bloße Hände, kann besser zupacken, läßt das Hundegeschirr los, ergreift das Zugseil, stemmt die Füße gegen den Schnee und krümmt seinen starken Körper, um den Schlitten oben zu halten. Die Hunde schlagen die Krallen in den Schnee. Hier beweisen sie ihren großen Mut und ihre Klugheit. Die Hunde verstehen die Situation genauso gut wie der Mann. Gleitet der Schlitten abwärts, gleiten sie mit. Bjaaland hat ein Messer. Er kann es aufklappen, das Seil durchschneiden, Schlitten und Ausrüstung opfern. Dann müssen sie zurück nach »Framheim«, und ihr ganzer Zeitplan bricht zusammen. Aber die Haltung Amundsens – alles oder nichts – erfüllt nun auch Bjaaland. Lieber hinunter, als darauf zu verzichten, der erste am Pol zu sein.

Helmer hat seinen Schlitten umgekippt, so daß seine Hunde nicht davonlaufen können. Er nimmt einen Anlauf und springt über die Spalte. Im Springen hört er, wie Schnee und Eis hinter ihm abrutschen. Nun klafft ein schwarzer Abgrund auf der linken Seite. Helmer landet auf Bjaalands Füßen, packt das Zugseil, beide halten es fest – aber sie rutschen dennoch gemeinsam auf die Spalte zu, während der Schlitten langsam einsinkt.

Noch sehen sie die Kisten. Die Hunde heulen. Da kommt Amundsen und springt mit den Schiern über die Spalte. Das Wetter trübt sich plötzlich ein, Nebelschwaden treiben heran. Vor einer Minute noch hatten sie gute Sicht, jetzt erkennen sie nur den Umriß von Wistings Hundegespann. Es scheint, als sei die Spalte etwas weiter links schmaler. Wisting wagt das Risiko. Vielleicht ist es eine Täuschung, durch den Nebel verursacht – sie wissen es nicht. Sie klammern sich an das Seil, die Hunde krallen sich im Schnee fest.

Wisting setzt mit dem Hundegespann über die Spalte. Sein Schlitten kommt quer über der Spalte zu stehen. Rasch nimmt Wisting das Gletscherseil vom Schlitten. Sie verankern ihn an beiden Enden und haben nun einen festen Punkt, von dem aus sie arbeiten können.

Amundsen geht wieder auf Schiern über die Spalte, holt ein weiteres Gletscherseil von Hanssens Schlitten. Sie verankern Bjaalands Schlitten an dem von Wisting. In dem Augenblick, als das getan ist, sinkt Bjaalands Schlitten noch einen Fuß tiefer. Er hängt mit dem hinteren Ende an einem einzigen Seil, während das vordere Ende von den Hunden und zwei Männern gehalten wird.

Bjaaland schreit: »Ich kann nicht mehr!«

Es gelingt ihnen, den Schlitten auch vorn zu vertäuen. Sie können die Hunde ausspannen und müssen sich eine kurze Pause gönnen. Aber rings um sie knackt es.

Bjaaland wirft sich in den Schnee, liegt eine Sekunde lang, springt auf und ruft: »Wir müssen die Hunde festbinden! Hier sind überall Spalten!«

Sie binden die Hunde fest. Inzwischen rutschen ringsum Schneebretter ab. Als Amundsen sich plötzlich umdreht, merkt er, daß ein Schi durchbricht. Der Schlitten hängt noch in den Seilen. Nun dreht er sich herum. Zwei Mann, Wisting und Amundsen, legen sich auf den Bauch, jeder auf seiner Seite der Spalte, und schauen hinunter. Da lockern sich die Kisten. Sie hängen jetzt nur noch in den Seilen und baumeln. Die Kiste mit der Kochausrüstung hängt frei und schwankt unter dem Schlitten. Noch halten die Verankerungen.

Sie können die Lasten nicht heraufholen, ohne einen Mann hinunterzulassen. Amundsen muß deshalb sofort eine Entscheidung treffen. Die vier sehen ihn an und melden sich freiwillig, noch bevor er sein Wort gesprochen hat. Es ist ein Wort, das sie kennen, weil er immer alles oder nichts gewollt hat. Wenn sie nach »Framheim« zurückkehrten, um eine neue Kochausrüstung zu holen, könnten sie den Wettlauf zum Pol verlieren. Er kann sterben – und andere sterben lassen. Aber er kann nicht verlieren.

Deshalb hat er den Entschluß gefaßt. Alle vier sind willens, sich hinunterseilen zu lassen. Keiner verlangt, daß Amundsen es tun soll. Es ist leichter, einen der anderen zu entbehren. Er fühlt eine Wärme in sich – und eine Freude, die Kraft gibt. Ein plötzlicher Gedanke läßt ihn spüren: Du hast die richtigen Männer gewählt. Er sagt kurz: »Wir müssen hinunter, die Dinger holen. Ich glaube, du bist am leichtesten, Wisting. Das muß ohne Handschuhe gemacht werden. Deine Hände sehen so hart aus.«

Da binden sie Wisting ein Seil um die Mitte, befestigen es an Hassels Schlitten, zwei Männer legen sich an den Rand der Spalte, dann lassen sie Wisting hinunter.

Er hat seine Pelzmütze abgenommen. Später fragen sie, warum er das getan habe. Vielleicht, um besser zu sehen, antwortet er. Der Rand der Pelzmütze hätte ihm durch seinen Schatten die Sicht nehmen können, vielleicht – oder vielleicht wollte er barhaupt in eine Stille gehen, die noch größer war als diese, wenn es so sein sollte, daß er nicht mehr heraufkam. Er hängt und baumelt. Das Seil schneidet unter den Armen ein. Während er so hängt, muß er ein anderes Seil um die Kochkiste schlingen, es befestigen, die Knoten im Seil, an dem sie vorher hing, lösen, die Kiste um sich selbst und den Schlitten herumsteuern, während die vier anderen sie hinaufziehen und er unten hängen bleibt.

Kein Boden unter ihm zu sehen.

Kein Laut von dort unten.

Menschenatem und Stöhnen, das ihn von oben erreicht, der eine oder andere unterdrückte Fluch, das schwache Jaulen eines Hundes, es ist, als wüßten auch die Hunde, was es gilt. Sie helfen mit, indem sie sich ruhig verhalten. Das Seil wird von neuem zu ihm hinuntergelassen.

Er befestigt es an der nächsten Kiste.

Seine Hände sind jetzt steif. Das Atmen ist schwer geworden, weil ihm das Seil die Brust abschnürt. Ein Eisklumpen löst sich vom Spaltenrand und trifft ihn am Kopf. Er wirft sich unwillkürlich herum. Da beginnt das Seil, in dem er hängt, zu schwingen. Die Kiste, an der er arbeitet, ist nahe daran, sich herauszulösen. Er hängt halb darunter. Sie dreht sich im Seil. Es gelingt ihm, eine Faust in die Verschnürung zu schieben, das lose Seil rundherum durchzustecken. Halberstickt ruft er nach oben: »Zieht!«

Sie holen die Kisten hinauf, sie holen den Schlitten hinauf. Dann ziehen sie den Mann hoch.

Amundsen steht vor einem blanken kleinen Eishügel und hat den Petroleumkocher in Gang gesetzt. Er kocht Schokolade. Die Temperatur ist jetzt auf minus fünfzehn Grad gestiegen, aber der Nebel kommt gekrochen. Sie sehen nur ein paar Schritte weit. Amundsen sagt: »Hier! Trinkt jetzt!« Bjaaland setzt sich auf eine Eiskuppel. Plötzlich kracht sie unter ihm zusammen.

Da begreifen sie, daß all die hübschen kleinen Kuppeln aus Eis, in denen sich die Sonne gespiegelt hatte bis zu diesem Tag, innen hohl sind, daß darunter die letzte große Tiefe ist. Rings um sie sind Tausende solcher kleiner Kuppeln.

Der Nebel wird dichter. Sie erkennen, daß von einer Kuppel zur anderen Spalten verlaufen. Spalten, wie Nerven in der Menschenhaut.

Sie trinken Schokolade.

Dann kommen sie überein, daß es am besten ist, das Zelt hier aufzuschlagen. Die Hunde werden gefüttert und angebunden. Die Männer tasten sich vor, stochern mit einem Schistock vor sich her, folgen ihren eigenen Spuren zurück. Es ist schwierig, eine sichere Stelle für das Zelt zu finden. Ein Pflock stößt auf Grund, sie hören, wie er unter ihnen abgleitet. Da drehen sie die Zeltschnur einen Fußbreit weiter nach links. Dort finden sie Halt für den Pflock.

Sie kriechen in das Zelt.

In diesem Moment beginnen die Hunde zu heulen. Vielleicht fühlen sie sich verlassen, weil die Männer nicht mehr bei ihnen sind, vielleicht auch heulen sie, weil die Feuchtigkeit in den Pelz eingedrungen ist und sie zu frieren beginnen. Der Nebel ist jetzt dick wie Brei. Die Männer sitzen im Zelt dicht beisammen, hören einander atmen.

Die vier schlafen bald ein. Amundsen bleibt wach. Ihm ist der Gedanke gekommen, daß das ganze Zelt plötzlich abrutschen könnte. Da wäre es wohl am besten zu schlafen. Vielleicht sollte er, um die Zeit totzuschlagen, die Ausrüstungsgegenstände zählen, die sie mitführen. Er hat alles im Kopf. Kiste Nr. 1 enthält 5300 Keks und wiegt 50,38 Kilogramm. Kiste Nr. 2 enthält 112 Rationen Hundepemmikan, 11 Packungen Milchpulver, Schokolade und Keks, zusammen 80,4 Kilogramm. Aber keine ärztliche Ausrüstung.

Was sollst du damit? Ein kleines Erste-Hilfe-Paket, außerdem die alte Zahnzange, die im Winter nicht gebraucht worden war, die hast du mitgenommen. Das ist kein Zufall. Zahnschmerzen können einem Mann alles verderben. Im Notfall können wir auch Zähne ziehen. Aber wir können auf dem Weg zum Pol nicht einen Kranken heilen.

Außerdem hast du den Rasierapparat mitgenommen.

Auch das nicht zufällig: Bart oder nicht Bart, das ist keineswegs gleichgültig, ein langer Bart, das gibt Eiszapfen, darin setzt sich der Schnee fest, alles miteinander gefriert, wird zusammengebacken wie Brot. Ein ganz kurzer Bart ist am besten. Er schützt das Gesicht. Deshalb ein Rasierapparat.

Aber keine ärztliche Ausrüstung.

Ihm wird warm, wenn er an die Männer denkt. Helmer Julius Hanssen, einundvierzig Jahre, er hat dich auf der *Gjöa* begleitet, ein erfahrener Hundefahrer, du weißt, was er wert ist.

Sverre Helge Hassel, fünfunddreißig Jahre, er war mit auf der anderen *Fram*-Fahrt, er ging auf Schiern um die Ringnes-Inseln im Nördlichen Eismeer. Er war im Eis, noch bevor er dich traf.

Olav Bjaaland, siebenunddreißig Jahre, einer der besten Schiläufer Norwegens und der Welt, wortkarg, aber niemals unfreundlich, ein großer Junge mit Riesenkräften, der erste in jeder Schispur, unentbehrlich auf der längsten Schitour, die die Welt bis jetzt gesehen hat.

Oscar Wisting, vierzig Jahre, Marineoffizier, für dich ein neuer Mann, als er angeheuert wurde, aber jetzt dein bester Freund – und

214

wohl dein einziger. Ein Mann, der Führungsqualitäten aufweist, aber nicht die Konsequenzen daraus zieht – deshalb ein Mann nach deinem Herzen, grundsolid, mit kräftigen Schultern, keinesfalls dumm, vielleicht ohne Phantasie, die große Tatkraft ist ihm nicht zu eigen. Daher ist er wie dazu geschaffen, dir nahezustehen.

Denkst du an Johansen heute nacht?

Ja, heute nacht, da die anderen vier schlafen. Du weißt, daß du richtig gewählt hast. Kannst du anders sein, als du bist? Vielleicht gibst du es zu, hier im Zelt, zwischen den Spalten, die Hunde heulen nicht mehr, aber knackt es nicht draußen, ist das der Augenblick vor dem Untergang? Du gibst es zu, heute nacht. Es gab einen in der Mannschaft, der dir den Rang streitig machen konnte. Deshalb hast du ihn nicht mitgenommen.

Kannst du mehr als andere ein anderer sein als der, der du bist? Weißt du nicht besser als jeder andere, was du tust – was du willst, was es kosten wird? Ist nicht bis hinunter zum kleinsten Ding alles durchdacht? Du hast in tausend solchen Fällen zwischen verschiedenen Möglichkeiten gewählt – und du weißt, daß du richtig gewählt hast. Nur ein Unglück kann dir den Sieg nehmen. Kannst du dich zu einem anderen machen als zu dem, der du bist? Du mußtest Johansen aus Norwegen mitnehmen, weil Nansen es verlangte. Ahntest du schon damals, daß es zu einer Abrechnung zwischen Johansen und dir kommen würde? Du hast richtig gewählt. Wenn er hier gewesen wäre, ein Mann, der es besser wußte, dann hättest du dich nicht mehr sicher gefühlt. Dann hättest du vielleicht heute falsch gewählt.

Am folgenden Tag finden sie aus dem gefährlichen Gelände heraus. Sie müssen nun den ersten Hund erschlagen. Jåla ist trächtig und kann ihnen nicht mehr folgen. Sie legen die ungeborenen Welpen, acht Stück, nebeneinander auf eine der Schneewarten, die sie gebaut haben, um den Rückweg leichter zu finden. Daneben liegt die tote Hündin.

Als sie weiter südwärts ziehen, schluchzt ein Mann.

Weiter nach Süden.

Hat jemand die Stille gehört? Es lohnt nicht der Mühe, darüber zu sprechen. Über die Stille sprechen – wo alles Stille ist, das wäre so, als zeigte man auf die Stille hin, lockte sie näher, machte sie zu einem Wesen, das sich in dich hineinfressen, ein Teil von dir werden, dich zwingen wird, zurückzuschauen, wenn du aus dem Zelt kriechst und die anderen noch drinnen sind – du bist ein Mensch, allein mit der Stille, und weißt, daß du hier sterben wirst.

Sprich nicht über die Stille.

Am nächsten Tag reißen sich drei Hunde los und laufen in ihren eigenen Spuren zurück. Sie waren wohl alle drei Jålas Liebhaber gewesen und wollen sie nun wiederfinden.

Sie werden sie auch finden.

Und dann fressen sie Hündin und Welpen.

Weiter nach Süden.

Der Nebel lichtet sich. Da – es ist ein zauberhafter Anblick – kommen von Norden her zwei große Vögel, fliegen weiter nach Süden, als wollten sie den Pol vor ihnen erreichen.

Der Nebel verdichtet sich wieder, ist wie Brei. Trotzdem bringen sie gute Tagesmärsche hinter sich. Die Hunde sind jetzt in Hochform. Die Männer wissen, daß die Tiere bald abmagern werden und daß sie sie dann vorwärtspeitschen müssen. Sie selbst werden zwar noch genug zu essen haben, aber nicht mehr für lange, dann werden auch sie die Kräfte verlassen. Im entscheidenden Augenblick wird es sich zeigen, ob sie dazu geschaffen sind, den Pol zu erreichen oder nicht.

Eines Morgens ist der Himmel hoch, klar und blau. Da sehen sie die Gebirge im Süden, mächtig und weit weg und doch so nah, in einer seltsam klaren Luft. Diese Gebirge müssen sie überqueren. Dahinter liegt der Pol. Sie bleiben stehen. Ja, dort hinten liegt der Pol. Niemals haben sie höhere Gebirge gesehen, niemals so mächtige, steile, von Eiskappen bedeckte Gebirge, in denen die Sonne brennt und über denen ein glitzernder Himmel steht.

Sie marschieren weiter nach Süden.

Bis jetzt hatten sie sich im großen und ganzen auf flachem Eis vorwärtsbewegt, zwischen Eiswällen hindurch, waren über Spalten geklettert, hatten in den Tod hinuntergesehen und einander zugelacht, um sich Mut zu machen. Sie hatten die große Eiskappe durchquert, die das Südpolarland umschließt – unermeßlich in der Ausdehnung, mit Geheimnissen und Stürmen, denen kein Mann ins Angesicht schauen konnte, ohne sich verlassen zu fühlen – und waren nun auf dem eigentlichen Festland. Bis jetzt hatte es außer Shackleton und seinen mutigen Männern niemand gesehen – Gebirge ohne Namen und Gesicht, kalt und unerforscht, mit steilen Abhängen, blauschwarz, wenn die Sonne draufschien, Geröllhalden, wo der Schnee sich nicht festbeißen konnte. Gebirge im Mondenschein – wild in ihrer Herrlichkeit, einem Menschenfuß nicht zugänglich. Aber sie mußten hinauf.

Den ganzen langen Weg hatten sie gute Schneebahn und schönes Wetter gehabt, leichte Sonne durch leichte Wolken. Nun türmten sich die Gebirge vor ihnen. Der eine oder andere Riese nieste verdrießlich beim Anblick der Männer, die da gewaltige Schneelawinen die Felswände hinunterwarfen. Die Gebirge drückten den Mann nieder, schweißten ihn am Boden fest. Dies war das harte, starke, unbesiegbare Gebirge des Südpolarlandes.

Dort hinauf sollten sie. Aber schweig vorläufig darüber. Bis jetzt bist du im Nebel gewandert, zwischen Spalten, die ins Bodenlose führen. Das war ein Spaß, in gewisser Hinsicht... es konnte zwar dein Tod sein, aber du hast alles aus dir herausgeholt, hast dich zwischen Sieg und Untergang hindurchgewunden; aber es hatte doch einen Schimmer von Unschuld an sich. Jetzt sollst du dort hinauf.

Sag es keinem.

Die Hunde legen sich jetzt so oft hin und starren dort hinauf, wenden die Köpfe den Männern zu, eine Frage in den Augen.

Sag es den anderen nicht. Laß dich durch das Problem nicht belasten, bevor du es in Angriff nimmst. Schlag das Zelt auf.

Letzte Nacht auf der Barriere, ehe du – wenn Gott will und das

Glück mit dir ist – hierher zurückkommst. Wirst du dann ehrerbietig die Pelzmütze vor dem Pol gezogen haben oder warst du – der Gedanke ist eine Qual – vielleicht doch nicht der erste dort? Kommst du in diesem Fall zurück? Er weiß es – und wohl auch die anderen: Wenn sie den Pol erreichen und eine andere Flagge dort finden, wird keiner lebend zurückkommen wollen. Aber geh nicht aus dem Zelt, schau nicht zu den Gebirgen hinauf.

Sie erwarten dich im Mondschein, schwellen in all dem Licht, das von den schneeweißen Bergwänden herunterläuft. Sprich nicht über sie! Es ist, als legten sich die Berge auf deinen Schlafsack und drückten dir das Herz ab. Du verstehst es ja, mit einem Hund zu fahren, auf Schiern zu stehen, dich zwischen Spalten hindurchzuwinden. Aber kannst du den Weg durch die Gebirgspässe finden, einen Paß nach dem anderen, und über Abgründe, die ins Nichts münden? Kannst du den Weg hin und den Weg zurück finden?

Sie geben den Gebirgen Namen. Das ist das herrliche Gefühl des Herrschers, auf einen Berg zeigen und sagen zu können: Den nennen wir Nansens Berg! Die anderen vier ahnen nicht, welche unterirdischen Ströme Amundsen froh machen, ihm ein Gefühl des Stolzes geben, vielleicht auch ein unerklärliches Gefühl der Rache. Rache an wem? Und warum? Nansens Berg ist unzugänglich. Vielleicht spürt Amundsen, daß er gerade zu diesem Namen den falschen Berg gewählt hat.

Großzügig benennt er auch die anderen Gipfel, mit den Namen sämtlicher Leute, die Geld für die Expedition gegeben haben. Er kritzelt mit seltsamer Orthographie und kräftiger Schrift die Namen auf Papier. Auch seine vier Begleiter werden auf diese Weise verewigt, und sie können ihren Stolz kaum verbergen.

Sie müssen sich nun den Weg über schmale Pässe bahnen, umkehren und andere Wege suchen, in den Steinhalden klettern und wieder abrutschen, wissen, daß der halbe Tag vertan ist. Aber der Mißmut darf nicht Oberhand gewinnen.

Gott und das Wetter zeigen sich gnädig, als sie die Gebirge nach

Süden überqueren. Eine diesige Sonne hängt über ihnen, die die Haut zwar versengt, aber die Gesichter nicht verbrennt. Kein Nebel. Kein Sturm. Sie finden einen Abgrund, dessen Tiefe kein Mensch jemals ausmessen wird. Darüber wölbt sich eine Brücke aus Schnee – schmal, aber stark, vielleicht kann sie zwei Mann tragen, und haben sie Glück, können sie auch die Hunde hinüberlotsen. Vielleicht gelingt es ihnen, mit dem Leben davonzukommen. Sie müssen wählen. Er muß wählen. Sie können hinunterstürzen und verschwinden – ein Mann oder alle –, aber wenn es gelingt, sparen wir Zeit. Oder wir können kehrtmachen – den Weg über andere Gebirge suchen, vielleicht von neuen Abgründen aufgehalten werden, von Geröll- halden und überhängenden Felsen, die kein Hundefahrer bezwin- gen kann. Es kann Tage kosten. Es kann eine Verspätung von Wochen daraus werden.

Ein Mann geht über die Brücke...

Olav Bjaaland empfindet kein Schwindelgefühl, aber es prickelt ein wenig im Hinterkopf und in den Muskeln der Oberschenkel. Er hat auch keinen Sinn für Romantik, winkt nicht mit der Mütze, als er drüben ist. Im Gegenteil, er hat Eisnägel über die Stiefelsohlen gespannt, um nicht auszurutschen, nun beugt er sich nieder und zieht einen der Riemen strammer. Aber die Brücke hat gehalten. Er geht zurück.

Auf der einen Seite geht es ein paar hundert Meter tief hinunter in den Abgrund, dort sickert das Licht hinein. Das war ein lustiger Anblick, sagte Bjaaland später, als er den Abgrund weit hinter sich hatte.

Zwei Männer werden jetzt hinübergeschickt, Hassel und Hans- sen.

Hassel bleibt stehen und springt auf der Brücke.

Es herrscht Stille, die Stille, die einen Mann wahnsinnig machen kann.

Nur das Geräusch, das Hassel beim Springen hervorruft.

Die Brücke hält.

Dann spannen sie die Hunde aus, alle Männer ziehen, jeder Schlitten wiegt vierhundert Kilo. Sie ziehen langsam, gehen zu zweien hinüber, verteilen das Gewicht. Es kracht unter ihnen, aber die Brücke hält, und sie bringen den Schlitten auf sicheren Boden. Dann ziehen sie die anderen Schlitten hinüber.

Zum Schluß kommen die Hunde, die klug sind und wissen, daß es dumm ist, über eine Brücke ohne Geländer zu hasten, mit tiefen Schluchten auf beiden Seiten und mit so stark abfallenden Rändern, daß sich die Hundepfoten im Eis festkrallen müssen.

Alle sind jetzt drüben.

Aber da wird einer der Männer von Schwindel erfaßt und wirft sich in den Schnee. Alles um ihn dreht sich. Amundsen, der an alles gedacht hat und durch Erfahrungen, die Bergsteiger gemacht haben, von diesen Schwindelanfällen weiß, setzt sich zu dem Mann und spricht ruhig mit ihm. »Komm, komm, kein Grund zur Aufregung. Das geht gleich vorüber. Wir werden dem gar keine Bedeutung zumessen. Alle können einen Schwindelanfall bekommen. Du kannst froh sein, daß das nicht früher passiert ist. Ich hab mich auch nicht besonders wohl gefühlt, als wir da über die Brücke gegangen sind.«

Die anderen haben sich jetzt abgewandt.

Amundsen konnte also auch das? Das hat keiner geahnt: Er kann einen Mann beruhigen, mit ihm scherzen, einem Kind die sanfte Mutter sein – wenn ein erwachsener, harter Mann im Schnee liegt und in einen Fausthandschuh beißt, niedergedrückt von den Bergen und von Furcht, während etwas Unbestimmbares in seinem Kopf braust und er sich zu den grünen Hügeln zurückwünscht, die er einst verließ.

Sie müssen weiter.

Sie schwitzen auf den Steigungen, werden von Durst gepeinigt. Der Körper hat soviel Flüssigkeit abgegeben und kaum etwas zurückbekommen. Manche nehmen ein paar Schluck Schokolade, ein wenig Tee, ab und zu einen Mundvoll Wasser – geschmolzenen Schnee. Aber die große Schöpfkelle Wasser haben sie nicht bekommen. Jetzt, da der Körper nach Flüssigkeit schreit, beginnen sie vom Wasser zu phantasieren. Sie lutschen Eis. Das hilft ein wenig. Aber es ist nicht mehr als eine Zungenspitze voll Kühle, ein paar Tropfen, die dich im nächsten Augenblick wieder erhitzen. Wenn sie beim Aufstieg rasten, beginnen sie vom Wasser zu reden. Über die Bäche daheim, über die riesigen Schöpfkellen voll kaltem Wasser, nur in sich hineinschütten, den Kopf zurückbeugen und...

Da schreit einer voll Zorn: »Könnt ihr nicht das Maul halten! Wollt ihr mich umbringen mit eurem Gerede übers Wasser?«

Den Hunden hängt die Zunge heraus, sie fressen Schnee, gehen im Kreis und suchen nach etwas Trinkbarem, finden aber nichts. Sie sind abgemagert, fressen alles, was ihnen vor die Schnauze kommt, sogar ihre eigenen Exkremente.

Je mehr der Durst die Männer quält, um so simpler wird ihr Gedankengang, das merken sie selbst. Sie werden brutaler, ihre Augen dunkler, ihre Sprache vulgärer, sie gehen keine zehn Meter mehr vom Zelt weg, wenn sie ihre Notdurft verrichten. Sie gehen ein paar Schritte zur Seite und pfeifen darauf, ob die anderen es sehen.

Sie träumen vom Wasser.

Sie finden nachts keinen Schlaf, weil sie nur an Wasser denken.

Sie suchen nach Pässen und Übergängen, sie finden und glauben gefunden zu haben, sie rutschen auf steilen Abhängen aus, schlingen Seile um die Schlittenkufen, um nicht abzustürzen und dabei ihren letzten Durst zu löschen. Sie finden einen Berg, der eine so günstige Lage hat, daß sie die schneefreie Geröllhalde hinaufklettern und auf nacktem Boden stehen können. Es ist so lange her...

Sie ziehen den Fausthandschuh aus und greifen den Stein an: er ist genauso hart wie daheim in Norwegen. Ein paar Steine werden sie mit nach Hause nehmen. Wenn sie nach Hause kommen – wenn diese Gebirge sie durchlassen und sie den Weg zurück finden.

Die Steine werden in ein Depot gelegt. Sie brauchen sie nicht zum Pol mitzunehmen.

Einer sagt: »Wenn ihn jemand vor uns erreicht hat...«

Oder – der Gedanke erfaßt sie alle – wenn wir ihn gleichzeitig erreichen, was dann? Sollen wir da die anderen höflich begrüßen und mit ihnen reden, miteinander Schokolade trinken – sollen wir das? Oder etwas anderes? Mann gegen Mann, und der Schnee deckt die Spuren zu. Sollen wir den Sieg etwa nicht für uns selbst retten, wenn wir schon einmal so weit gekommen sind – und die anderen dort finden?

Aber das sind die Phantasien durstiger Männer, nicht mehr.

Sie jagen weiter, klettern über den letzten Berg und sehen, daß die Landschaft sich ausweitet.

Sie stehen dort, wo die große, flache Hochebene beginnt, die nach Süden führt.

Shackleton hat sie gesehen. Hier mußte er umkehren. Sie wußten, wenn sie bis hierher gelangt waren, würde der Sieg greifbar sein. Jetzt sind sie hier.

Und jetzt soll es bald geschehen.

Bisher haben sie nicht davon gesprochen. Auf »Framheim« war es leichter gewesen, da lag es noch weit vor ihnen, da waren die Hunde draußen im Schnee und hielten die Männer mit ihren ewigen Kämpfen wach. Jetzt haben sie sich über die Barriere gemüht, die Bergwände erklommen, zusammen mit den Hunden, haben sie vor Wut geschlagen und im nächsten Augenblick gestreichelt. Und fast unmerklich haben sie die stärksten ausgewählt und sich die schwächsten gemerkt, die als erste sterben mußten. Aber vielleicht waren es die schwächsten Hunde, die sie am meisten liebgewonnen hatten.

Liebgewonnen? Wir haben sie geschlagen. Wir heulten und fluchten, wir suchten nach neuen Züchtigungsmethoden. Wir weinten im scharfen Wind, froren, bis wir steif waren, wir wälzten uns mit nackten Händen im Schnee, um einem widerspenstigen Hund das Geschirr anzulegen. Aber wir gewannen sie trotzdem lieb.

Jetzt müssen vierundzwanzig Hunde sterben. Dann werden wir das Fleisch essen.

Die restlichen Hunde sollen uns bis zum Pol begleiten, ausgenützt und geschunden, ein paar auf dem Rückweg geschlachtet werden. Den Plänen zufolge werden wir zwölf Hunde nach »Framheim« zurückbringen.

Aber hier sollen vierundzwanzig sterben.

Zur Rechten liegt ein steiler Berg, von der Geröllhalde gehen unaufhörlich kleine Lawinen ab. Scharfe Laute, wie Schläge mit geballter Faust gegen das Trommelfell. Die Hunde haben sich tapfer geschlagen an diesem Tag. Als wüßten sie, daß das Ende naht – sie hasten ihm entgegen, sie verfügen nur noch über wenig Kräfte und wollen die letzten hier einsetzen.

Das Zelt errichten, hier, am Rand eines Abgrunds.

Keinen unvernünftigen Schritt zur Seite, laß dich heute abend nicht vom Durst unterkriegen. Es wäre unwürdig. Du sollst mit deinem Durst leben. Sie sollen mit dem ihren sterben.

Amundsen geht ins Zelt.

Das erträgt er nicht. Wenn er das Zelt wählt, dann hat er das Recht dazu. Sie verstehen und respektieren, daß er ihnen seine Schwäche gerade jetzt zeigt.

Er entzündet den Petroleumkocher.

Ein lautes Zischen.

Da knallt der erste Schuß.

Er wischt ein Stäubchen aus dem Auge. Du willst ja zum Pol: Das gehört zum Preis, den du bezahlen mußt. Es knallt wieder. Ist es – der Gedanke packt das Herz und preßt es zusammen –, ist es Hjalmar, den sie heute abend erschießen?

Schuß um Schuß, die restlichen Hunde drängen sich aneinander und winseln. Dann werden die Eingeweide herausgerissen.

Und was jetzt geschieht, ist ekelhaft, sie können später nicht darüber reden. Der strenge, Übelkeit erregende Geruch von warmem Blut, Gedärmen, Lebern und Lungen. Eine Meute von Hunden, die vor Hunger schreien, abgeschunden und zu Tode erschöpft, die gierig nach Nahrung schnappen. Die aber doch von etwas zurückgehalten werden, das sie nicht verstehen, eingezwängt zwischen dem schroffen Abhang und der Felswand, mit Ketten festgebunden und doch frei genug, daß sie sich auf das Futter stürzen können.

Aber sie tun es nicht.

Ein Mann übergibt sich.

Ein anderer ruft nach Wasser.

Da springt der erste Hund nach vorn, dann die anderen, plötzlich wühlen alle gierig im Fleisch. Die Mäuler voll Blut, stoßen sie die Schnauzen ins Futter, fressen, wälzen sich mit geblähten Bäuchen in Blut und Schnee, sind nicht mehr fähig zu kämpfen, es gibt genug Futter für alle.

Ein Mann übergibt sich.

Mondschein über den Berggipfeln, die jetzt hinter ihnen liegen, Stille, die das Zelt einkreist, ihnen jedes Wort aus dem Mund stiehlt und macht, daß sie an diesem Abend nichts finden, worüber sie sprechen könnten.

Koteletts, auf dem Petroleumkocher zubereitet, jetzt wollen wir essen.

Bitte sehr, greift zu.

Sie essen und kauen schweigend.

Einer sagt leise: »Ich bin so durstig. Wenn wir nur ein bißchen Wasser hätten.«

Sie nennen diese Stelle den Schlachtplatz. Sie wollen nicht lange bleiben. Es riecht nach Blut. Übersättigte Hunde torkeln umher und verschlingen Innereien, Därme hängen aus den Mäulern, Männer erwachen, im Mund den Geschmack von Hundefleisch. Sie gehen aus dem Zelt, um zu erbrechen.

Dann machen sie sich auf den Weg. Plötzlich ist der Sturm über ihnen. Sie wollen das Zelt nicht von neuem aufstellen. Es ist durch die Feuchtigkeit steif geworden, sie müssen es mit größter Vorsicht einrollen, damit es nicht bricht. Auch die Hunde wollen von hier fort. Sie rennen davon, als sie vor die Schlitten gespannt werden. Es geht jetzt abwärts, aber die Männer haben keine Seile um die Schlittenkufen geschlungen.

Bjaaland fährt als erster. Er verschwindet. Sie hören ihn rufen und finden ihn sowie die Hunde an einem Seil hängend – ist darunter ein Abgrund oder nur eine zwei, drei Meter tiefe Senke? Sie können den Boden nicht sehen.

Der Schneesturm von Norden her hält an. Sie ziehen die Hunde herauf, dann den Mann und gehen weiter.

Der Sturm greift sie jetzt von rechts an. Als der Abend kommt und sie das Lager aufschlagen, merken sie, daß jeder Mann an der rechten Wange ohne Haut ist. Wind und Schneegestöber haben sie aufgerissen. Nacktes, rohes Fleisch, aus dem Eiter sickert. Sie zwingen sich weiterzugehen, Schritt für Schritt, steuern nach dem Kompaß, verschwinden manchmal steile Abhänge hinunter, winden sich um Eisblöcke, Stunde folgt auf Stunde, sie dampfen vor Schweiß und frieren im bitterkalten Wind.

Drei Tage lang hält der Sturm an. Drei Tage lang zwingen sie sich jeden Morgen, vom Zelt aufzubrechen, die Hunde vorzuspannen, sie auf Trab zu bringen, drei Tage lang stapfen sie vorwärts, Schritt für Schritt auf den Pol zu. Sie sagen: Das beste ist, daß wir vom Schlachtplatz weg sind!

Aber jetzt läßt sie auch noch etwas anderes dem Sturm trotzen. Sie kommen dem Pol immer näher.

Bisher konnten sie die letzte große Spannung verdrängen – noch sind es Tage und Wochen – wir können niemandem begegnen, noch nicht. Wir werden lange Zeit keinen Beweis haben – es gilt nur weiterzumachen, vorläufig. Nun aber wissen sie, daß sie jeden Augenblick einer fremden Schlittenspur im Schnee gewahr werden können, Fußspuren von Männern, die vor ihnen hier gewandert sind, vielleicht nur wenige Stunden vorher. Und was dann?

Sie sagen nicht, was sie denken, aber sie verraten sich durch wachsende Einsilbigkeit, durch bittere, mürrische Antworten.

Die Hunde ahnen, daß etwas los ist. Sie haben gelernt, auf die

Stimmen der Männer zu hören, sie begreifen, wann sie sich Freiheiten herausnehmen können und wann es gefährlich ist, Widerstand zu leisten, wenn man nicht eins mit der Peitsche über die Ohren bekommen will.

Das gebirgige Gelände geht nun in ein offenes Plateau über, das schwach zum Pol hin abfällt. Ein seltsamer, harter, zäher Schnee nimmt Schiern und Schlittenkufen die Gleitfähigkeit. Und dann die unerträgliche Spannung – was werden sie zu sehen bekommen, wenn der Nebel sich verzieht! Die Nebelbänke kommen und gehen, treiben in großen Schwaden davon, zeigen ihnen die öde Weite im Süden, kehren wieder zurück.

Keine Spuren zu sehen, keine fremden Gerüche für die Hundeschnauzen zu wittern.

Amundsen ist stumm. Sie kennen ihn jetzt. Er kann den guten Engel spielen – vielleicht überspielen –, kann jedem helfen, der eine hilfreiche Hand braucht, ist sich für keine Arbeit zu schade, schont sich nie. Aber sie haben gelernt, Zeichen zu deuten. Er übertreibt den allwissenden, verständnisvollen Chef, wenn seine schlechte Laune wächst. Allmählich erstarrt er zum Eisblock. Und auf die Periode der Überfreundlichkeit folgt der Tag, an dem er nicht antwortet, wenn einer fragt. Aber wenn sie das Fragen sein lassen, kann er sie plötzlich anschnauzen: »Warum redet ihr nicht? Was braut ihr jetzt wieder zusammen?«

Zusammenbrauen – da brach das Mißtrauen hervor, das vielleicht tief reichte. Vielleicht – er hatte eine Welt hinters Licht geführt, sein Leben eingesetzt und ihres –, vielleicht kam ihm der Gedanke, daß sie etwas aushecketen? Ihn abrutschen ließen, in eine Spalte? Ihn dort rufen ließen, während sie am Rand tanzten, grinsten, die kleine Kognakflasche hervorholten, die einzige, die sie mit hatten, einander auf den Sieg zuprosteten, lebend zurückkamen, ihm den Sieg stahlen? Die Welt wissen ließen, daß er wahnsinnig geworden sei, ehe sie das Ziel erreichten. Seine Nerven haben nicht durchgehalten.

Trägt er sich nun mit solchen Gedanken?

Glaubt er, daß einer seiner Männer Scotts Leuten einen Zettel zugesteckt hat, als diese zu Gast in »Framheim« waren? Einen Zettel mit den Worten: Unser Chef ist verrückt. Wir erreichen den Pol nicht, sind zum Verlieren verurteilt...

Er glaubt es nicht. Er weiß, daß es nicht so ist. Aber im Alptraum der Spannung, der noch dadurch erhöht wird, daß ein Mann mit einem gemarterten Körper ihn durchlebt, mager, mit Blutkuchen auf der rechten Wange, Händen, die zittern, wenn er an den Abenden im Zelt die Tasse mit heißer Schokolade hebt, einer Schrift, die nun davon geprägt ist, daß eine vor Kälte und Überanstrengung bebende Hand sie zu Papier gebracht hat – in dieser Situation kann er seine Gefährten betrachten und denken: Haben sie Pläne, die sie mir nicht verraten wollen? Muß ich damit rechnen, ein Messer in den Rücken zu bekommen?

Nein, nein, ich weiß, daß ich mich auf jeden einzelnen von ihnen verlassen kann, aber in den Nächten springe ich auf und renne aus dem Zelt, bei minus dreißig Grad, du bist in der Unterwäsche, nein, was heißt in der Unterwäsche, keiner von uns legt die Kleider ab, wir ziehen uns noch an, wenn wir in den Schlafsack kriechen. Ich rieche nach Kot. Nein, nein, Kot, das gefriert ja, alles miteinander, der Schweiß gefriert, die Kotreste gefrieren, aber es taut durch die Körperwärme wieder auf, ich spüre es bloß nicht, ich habe wundgeriebene Stellen am Körper, von der wollenen Unterwäsche, die steif wird von altem Schweiß.

Er springt auf und rennt hinaus. Mondschein über der Ebene zum Pol. Und die Stille. Ein Hund kommt, schnüffelt an mir, wedelt, ich höre ihn atmen, ich höre die Stille, Kilometer um Kilometer voll Stille. Von Scott keine Spur.

Du hast die ganze Welt hinters Licht geführt. Kommst du als Sieger heim, wird die Welt sagen: Hihi, er hat die Welt hinters Licht geführt.

Verliere ich den Wettlauf und komme als Verlierer zurück, wird die Welt sagen: Er hat die ganze Welt hinters Licht geführt!

Er zittert, will nicht gesehen werden. Sind sie nicht wach, die anderen im Zelt? Liegen sie und lauern ihm auf? Sie stecken die Köpfe zusammen. Haben sie Pläne, von denen er nichts erfahren soll? Er weiß nicht, was in den privaten Säcken ist, die sie mithaben. Er hatte gesagt: Nehmt mit, was ihr wollt, wenn das Gewicht drei Kilogramm nicht übersteigt! Aber er hätte verlangen sollen, den Inhalt zu sehen. Haben sie Geheimnisse? Er kriecht ins Zelt und jagt sie wütend auf.

Dann reißt er sich zusammen und sagt freundlich: »Der Mond scheint! Ich kenne euch ja, keiner ist wie ihr! Der Mond scheint! Können wir nicht genausogut versuchen, von hier wegzukommen, noch bevor der Nebel über uns ist?«

Sie sind einverstanden. Der Petroleumkocher summt. Eine Tasse heiße Suppe, ein Stück Pemmikan für jeden Hund – und dann los.

An diesem Tag kommen sie weiter als je ein Mensch vor ihnen.

Sie hissen die Fahne, nehmen militärische Haltung an.

Dann setzen sie den Marsch fort. Die Ebene ist weiß und weit. Einer der Hunde beginnt in südlicher Richtung zu schnüffeln. Tage- und wochenlang haben die Hundeschnauzen nach Norden und Süden gewittert, die Männer haben es nur nicht beachtet. Jetzt wird Amundsen wütend, er brüllt den Hund an, ist nahe daran, sich über das Tier zu werfen und es zu treten.

Der Hund schnüffelt weiterhin in südlicher Richtung, einige andere tun das gleiche.

Die Männer starren einander an. Amundsen hat jetzt das Gesicht in einem Schal verborgen. Bjaaland schnappt nach Luft. Er geht zu dem Hund hin, der nach Süden geschnüffelt hat, kratzt ihn hinter dem Ohr und sagt leise: »Tu das nicht, tu das nicht … Oder ich bring dich um!« schreit er.

Sie haben einen Entfernungsmesser auf jedem Schlitten. Sie haben gerechnet und gerechnet, sie wissen, daß der Augenblick um etwa drei Uhr gekommen sein wird.

Amundsen ruft.

Sie sind da.

Hier ist niemand, hier ist nichts anderes als die Stille, nicht eine Spur, kein Zelt.

Da müßte er weinen oder lachen, umherspringen und die Arme schwingen. Die anderen, auch sie bis zum Bersten voll von Unruhe in diesen Tagen, müßten das gleiche tun. Aber sie tun nichts. Sie drücken einander nur die Hände. Sie stehen beisammen. Sie sagen, das haben wir gut gemacht. Aber sie tanzen nicht. Sie stellen das Zelt auf. Sie füttern die Hunde. Sie zünden den Petroleumkocher an. Nun sind sie wieder Männer auf der Reise. Sie haben ihre Pflichten. Sie haben das Ziel erreicht und machen nicht viele Worte.

Amundsen weiß, was er will. Er schickt drei Männer aus, einen nach Süden, einen nach Osten, einen nach Westen. Es sind Bjaaland, Hassel und Wisting. Sie gehen auf Schiern und haben nichts mit. Kommt der Sturm über sie, werden sie keine Spur mehr haben. Sie sind ohne Zelt, haben keinen Schlafsack mit. Sie wissen, daß sie ihr Leben aufs Spiel setzen. Sie gehen ohne Händeschütteln davon.

Kleine Punkte, die im grauen Dunst verschwinden, weiße Öde ohne Ende, nichts, worauf das Auge verweilen kann. Jeder hat einen Kompaß. Sie gehen. Und sie kommen zurück.

Jetzt kann niemand sagen, daß sie nicht auf dem Pol waren. Und das ist gut so! Sie machen auch jede Stunde Beobachtungen, um dem Polpunkt mathematisch so nahe zu kommen wie möglich. Sie errichten ein kleines Zelt auf dem Punkt selbst. In dieses Zelt legt Amundsen einen Brief.

Das ist sein infernalischer Triumph. Das ist die Art und Weise, auf die das Genie seinen Sieg feiert. Der Brief ist an Scott gerichtet. Amundsen bittet Captain Scott – der wohl der nächste hier sein wird, wie er schreibt –, den Brief an König Haakon auf dem Rückweg mitzunehmen. »So vieles kann uns auf dem Heimweg zustoßen! Alles Gute für Sie!«

Das ist der abgefeimte Gruß des Triumphators an den Mann, der jetzt zum Verlieren verurteilt ist, auserlesen in seiner Form, unangreifbar dadurch, daß der König eingeschaltet wird, der kleine, überraschende Schnörkel im Augenblick des Sieges, der in allen künftigen Berichten erwähnt werden wird.

Aber etwas nagt in ihm. Was wollte ich hier?

Sie müssen trachten, von hier wegzukommen.

Sie haben eine gute Reise zurück nach »Framheim«.

SCOTT

Bowers hat gute Augen. »Sir!« sagt er.

In der Nacht hatte im Zelt gedämpfte, jungenhafte Freude geherrscht. Scott sah sich genötigt, wie ein Lehrer in der Klasse zur Ruhe zu mahnen, aber auch er hatte sich mitreißen lassen und mit Unteroffizier Evans gescherzt, wer von ihnen wohl der erste sein würde, wenn sie nun die Schier anschnallten und um die Wette zum Pol liefen.

Heute waren sie in größter Eile nach Süden gejagt. Das Wetter war diesig, einzelne Nebelschwaden im Norden, ein bitterer, scharfer Wind, aber sie hatten ihn im Rücken.

Die Spannung liegt wie ein Klumpen in der Brust, ein zusammengepreßtes böses Geschwür, das sich jederzeit in wilde, ungezügelte Freude auflösen, aber auch zu einem Würgegriff verhärten konnte – so wie jetzt.

Bowers bleibt lange stehen und starrt. Die anderen machen es ihm nach, sehen aber nichts.

»Ist das nur ein Schatten?« sagt er.

Die anderen beginnen ihn zu hassen, werfen ihm böse Blicke zu – und sind bereit zu vergeben, wenn es nur das geringste Anzeichen dafür geben sollte, daß er sich geirrt hat. Der Schatten, den er zu sehen vermeint hat, liegt östlich von ihrem Kurs, nicht weit davon entfernt. Unmerklich steuern sie darauf hin.

Evans verspürt einen brennenden Schmerz in den Fingerspitzen.

230

Er war in der letzten Zeit unvorsichtig mit den Fausthandschuhen gewesen, hatte sie ausgezogen, im Mund gehalten, Schibindungen und Zeltschnüre öfter als nötig mit bloßen Händen repariert.

Bowers bleibt abrupt stehen, zeigt wieder mit dem Finger, seine Stimme ist tief und rauh. »Sir!«

Die anderen scharen sich um ihn und sehen jetzt auch, worauf er zeigt. Es kann ein Schatten sein, noch eine Minute lang können sie es glauben. Im Licht der Sonne hätte es tausend Möglichkeiten für dunkle Schatten auf dem Schnee gegeben. Flattert der Schatten nicht?

Es ist eine Fahne, von Menschenhand aufgestellt. Plötzlich packt die Faust im Zwerchfell würgend zu. Ein Mann verläßt die Gruppe und übergibt sich. Es ist Evans.

Scotts scharfe Stimme: »Wir gehen in dieser Richtung weiter.« Alles, was sich in ihm aufgestaut hatte, bricht jetzt heraus: Wir haben verloren... Wir müssen dafür bezahlen, daß wir nicht die ersten waren... Wie sollen wir jetzt zum Winterquartier zurückkommen... Kann es nicht vielleicht doch etwas anderes sein... aber was... Es ist eine Fahne... Es ist Amundsens Fahne... Wenn er nur hier wäre... Ich hätte bloß die Pelzmütze abgestreift und gegrüßt... höflich... bevor ich ihm das Messer hineingerammt hätte... Er hat mich betrogen... Er ist nicht da... Oder ist er noch da? Herr, du mein Gott und Vater, jetzt kommen wir nie wieder heim...

Was wollte ich hier?

Evans ist so sonderbar geworden! Ich hätte ihm nicht erlauben sollen, die Fausthandschuhe auszuziehen.

Da ist die Fahne.

Scott hat es schon lange gewußt, es lag unter dem Herzen verborgen, ein böses Geschwür, er hat begriffen, daß es so enden mußte. Habe ich es nicht in den Gesichtern der anderen gesehen, die Furcht, die trügerische Hoffnung, habe ich es nicht zu mir selbst gesagt, in den Nächten im Zelt: Du kannst ja der erste sein. Aber du weißt, daß du es nicht sein wirst. Du hast dich auf die Niederlage vorbereitet, hast dich abgehärtet, um eine Niederlage zu überleben. Aber du hast nicht mutig genug gekämpft, um der Niederlage zu entgehen.

Mein Stellvertreter Ted Evans, den ich umkehren hieß, hatte einen anderen Plan.

Hier ist die Fahne.

Sie haben schweigend einen Kreis gebildet. Eine schwarze Fahne auf einer hohen Stange. Schispuren ringsum, Abdrücke von Hundepfoten, eine Schlittenspur, die in südlicher Richtung weiterführt.

Es ist kein Schnee gefallen, seit die Norweger hier waren. Da sind gelbe Spritzer, die die Hunde hinterlassen haben, hier hat ein Mann seine Notdurft verrichtet, bevor er wegging.

Wieder muß Evans erbrechen. Plötzlich fängt er zu schreien an. Scotts energische Stimme: »Wir reißen uns zusammen!« Aber Evans erbricht. Unter anderen Umständen hätte er wieder Herrschaft über sich gewonnen, wenn Scott ihn zurechtwies. Jetzt wendet er sich Scott zu, gafft ihn an, feixt, hebt eine Faust, lacht häßlich, speit wieder und weint.

Sie haben verloren. Sie sind Männer, die nicht viele Worte machen. Scott sagt, es sei Zeit, das Zelt aufzustellen.

Aber sie wollen nicht hier übernachten, nicht so nahe der schwarzen Fahne, nicht in den Fußspuren anderer Männer und ihrer Hunde. Sie gehen noch einen knappen Kilometer weiter und stellen das Zelt auf.

Heute fällt ihnen das schwer.

Evans hat sich auf den Schlitten gesetzt, er hört nicht zu, wenn sie mit ihm reden. Nach dem Plan hätten sie ein Festessen bekommen sollen, wenn sie den Pol erreichten. Scott gibt Befehl, daß dieser Plan eingehalten werden soll. Sie nehmen besonders viel Petroleum. Tee, Pemmikan und Schokolade in doppelten Rationen.

Eine dumpfe, tierische Zufriedenheit kommt über sie, als sie zusammengedrängt im Zelt sitzen und merken, daß der Magen wieder Arbeit bekommen hat. Die Gedanken werden klarer. Sie können anfangen, Ordnung zu machen. Es ist also passiert, aber sie können es von sich wegschieben. Sie sind jetzt hier, sitzen in den Schlafsäcken, frieren nicht, essen. Es geht ihnen gut in diesem Augenblick. Aber sie sprechen nicht miteinander.

Scott schreibt Tagebuch, als die Nacht kommt. Er hat sich seine klare, kräftige Handschrift bewahrt, es ist, als strenge er sich in dieser Nacht an, ihr einen besonderen Anstrich von Würde zu geben. Die Worte sind gedämpft, zittern aber vor unterdrücktem Schmerz. Er zwingt seinen Kummer unter Kontrolle.

Als der Tag kommt, sollen sie den Sonnenstand messen. Das ist Bowers' Aufgabe. Aber er ruft plötzlich: »Wozu soll das gut sein? Wir wissen ja, wo wir sind!« Bowers verhält sich sonst absolut korrekt. Er kennt seine Pflichten, opponiert nicht. Jetzt schreit er plötzlich. Es ist ein kurzer Ausbruch, dann macht er gleichsam kehrt und schlüpft in seine eigene Würde zurück.

Aber Scott hat sich den Ausbruch gemerkt.

Als Bowers in die Richtung zeigt, in der sich seiner Meinung nach der eigentliche Polpunkt befinden muß, bemerken sie ein Zelt. Langsam gehen sie darauf zu.

Es ist ein kleines, schmales, keckes Zelt, mit einer norwegischen Flagge auf der Spitze.

Scott kriecht als erster hinein.

Dort findet er eine Platte mit fünf Namen. Er liest sie langsam. Es ist, als sei etwas in ihm stehengeblieben. Was so schmerzt, ist weniger das Wissen, daß der Ruhm nicht ihm gehören wird – obwohl es auch das ist. Er sieht im Geist die Menschenmassen, aber sie huldigen nicht ihm, die Zeitungen mit ihren Schlagzeilen, aber sie gelten nicht ihm. Er schlägt den Kopf gegen die Zeltstange. Schlimmer als die Tatsache, daß er verloren hat, schlimmer als das Wissen, daß der Ruhm nicht ihm gehören wird, ist der Gedanke, daß er hätte gewinnen können – vielleicht. Ist das ein Versagen, dessen Wurzeln bis in die Tiefe seines Charakters reichen? Hätte er die Aufgabe so vorbereiten und durchführen müssen, daß er der erste wurde? Steht er jetzt als der moralische Verlierer da, hat er den Kampf um den Pol nicht nur physisch verloren?

Fünf Namen.

Er liest sie langsam.

Ein kleiner Sack am Fuß der Zeltstange.

Er öffnet ihn.

Zwei Briefe, der eine ist von Amundsen an Scott. Er liest ihn, muß die Zähne zusammenbeißen. Eine Frage: »Würden Sie so freundlich sein, diesen Brief an Seine Majestät, König Haakon von Norwegen, mitzunehmen?«

Da flucht der Mann im Zelt. Das ist Hohn. Er ist zum Briefträger ernannt worden. Sie sind ja doch auf dem Pol, können Sie mir diesen Dienst erweisen? Es wird in allen Zeitungen stehen: Der Verlierer hat einen Brief des Siegers vom Pol zurückgebracht, einen Brief an Norwegens König. Der königstreue Offizier kann damit nicht manipulieren, er muß hier in Schnee und Kälte die Hacken zusammenschlagen und vor Gott und den Menschen erklären: Ich werde den Brief mitnehmen.

Das hat Amundsen verstanden. Er hat sich nicht geschämt. Der Mann im Zelt flucht. Er jagt seinen Freund Wilson hinaus, der hereinkriechen möchte. Scott will hier herinnen keinen Besuch haben. Will nicht hinausgehen. Will nicht hier sein. Nimmt den Sack mit und kriecht durch die enge Öffnung hinaus. Merkt sich die Methode, mit der das Zelt geschlossen werden kann. Ärgert sich, daß es auf eine so einfache und praktische Weise gemacht wird.

Sie sind jetzt also auf dem Pol.

Alle anderen sind gewitzt: Komm ihm nicht zu nahe.

Alle sind gewitzt: Kommt einander nicht zu nahe! Sie zerstreuen sich. Sie tun etwas – oder tun nichts, starren in das Schneetreiben hinaus und in die langsam heranziehenden Nebelfetzen, legen Fausthandschuhe über das Gesicht, denken ein wenig an die daheim – werden wir jemals zurückkommen?

Sind wir auf dem Pol?

Oates ist vielfacher Millionär. Er hat sich im Burenkrieg ausgezeichnet, hat Geld für die Expedition gegeben. Er wollte Abenteuer erleben. Er hat der Kälte getrotzt, hat seine Aufgabe erfüllt, weiß, daß er hierher gehört, zu den wenigen harten, fast unzerstörbaren Männern, die den Pol erreicht haben. Aber er wollte der erste hier sein.

Wilson nimmt eine Handvoll Schnee mit der bloßen Faust und trägt sie zu Scott. »Schau her«, sagt er, »ich registriere, daß die Konsistenz des Schnees hier auf dem Plateau anders ist als unten auf der Barriere.«

Ein kleiner Wink für Scott. Deshalb sind wir hier. Die ersten oder die letzten – was spielt das für eine Rolle! Wir sollen beobachten und forschen, unsere Aufgabe ist wissenschaftlicher Natur. Aber der kluge Wilson versteht Scott. Er durchschaut auch seinen eigenen verborgenen Ehrgeiz. Der ist diskret, fast unbemerkbar. Er analysiert ihn hier, auf dem Polpunkt, und fragt sich, ob die Enttäuschung, die er empfindet, seine physische Kraft auf dem Heimweg, den sie jetzt antreten müssen, schwächen wird. Und was ist mit den anderen?

Was mit Evans?

Etwas ist mit ihm geschehen.

Aber was ist geschehen? Sind es die Blasen, die plötzlich seine gefrorenen Hände bedecken? Sie lassen sich nicht wegleugnen. Es fällt ihm schwer, die Schistöcke zu halten. Um die Füße scheint es noch schlimmer zu stehen. Das ärgste ist, daß die Blasen hier entstanden sind, ausgerechnet jetzt, in diesem Augenblick – als habe eine psychische Kraft den physischen Schäden gestattet, gerade in dem Moment aufzutreten, wo sie am meisten Unheil anrichten können. Oder ist es ein Mangel an psychischer Kraft?

Sie pflanzen ihre eigene Flagge auf dem Pol auf, dann wenden sie den Schlitten und verlassen den Ort – den unwirtlichsten Punkt der Landkarte. Vor ihnen waren nur fünf Männer hiergewesen.

Nun brauchen sie Glück. Sie müssen mit mehr als vierzig Tagesreisen bis zum Winterquartier rechnen. Scott gibt Befehl, am Abend doppelte Rationen auszuteilen. Der Befehl wird schon am Morgen erteilt, als sie aufbrechen. Es ist ein Gegenzug. Ihr schleichender, drückender Mißmut soll mit Hilfe eines kleinen Stücks gefrorenen Fetts unter Kontrolle gebracht werden. Scott sieht das Problem klar: Das Tier Mensch wird nach Norden stapfen, in der Hoffnung, einen Klumpen Fett in den Mund zu bekommen. Das verrät abgearbeitete Muskeln, leere Mägen, offenstehende Münder, ausgebrannte Gesichter, in denen wieder ein Licht aufleuchten wird – beim Anblick eines halb aufgetauten Stückchens Fett, das man in den Mund stopfen kann.

Sie haben den Wind im Rücken und können Segel auf dem Schlitten aufziehen, das bedeutet, daß sie gut vorankommen.

Wenn nur Evans imstande gewesen wäre, Schritt zu halten! Aber er bleibt immer wieder zurück. Fast scheint Absicht dahinter zu stecken. Er kann wegen der Blasen an seinen Händen die Schistöcke nicht halten, hinkt ein wenig. Auch seine Wesensart hat sich geändert; er wendet sich von ihnen ab und zeigt böse den Rücken. Sie hören ihn vor sich hin murmeln.

Der Ton zwischen ihnen hat sich verändert. Unbehagen wird spürbar. Der im Verkehr zwischen Offizieren und Unteroffizieren übliche Ton – freundlich, halbwegs munter – in dem die Anerkennung fehlender Gleichstellung zum Ausdruck kam, hatte bisher in beiden Lagern für Ruhe gesorgt. Jetzt ist es damit aus.

Man erzählt sich, Evans habe gesagt: »Krieg ich mein Geld?«

Er will damit wohl fragen, ob Scott, wenn sie nach London zurückkommen, noch imstande sein wird, das Geld auszubezahlen, das er ihnen schuldet. Wenn sie zurückkommen! Aber es ist nicht der Gedanke an Geld, der Evans am meisten quält. Er ist ausgebrochen, ist nicht länger einer der Mannschaft. Er tut seine Arbeit nicht.

Scott nimmt sich Evans vor. Wie er es auf so vielen Schiffsdecks gewohnt war, nimmt er ihn beiseite und tadelt ihn mit scharfen Worten.

236

Evans verrichtet weiterhin seine Arbeit nicht. Er bleibt zurück, wenn sie am Tag in nördlicher Richtung hetzen, den Wind im Rücken. Er trödelt. Sie lassen ihn zurück, sie müssen warten und verlieren Zeit.

Am Abend im Zelt herrscht Mißstimmung. Scott rügt Evans mit scharfer Stimme, die anderen schweigen. Evans nimmt die Rüge auf wie ein geprügelter Hund, antwortet nicht.

Am folgenden Tag bleibt Evans wieder hinter den anderen zurück.

Am Abend zeigt er ihnen einen seiner Füße, der furchtbar aussieht. Zwei Nägel können abgehoben werden.

Evans sagt: »Vielleicht müßt ihr mich zurücklassen.« Er lacht, ein gräßliches Lachen. Die Worte sind gesagt. Die anderen widersprechen heftig, aber das Problem ist aufgeworfen und lastet auf ihnen mit vollem Gewicht.

Nun ist es aus mit dem Glück, dem Rückenwind und der guten Reise nach Norden.

Wilson stürzt und zieht sich eine Sehnenzerrung zu. Er hinkt und ist zum Schlittenziehen kaum zu brauchen.

Dann stürzen Scott und Evans in eine Spalte. Scott verrenkt sich die Schulter, Evans schlägt sich den Kopf an. Beide sind eine Zeitlang bewußtlos. Als Scott wieder zu sich kommt, richtet er sich auf und legt das Schlittenseil über den Rücken. »Wir müssen weiter«, sagt er mit einem häßlichen Grinsen. Er hat furchtbare Schmerzen. Am Abend, bei der Eintragung ins Tagebuch, ist seine Handschrift weniger deutlich.

Evans erbricht. Vielleicht hat er bei dem Sturz eine Gehirnerschütterung davongetragen. Er stolpert, die Blasen auf seinen Händen sind unbeschreiblich häßlich.

Scott fällt ein paarmal hin. Wilson hinkt nach seinem gestrigen Sturz. Bowers und Oates machen fast die gesamte Arbeit.

Scott befiehlt: »Doppelte Ration heute abend!« Aber das Essen ist knapp.

Sie kommen jetzt in ein Gebiet voller Spalten, stürzen immer wieder, verlieren die Spur, verlieren auch die Besinnung. Sie wissen nicht, ob das Depot, das sich hier befinden sollte, im Osten oder im Westen liegt. Sie finden es am nächsten Tag, als sie nur noch eine Ration übrig haben.

Gleichzeitig mit dem Orientierungszeichen für das Depot erblicken sie auch einen Schimmer der Gebirge im Norden, die sie nun wieder überqueren müssen. Das ist ein kleiner Hoffnungsstrahl.

Aber im Depot fehlt eine Tagesration Zwieback.

Bowers gerät außer sich. Der kühle und doch so warmherzige Wilson, immer imstande zu beobachten, berichtet Scott halblaut, als sie in die Schlafsäcke gekrochen sind und Bowers schläft: »Er ist vor Wut fast zersprungen, hat völlig die Herrschaft über sich verloren. Der Speichel ist ihm vor dem Mund gestanden. Er war so ordinär, du hättest die Worte hören sollen, die er gebraucht hat! Er hat im Schnee aufgestampft und geflucht, wie ich noch nie einen Mann fluchen gehört habe. Als hätte sein bester Freund ihn betrogen und höhnisch den letzten Zwieback verzehrt, nachdem er gehört hatte, daß wir – ja, daß wir vor Hunger sterben würden.«

»Wer kann den Zwieback genommen haben?«

»Niemand. Wir haben beim Einpacken falsch gezählt. Es kann ihn aber auch jeder von uns genommen haben.«

»Jeder von uns?«

»Ja. Wissen wir, was Menschen tun, wenn sie hungern?«

Draußen tobt der Schneesturm.

Sie kriechen jetzt auf den Knien über nacktes Gestein. Der Schnee kann sich an den Steilhängen nicht festsetzen. Sie ziehen die Fausthandschuhe aus und bilden sich ein, Wärme zu spüren. Einer – das phantasieren sie, als sie sich ein wenig ausruhen und eine halbe Stunde miteinander schwatzen –, einer habe mit der Zungenspitze die nackten Steine abgeschleckt. Sie wissen, daß das nicht wahr sein kann: Die Zunge wäre festgefroren, die Haut hätte sich abgelöst, der

Mann wäre an gefrorenen Fels gekettet worden, zehntausend Fuß über dem Meer. Er hätte entweder seine eigene Zungenspitze abreißen oder den Tod mit herausgestreckter Zunge erwarten müssen. Aber ein wilder Mut hat sie erfaßt. Der letzte freie Abend ist noch gegenwärtig: Jetzt stehen wir mit den Füßen auf nacktem Boden. Und wir alle sind schon gezeichnet für die letzte Reise.

Da kommt Wilson. Er hinkt immer noch. Nackte, tierische, überschwengliche Freude strahlt aus seinem Gesicht. Er glaubt einen Abdruck gefunden zu haben. Davon hat er phantasiert: Abdrücke im Stein, hier unten, von Pflanzen oder Tieren. Jetzt glaubt er, daß er den Beweis gefunden hat. Er weiß nicht, daß er keine Fausthandschuhe anhat, daß die Pelzjacke offen ist, die Mütze auf einem Ohr hängt und ein eiskalter Wind aus Nordwest bläst. Aber er glaubt den Beweis für seine Theorie gefunden zu haben.

Heute scheint die Sonne über dem Südpolarland. Wilde Gipfel ragen auf, schwarze Geröllhalden mit herabstürzenden Steinen, blau funkelnde Eisrinnen. Hier sind Satan und der liebe Gott – in Farben, hier sind Wind, Lebensgefahr, nackter Stein, Männer in schweren Stiefeln, die tief atmen und auf schneefreiem Boden sitzen und seufzen. Aber es ist weit bis England.

Wilson gesellt sich zu den anderen, er schnappt vor Freude nach Luft. Das ist der Beweis! Die anderen horchen auf.

Wilson will den Beweis gefunden haben, daß hier unten einst Pflanzen gewachsen und vielleicht Tiere gelaufen sind. »Und Menschen?« fragt Evans. Das ist nach vielen Tagen der erste Funke von Menschlichkeit in ihm. Ist er jetzt auf dem Weg zurück zu ihnen? Blitzschnell begreift Wilson, daß er den Mann nicht enttäuschen darf. »Ja!« sagt er feierlich zu Evans. »Hier sind einmal Menschen gegangen.«

»Engländer?« fragt Evans.

Ein flüchtiges Lächeln, ein bedauerndes Schulterzucken – vielleicht vor Elisabeth der Ersten? Wir wissen es nicht.

Einige unterdrücken ein Lachen.

Evans hat jetzt auf der rechten Wange eine große Geschwulst. Es sieht aus, als würde sie bald aufplatzen. Dann wird vielleicht rotes Blut heraussickern. Eine zweite Geschwulst ist weiß wie Talg. Sie wirkt hart, wenn man mit der Messerspitze hineinsticht, wird sie sich vermutlich nicht punktieren lassen. Evans kann kaum noch aus den Augen sehen. Er muß den Kopf heben und ins Genick pressen, wenn er geradeaus schauen will.

Wilson wandert in den Geröllhalden umher und sammelt Proben. Er kann sich an Steinen nicht satt sehen.

Der Nebel liegt wieder am Horizont. Von Süden nähern sich Schneewolken. Bald werden sie wieder zwischen zwei Wetterfronten stehen – es gibt nichts Ärgeres: mildes Wetter von der einen, Kälte von der anderen Seite. Innerhalb von zehn Minuten können sie von einer Eisschicht niedergedrückt werden, die mit jedem Augenblick wächst. Sie müssen weiter. Aber Wilson will Steine mitnehmen. Vierzehn Kilogramm, sagt Scott. Er erinnert sich, daß einer Tabelle zufolge, die er und Wilson im Winterquartier aufgestellt hatten, an dieser Stelle noch soundso viel Proviant übrig sein, das Gewicht des Schlittens soundso viel Kilogramm betragen müßte. Dieses Gewicht würde sich durch die Steine erhöhen. Sie beginnen zu streiten. Wilson will die Steine mithaben – beide wollen es. Aber wieviel? »Du weißt, das kann das einzige sein, was wir heimbringen«, sagt Wilson, der sonst soviel Herzenstakt beweist. Das sind harte Worte – hier und jetzt.

Verlierer sind sie beide. Der Tod ist in ihrer Nähe, und der Nebel kommt von Norden.

Sie laden Steine auf den Schlitten.

Keiner murrt über das höhere Gewicht. Hier liegt ihr Stolz. Deshalb sind sie hier. Sie sollen ziehen und sterben. Aber nur ein Mann ist noch bei vollen Kräften: Bowers. Er hat etwas von den Eigenschaften des Pferdes: Je schwerer die Fuhre wird, um so stärker wird er.

Sie geraten plötzlich in Packeis, das von Spalten durchzogen ist.

Es gibt keinen Weg zurück. Das Unwetter ist jetzt über ihnen, Sturm. Sie können das Zelt nicht aufstellen, müssen weiter, aber überall sind Spalten. Sie binden sich mit Seilen aneinander und dann am Schlitten fest – sie können sich nicht einschneien lassen, da würden sie erfrieren. Sie müssen in Bewegung bleiben, aber jede Bewegung bringt sie den Spalten gefährlich nahe. Da stürzt ein Mann.

Sie wissen nur, daß einer gestürzt ist, wissen nicht, wer es ist – sie können einander im Schneegestöber nicht sehen. Sie ziehen am Seil, schreien, haben jede Beherrschung verloren. Es sind die Schreie des Jüngsten Tages: die Verwünschung und das brutale, eindringliche Gebet zum Herrgott.

Einer läßt sich hinunter. Zwei Mann kommen herauf, matte Schatten. Eine Stimme, die lauter als die anderen schreit, versucht die dunklen Flecken zu zählen: »Bleibt beisammen!« Beisammenbleiben? Aber sie sind ja schon zusammengebunden. Da ist beim Chef eine Sicherung durchgebrannt – immer hat er so kalt mit Worten hausgehalten. Nichts Überflüssiges, das würde den Respekt vor der Königlichen Marine schwächen. Jetzt ruft er Männern, die aneinander festgebunden sind, zu: Bleibt beisammen! Sie sehen nicht genug, um zu wissen, in welche Richtung die anderen gehen. Es kommt vor, daß jeder an seinem Seilende zieht. Da lacht ein Mann, laut, roh und vulgär.

Wer ist es, der da lacht – der Tod oder Evans? Ein Mann kniet im Schnee und lacht laut und roh. Die Sturmböen heulen von den Bergwänden. Die Männer werden in Spalten gepreßt, deren Tiefe keiner erahnen kann. Das Zelt auf dem Schlitten hat sich an einem Ende gelöst. Fliegt es jetzt weg, ist das der Tod. Zwei Mann legen sich darüber.

Zwei andere sitzen auf den beiden Liegenden. Aber da ist eine Stimme, die weint, ein Mann ruft nach der Mutter. Ist es Evans? Oder ein anderer – der später Trost darin finden wird, daß vielleicht keiner weiß, wer gerufen hat. Sie gehen weiter.

Jetzt hat einer die Beherrschung verloren. Er hängt sich an die Kleider eines anderen und schlägt ihn ins Genick. Er schreit: »Stein! Stein!« Ein dritter kommt dazu und will die beiden trennen. Sie fangen zu streiten an. Keiner weiß, wer der andere ist.

Sie haben das Gefühl, der Sturm gehe im Kreis, und sie sind im Zentrum. Wenn sie das Zelt aufstellen könnten, würden sie hineinkriechen, die Schlafsäcke über dem Kopf zuknüpfen und sich einschneien lassen. Sterben, mit der letzten Illusion: Wir sind nicht da...

Aber sie sind hier. Sie müssen sich weiter vorwärtskämpfen. Sie spüren Rufe, wie leichte Peitschenschläge im Nacken. Einer hat sie in eine Reihe gezwungen. Er geht als letzter und ruft.

Anscheinend gibt es hier weniger Spalten. Es ist schon eine Weile her, daß einer gefallen ist. Der Mann hinter ihnen – wer es auch ist – schreit, verflucht sie, ruft den Allmächtigen an, fleht sie an durchzuhalten. Oder ist es etwas anderes, was sie hören? Ist es die knappe, kurze, harte Order der Marine: Geh – oder du wirst erschossen!

Nach zwölf Stunden legt sich der Sturm plötzlich.

Scott sagt: »Wir müssen die Rationen kürzen.«

Er hätte imstande sein sollen zu sagen: »Wir vergrößern die Rationen.« Das wäre jetzt die richtige Injektion gewesen. Aber sie haben nur noch genug für eine Mahlzeit. Die Rationen zu reduzieren bedeutet, ein Essen für zwei zu bekommen.

Und deshalb muß Scott sagen, als sie auf dem tiefsten Punkt angelangt sind: Die Rationen kürzen. Bildet euch nichts ein. Keiner gibt auf. Die Rationen werden gekürzt, bis wir das Depot finden.

Warum aber sind sie noch nicht auf das Depot gestoßen, es muß doch hier sein? Sie hatten ja eine Stange mit einer roten Fahne aufgestellt? Alle stehen jetzt und starren. Trügerische Rufe: »Das Depot!« Trügerische Freude, finsterer Argwohn, daß der Mann, der gerufen hat, nicht in gutem Glauben gehandelt hat, sondern sie mit falschen Hoffnungen peinigen wollte. Sie wissen, daß es nicht so ist, glauben es aber doch.

Bowers, der die besten Augen hat: »Das Depot!«

Sie sind gerettet – noch einmal. Sie brauchen drei Stunden, um das Depot zu erreichen, und eine Stunde, um das Zelt aufzustellen.

Sie graben Proviant und Petroleum aus, liegen in den Schlafsäcken und versuchen die nassen Kleider auszuwinden, um sie dann mit ihrer armseligen Körperwärme zu trocknen. Sie hören, wie der Sturm wieder zunimmt. Da sagt Scott: »Sollten wir nicht eine kurze Andacht halten?«

Aber seine Hände sind zu steif. Es will ihm nicht gelingen, sie zu falten. Er beherrscht die Finger nicht. Der kleine Finger steht in die Höhe, läßt sich nicht zu den anderen hinunterbiegen. Scott sitzt im grauen Licht des Zelts und starrt seine Hände an: Sie sind aufgerissen von Sturm und Schnee, Wind und Kälte. Blasen, nässende Wunden.

Da gibt er auf.

Bowers schreit: »Wir haben zuwenig Petroleum!«

Er schüttelt die Kanne, aber die Kälte hat das Petroleum zähflüssig gemacht. Jetzt schüttelt er wieder. Er begreift – und versteht es trotzdem nicht. In einer Kanne, die auf der Fahrt nach Süden hier deponiert worden war, die ein sorgfältig abgemessenes Quantum enthielt, in dieser Kanne ist jetzt zuwenig Petroleum.

Bowers steht auf. Er nimmt die Kanne und schüttelt sie, dann schlägt er sich mit der Faust auf den Kopf.

Evans starrt ihn mit kranken Augen an und lacht roh.

Scott untersucht die Kanne, legt sie weg, wendet sich zu Wilson, weiß, daß auch er keine Antwort geben kann. Er sagt: »Das Quantum ist reduziert. Ich werde das in meinem Tagesrapport notieren. Das kann zur Folge haben«, sagt er ruhig, »daß wir die Rationen kürzen müssen. Vielleicht müssen wir ab jetzt den Pemmikan essen, ohne ihn aufzutauen.«

In dieser Nacht beginnt Evans im Zelt herumzukriechen. Das läßt sich zwar schwer machen – es ist kein Platz –, aber er krabbelt über die anderen, hebt ein Knie, setzt sich auf den Bauch eines anderen und lacht leise, dunkel und schnell. Scott und Wilson sind aus ihren Säcken gekrochen. Das Wetter scheint besser geworden zu sein. Sie sprechen ruhig mit Evans, um ihn unter Kontrolle zu bringen. Wilson schlägt ihm vor, ihm ein Lied vorzusingen.

Evans nickt.

Dann summt der Steinsammler vom Südpolarland, der jetzt auf dem Rückweg ist, ein Mann, der nie ein hartes Wort sagte. Früher hatte er eine nette Singstimme, jetzt ist nicht mehr viel davon übrig. Er hält den kranken Mann an der Hand, und die anderen im Zelt liegen wach und lauschen. Es ist nur das Bruchstück eines Liedes. Wilson summt es wieder und wieder.

»Krieg ich mein Geld?« weint Evans.

»Ja, ja! Ich habe das Wort Seiner Majestät.«

»Hat er es zu dir gesagt?«

»Ja, ja!«

Dann schläft Evans ein. Aber er erwacht immer wieder, als wäre er bereit, beim geringsten Geräusch aufzuspringen. Es ist jetzt ganz hell im Zelt. Seine Augen leuchten in tiefer, wilder Glut. Er ruft: »Wir haben es nicht geschafft – ich bekomme mein Geld nicht!«

Sie ziehen weiter nach Norden.

Am besten geht es, wenn sie Evans wie ein Pferd vor den Schlitten spannen und ihn vorwärtsjagen. Aber er muß immer wieder rasten, fällt nieder und bleibt in der Spur liegen. Sie versuchen ihn ein paarmal mit Fußtritten in die Höhe zu bringen. Das hilft. Jetzt ist für Scott der Augenblick gekommen. Er weiß, was die anderen denken. Seine eigenen Gedanken lassen sich nicht vertreiben. Du mußt die Entscheidung treffen ... Eine Tablette. Leg ihn in den Schlafsack, er wird nichts merken. Oder du gibst einen klaren Befehl: »Wir gehen weiter. Kein Mann blickt zurück ...«

Entweder das – und du weißt, daß du ihn niemals loswerden wirst. Er wird dich immer verfolgen, ob du lebend heimkommst oder nicht. Er wird bei dir stehen, wenn du stirbst. Und doch, gerade das kann deine Pflicht sein. Oder du schleppst ihn mit. So gibst du nicht Befehl, einen Mann zu verlassen, und verurteilst ihn nicht zum Tode. Statt dessen verurteilst du alle anderen und dich zum Tode.

Du mußt wählen.

Du wolltest ja Leiter einer Expedition zum Südpol werden. Evans bleibt im Schnee liegen, rappelt sich wieder auf, starrt sie an und grinst. »Etwas stimmt mit meinem Stiefel nicht«, sagt er.

»Mit deinem Stiefel?«

»Ja. Geht nur weiter.«

Sie gehen weiter. Er wird schon nachkommen, das hat er schon öfter getan. Vielleicht wünscht er mit seinem kranken Hirn, daß sie ihr Tempo verlangsamen, die Tagesmärsche noch mehr abkürzen. Denn ich werde ja sterben, ich weiß es. Müssen da nicht alle sterben? Sie suchen nach einem Ausweg, um mich loszuwerden? Aber ich weiß – ich weiß es mit dem finsteren Verstand, den ich immer gehabt habe und der jetzt schärfer ist, auf seine Art, jetzt, wo ich nur noch einen Schritt weit vom Abgrund bin – ich weiß, daß sie mich nicht verlassen werden. Aber sie wünschten, daß sie es könnten. Sie sind im Zweifel.

Trauen sich nicht, wollen aber. Geben mir nach … Sie warten auf mich …

Die Männer, die im Schnee weiterstapfen, sehen einander nicht an.

Kommt Evans denn nicht nach, so wie immer?

Ist er das – der dunkle Punkt, weit hinten?

Scott gibt einen müden Befehl: »Wir müssen ihn holen.«

Sie lassen den Schlitten stehen, gehen zurück, eine Stunde lang. Evans hat die Hosen aufgemacht, steht halbnackt in der Kälte.

Er drehte sich verstört um.

»Was ist mit dir los?« fragt Scott.

»Nichts«, sagt Evans und grinst. Sie müssen ihn jetzt ziehen, aber der Schlitten muß erst geholt werden, zwei Mann machen sich auf den Weg, einer bleibt bei Evans zurück.

Endlich gelingt es ihnen, das Zelt aufzustellen.

Was Scott zu tun nicht die Kraft hatte, wird jetzt getan, ohne daß er, der Leiter, der verloren hat, einzugreifen braucht.

Evans schwindet langsam dahin.

Er stirbt im Morgengrauen, ohne wieder das Bewußtsein erlangt zu haben.

Da decken sie ihn mit Schnee zu, und Scott betet sein starkes, hartes, müdes, fast beleidigtes Vaterunser.

Sie ziehen weiter.

Ich hätte früher Befehl geben sollen, ihn zu verlassen, denkt Scott.

Aber es ist mein Stolz, daß ich es nicht getan habe.

Langsam entfernen sie sich von der Stätte des Todes. Es ist, als folge ihnen ihr gefallener Soldat jetzt, da er nicht mehr zu folgen imstande ist, leichter. Sie haben einen mäßigen Sturm im Rücken und können wieder Segel aufziehen. Das hilft etwas, aber in ihnen ist eine Leere, die jeden Schritt zur Qual macht. Wachsende Irritation befällt sie, die sie nicht in den Griff bekommen können. Hier irgendwo sollten Bowers' Schier stehen. Er hatte sie auf der Tour nach Süden deponiert. Sie beginnen schon am Morgen, ihn zu quälen. Sollen wir jetzt Zeit damit verlieren, daß wir deine Schier suchen? Warum hast du sie zurückgelassen? Du hast nicht an uns gedacht, nur an dich. Du hast die Schier stehenlassen. Wenn wir sie nicht finden, wirst du uns aufhalten, weil du auf dem ganzen Rückweg waten mußt. Einer sagt: »Den ganzen Rückweg? Weiß jemand, ob wir ankommen?«

Da finden sie die Schier. Bowers schnallt sie schweigend an. Scott sagt, er kann die Worte nicht zurückhalten, weiß, daß er Bowers verletzt und ihm unrecht tut, schämt sich, muß es aber anbringen: »Du kannst ja nicht Schi laufen. Womit hast du eigentlich den letzten Winter zugebracht? Du hast dich vor der Arbeit gedrückt und deinen Auftrag nicht befolgt, ordentlich Schi laufen zu lernen.«

Sie gehen weiter, flüchten von der Stätte des Todes. Sie haben noch

Rationen für drei Tage. Irgendwo hier im Schneesturm, bei dreißig Grad Kälte, zwischen Eishügeln und tiefen Spalten, die den Weg noch länger werden lassen, irgendwo hier muß ein Depot liegen.

Später finden sie das Depot mit dem Pferdefleisch von der Reise nach Süden. Das ist Nahrung für mehrere Wochen. Aber auch hier gibt es weniger Petroleum, als vorhanden sein müßte.

Auch hier zuwenig – wieder ein Rätsel, eine weitere psychische Belastung.

Während Scott die Kanne schüttelt und begreift, während sein Gesicht den matten, fast ängstlichen Ausdruck annimmt, der bei anderen oft den Eindruck erweckt hatte, er sei ein Mann auf der Flucht, da erstarkt er in seinem Inneren und streckt einen kältestarren Finger aus, um die anderen zum Schweigen zu bringen.

»Einige wenige Punkte wollen wir zunächst einmal klarstellen«, sagt er. »Daß uns Petroleum fehlt, ist jetzt eine Tatsache. Diese Tatsache müssen wir überwinden. Das Petroleum wird nicht mehr, wenn wir uns das Hirn verrenken, um herauszufinden, wo das fehlende geblieben ist. Zum zweiten: Wir dürfen nicht kleinlich werden. Das schwächt unsere Fähigkeit zu überleben. Verschiedene Lösungen sind denkbar. Es kann ein Loch in den Kanistern gewesen sein, das später wieder dicht wurde, als die Kälte ausreichend stark geworden war und das Petroleum erstarrte. Wir haben vorläufig nicht das Recht, irgend jemandem anzulasten, was hier geschehen ist. Aber wir müssen die Rationen kürzen.«

Hier gibt es Pferdefleisch in Mengen, aber sie hatten auf der Reise nach Süden versäumt, das Fleisch in kleine Stücke zu schneiden, so lange es frisch und weich war. Jetzt ist es hart wie Stein. Es ist eine gefährliche Arbeit, kleine Stücke abzuhacken, und sie haben nicht genügend Petroleum, um es ordentlich zu kochen. Und doch – sie können sich jetzt satt essen.

Die Männer spüren, wie nach und nach die Kräfte und der Mut in den Körper zurückkehren. Sie wären am liebsten hiergeblieben und hätten gegessen, nichts als gegessen und sich im Sturm ausgeruht, wenn nur genug Petroleum vorhanden gewesen wäre. Aber so müssen sie am nächsten Tag weiter. Da begeht Scott einen unbegreiflichen Fehler. Er ordnet nicht an, daß das Pferdefleisch mitgenommen werden soll. Vielleicht ist die Vergeßlichkeit eines von Hunger, Kälte und Strapazen abgestumpften Gehirns daran schuld. Sie hätten das gefrorene Fleisch trotz allem kauen und dadurch wieder ein wenig zu Kräften kommen können. Aber sie lassen das Fleisch zurück. Scott muß in diesem Augenblick – zum letztenmal – außerstande gewesen sein, eine Entscheidung zu treffen.

Wieder werden sie von Nebel, Schneetreiben und Sturm eingeschlossen. Als es aufklart, fällt das Thermometer.

Auf dem Weg, der sie vom Pferdefleisch wegführt, beginnen sie vom Essen zu phantasieren. Wenn wir zurückkommen…

Nur eine gute Mahlzeit: Tee und ein warmes Gericht, langsam essen, gut kauen. Wissen, daß es lange dauern wird…

Ich erinnere mich an ein Mittagessen, bei dem…

Wenn ich zurückkomme, werde ich jeden Bissen genießen, wenn die Mahlzeit noch so bescheiden ist…

Ich könnte mir vorstellen, kalten Pemmikan zu kauen…

Ich wünsche mir heiße Schokolade…

Aber noch besitzen sie Willenskraft. Sie stacheln einander mit scharfen Worten an, helfen mit, den Schwächsten gleichsam anzuschieben, wenn er zurückzubleiben beginnt. Es geht langsam. Ein Tagesmarsch von acht bis zehn Kilometer ist das Äußerste, was sie zuwege bringen.

Ununterbrochen die Kompaßnadel anstarren. Wunde Augen davon bekommen. Wissen, daß wir vielleicht den falschen Kurs eingeschlagen haben. Merken, daß die anderen mit deiner Schätzung nicht einverstanden sind. Einer meint, wir halten uns zu weit westlich, einer glaubt, zu weit östlich. Aber wir können uns nicht trennen. Den eigenen Zweifel überwinden, einem Kurs folgen, an den man nicht glaubt, sich Schritt um Schritt vorwärtskämpfen, den Zweifel für sich behalten, weil Zweifel die letzten Kräfte abtötet…

Mit einem kleinen Aufflackern von Freude entdecken, daß es doch richtig war. Hier ist die Spur von der Fahrt nach Süden.

Aber bald ist sie verschwunden.

Sie erreichen das Depot, das sie Barrierenmitte-Depot genannt hatten. Auch dort ist zuwenig Petroleum. Als sie aufbrechen und weiterziehen wollen, zeigt Oates seine Füße.

Er hatte die beiden letzten Tage nicht gesprochen. Sie hatten gesehen, daß er hinkte. Hier sind die Füße: zwei Stumpen, geschwollen, ohne Zehennägel, voll Flüssigkeit, eigentlich in Auflösung, ohne die Kraft, ihn zu tragen.

An diesem Morgen dauert es eineinhalb Stunden, bis Oates die Stiefel anhat.

Scott betet: »Gott helfe uns allen. Amen.«

Sie ziehen weiter nach Norden. Oates muß sich über den Schlitten hängen. Die anderen versuchen ihn über die Ladung zu legen, aber ihre Kräfte reichen nicht aus. Er rollt sich freiwillig herunter und bleibt liegen. »Du mußt aufstehen!« Er kommt auf die Knie, beugt den Körper nach vorn, hält sich am Schlitten an. Sie helfen mit, und bald steht er wieder auf schwankenden Beinen. Langsam geht es weiter nach Norden.

Als der Abend kommt und sie wieder das Zelt aufgestellt haben – jetzt dauert es doppelt so lange wie früher, das Lager aufzuschlagen –, beugt Oates sich über Wilson und fragt:

»Habe ich eine Chance?«

»Ehrlich, ich weiß es nicht.«

Es wird eine schwere Nacht. Als der Morgen dämmert, bittet Oates, daß sie ihn im Schlafsack liegen lassen und gehen.

Scott erwidert, das könne er nicht. Oates möge doch versuchen, ihnen auch heute zu folgen.

Bevor sie aufbrechen, gibt Scott dem für die Medikamente verantwortlichen Wilson den Befehl, die Tabletten auszuteilen. Sie haben Morphiumtabletten mit. Jeder einzelne soll entscheiden, ob er sie nimmt oder nicht.

Wilson tut, wie ihm befohlen wird.

Sie schaffen einen Tagesmarsch, kommen aber nicht weit, schlagen wieder das Lager auf und verbringen eine schlimme Nacht. Am frühen Morgen sagt Oates: »Ich will nur ein bißchen hinaus. Es kann sein, daß ich eine Weile draußen bleibe.«

Draußen tobt der Sturm. Oates kriecht mühsam aus dem Schlafsack. Scott sagt bittend: »Willst du nicht warten?«

Oates antwortet nicht. Sie wissen, wohin sein Weg führt.

Er wankt hinaus.

Von da an ist kein Zeichen von Schwäche mehr an Scott. Er schreibt mit kräftiger Handschrift ins Tagebuch: »Oates starb wie ein britischer Gentleman.«

Was sie nicht wissen, in ihrem Zelt auf dem Südpolarland, ist, daß in diesen Tagen Amundsen mit der *Fram* Hobart auf Tasmanien erreicht hat. Von dort aus gehen die Telegramme über die Eroberung des Südpols um die ganze Welt und erreichen auch London. Einen Augenblick lang herrscht dort Verwirrung. Die Leute glauben, Scott habe den Pol erreicht. Die Zeitungen bringen Extraausgaben und falsche Schlagzeilen. Später werden sie berichtigt.

Aber die drei ziehen weiter. Sie wissen, daß im Eintonnendepot, das jetzt nur noch ein paar Kilometer entfernt sein dürfte, Nahrungsmittel und wohl auch Petroleum gelagert sind. Dem Plan nach soll sie dort ein Hundegespann aus dem Winterquartier erwarten.

Sie glauben Hundegebell zu hören. Sie wissen, daß sie sich täuschen, sie wissen auch, wieviel Kraft es sie kostet, in Hoffnung aufzuflammen und dann in Enttäuschung zusammenzusinken. Sie hängen über dem Schlitten und rasten. Sie versichern einander: Das ist ein Hund, der bellt! Jetzt kommen sie …

Aber es kommt niemand.

Bis jetzt war Scott der stärkste, auch physisch. An diesem Abend im Zelt stellt er fest: »Ich bin der schwächste von den dreien, die noch am Leben sind.«

Er untersucht seine Füße, vor allem der rechte sieht böse aus. Er schreibt mit scheinbarer Ruhe ins Tagebuch, daß die einzige Hoffnung in der Amputation besteht. Sie schaffen noch einen Tagesmarsch. Dann kommt wieder der Sturm. Sie kriechen ins Zelt. Sie haben Proviant für zwei Tage und Petroleum für einen.

Die einzige Chance besteht nun ihrer Meinung nach darin, daß Wilson und Bowers versuchen, bis zum Eintonnendepot vorzudringen, und wenn sie es finden, zu Scott zurückzukehren. Am nächsten Tag brechen die beiden auf. Aber der Sturm wütet heftiger als je zuvor. Sie erreichen das Depot nicht und müssen umkehren.

In diesen Tagen – wir wissen nicht genau, wie viele es sind, zeigen alle drei ihre letzte, ruhige Größe. In dieser Situation erstirbt jede Kritik. Bowers und Wilson ziehen sich ein paar Stunden vor ihrem großen Anführer zurück und lassen ihn allein auf der Bühne stehen, im Licht der Geschichte. Scott schreibt. Er sitzt im Schlafsack, mit nässenden, schmerzenden Füßen, das letzte Petroleum ist verbrannt. Es herrschen dreißig Grad unter Null.

Er schreibt in seiner eleganten, zügigen Handschrift, gut leserlich auch jetzt, ruhig wählt er die Worte. Ein verzweifelter Unterton, aber keine Hysterie. Nackte Tatsachen werden vorgelegt, ohne Entschuldigungen. So bringt er seine Erklärung an das britische Volk zu Papier. Der Leiter der Expedition zeigt in seiner letzten Stunde, daß gerade er dazu geboren war, Führer zu sein. Danach schreibt er private Briefe.

Ihr Ton ist wärmer. Hier, in der Kälte des Todes, erfüllt sich das Wort mit einer Wärme, die in der Weltliteratur kaum ihresgleichen hat. Er schreibt an Wilsons Frau und dankt ihr für die Freundschaft mit ihrem Mann. Er schreibt an Bowers' Mutter und lobt ihren Sohn, der jetzt neben ihm stirbt. Er schreibt an seine eigene Mutter, zuletzt auch an seine Frau und bittet sie, den Sohn gut zu behüten.

Für alle findet er persönliche Worte – für die Leidenden, die von ihrem Leid noch nicht wissen. Er aber kennt ihr Leid – und kennt das seine.

Der Sturm hält an.

Bowers und Wilson sind in die Schlafsäcke gekrochen.

Es ist still bei ihnen.

Scott schlummert und erwacht wieder, Stunden sind vergangen oder Tage, er weiß es nicht, niemand weiß es.

Zum letzten Mal holt er Tagebuch und Bleistift: »Um Gottes willen, nehmt Euch unserer Lieben an.«

Dann streckt er den Arm aus und legt ihn über Wilson, der jetzt schläft.

Schlafen tut gut.

Scott lächelt schwach.

Epilog

Die *Fram* erreichte am 8. Januar 1912 die Eisbarriere. Am 30. Januar lief das Schiff mit Amundsen und seinen Männern an Bord in nördlicher Richtung aus.

Nach guter Fahrt erreichte die *Fram* Hobart auf Tasmanien: Amundsen gab der Welt bekannt, daß der Südpol im Dezember 1911 erobert worden war. Er schickte auch ein Telegramm an die Geographische Gesellschaft in Christiania:

»Johansen mußte wegen Meuterei aus der Polmannschaft ausgeschlossen werden. Seine Rückkehr hat in aller Stille zu erfolgen.«

Johansen nahm sich ein Jahr später das Leben.

Am 30. Oktober 1912 brach eine Hilfsexpedition vom britischen Winterquartier im McMurdo-Sund auf. Der Norweger Tryggve Gran nahm daran teil. Am 11. November erreichte die Expedition das Eintonnendepot und zog nach Süden weiter. Sie fanden das Zelt.

Scott hatte einen Arm aus dem Schlafsack herausgestreckt und ihn über seinen Freund Wilson gelegt.

Amundsens Brief an König Haakon wurde in einem Rentierlederschuh gefunden.

Am 18. Januar 1913 kam die *Terra Nova* zum McMurdo-Sund, um Scotts Expedition abzuholen. Bis dahin war die Tragodie außer den Überwinterern niemandem bekannt gewesen.

Das Schiff nahm Kurs nach Norden, und am 12. Februar gingen die Telegramme um die Welt.

Zu diesem Zeitpunkt war Mrs. Scott auf dem Weg nach Neuseeland, um ihren Mann dort zu erwarten. Die Telegramme erreichten das Schiff nicht.

Am 14. Februar 1913 legte das Schiff in Neuseeland an. Frau Scott saß in einem Liegestuhl auf Deck, als der Kapitän ihr die Nachricht brachte.

Bibliographie

Amundsen, Roald, Mitt Liv som Polarforsker. Oslo 1927

Ders., Nordostpassagen. Christiania 1921

Ders., Nordvestpassagen. Christiania 1907

Ders., Sydpolen. Christiania 1912

Armitage, Albert B., Two Years in the Antarctic. London 1905

Bartlett, Captain Robert A., The Log of Bob Bartlett. New York 1931

Bjaaland, Olav, Museum, Morgedal, Telemark, Ski og Sudpo. Skien 1970

Byrd, Richard E., Antarctic Discovery. London 1926

Delavaud, Louis, L'Exporateur Roald Amundsen. Paris 1912

Drygalski, Erich von, Zum Kontinent des eisigen Südens. Berlin 1904

Fisher, Margery and James, Shackleton. London 1957

Greely, Adolphus Washington, Handbook of Polar Discoveries. Boston 1907

Greve, Tim, Fridtjof Nansen. Oslo. Band I: 1973, Band II: 1974

Gwynn, Stephen, Captain Scott. London 1930

Johansen, Hjalmar, Med Nansen på 86 Grad 14 Minuten. Oslo 1942

Kirwan, L. P., A History of Polar Exploration. London 1962

Markham, Admiral Sir Albert H., K. C. B., The Life of Sir Clements Markham. London 1917

Markham, Sir Clements, The Lands of Silence. Cambridge 1921

Hill, Hugh Robert, The Life of Sir Ernest Shackleton. London 1923

Ders., The Siege of the South Pole. London 1905

Østvedt, Einar, Hialmar Johansen. Skien 1967

Ponting, Herbert, The Great White South. London 1932

Ound, Reginald, Scott of the Antarctic. London 1966

Ross, Captain Sir James Clark, R. N., A Voyage of Discovery and Research in the Southern and Antarctic Regions. London 1847

Scott, Captain Robert F., C. V. O., R. N., The Diaries of Captain Robert Scott. Faksimile. Tylers Green 1968

Ders., The Voyage of the »Discovery«. London 1905

Seaver, George, Scott of the Antarctic. London 1940

Ders., Edward Wilson of the Antarctic. London 1934

Ders., Edward Wilson: Nature-Lover. London 1937

Shackleton, E. H., The Heart of the Antarctic. London 1909

Smith, G., Barnett, The Romance of the South Pole. London 1900

Sørensen, Jon, Fridtjof Nansens Saga. Oslo 1931

Ders., The South Polar Times. Faksimile. London, Band I und II 1907, Band III 1914

Weddell, James, A Voyage towards the South Pole. London 1827

Wilson, Edward, Diary of the »Discovery« Expedition. New York 1967

Ders., Diary of the »Terra Nova« Expedition. London 1972

Wisting, Oscar, 16 år med Roald Amundsen. Oslo 1930